Geschenk z. Geburtstag 1985
v. Fr. Schmahl, WB

Paul Humburg

Sein Rat ist wunderbar

Herausgegeben von
Arno Pagel

eingetragen am
19.10.85
in Kartei + Ordner

Verlag der
Francke-Buchhandlung GmbH
Marburg an der Lahn

CIP-Kurztitelaufnahme der Deutschen Bibliothek

Humburg, Paul:
Sein Rat ist wunderbar / Paul Humburg. Hrsg. von Arno Pagel. – Marburg an d.
Lahn: Francke, 1982.
(TELOS-Bücher; Nr. 1217: TELOS-Paperback)
ISBN 3-88224-252-3
NE: GT

Titelbild:

Lateinische Bibel von 1481 mit handgemalten Initialien
Sprüche Salomonis und Neues Testament

3550 Marburg an der Lahn
Umschlaggestaltung: Litera
Gesamtherstellung:
St.-Johannis-Druckerei C. Schweickhardt, 7630 Lahr-Dinglingen
Printed in Germany 18313/1982

Inhalt

Vorwort 7
Die wichtigsten Lebensdaten von Paul Humburg 8

Ewige Erwählung 9

Ein Wort zuvor 10
Die Lehre von der Erwählung ist kein reformiertes Sondergut 10
Wir müssen uns allein an die Schrift halten 12
Ein Brautgeheimnis der Jünger des Herrn 15
Paulus über die Erwählung 16
Deutliche Worte Jesu 17
Wie kam ich zum Heil? 18
Wie war's bei Paulus? 19
Die Krone auf das rechte Haupt! 20
Gott sah voraus und dann erwählte er? 21
Niemand hat bei Gott etwas zu fordern 23
Wir können nur als Bettler kommen 24
Was ist es mit dem »freien Willen«? 25
Der Mensch ist mit dabei! 27
»Schaffet – denn Gott wirket!« 28
Der Glaube: Gottes Werk und des Menschen Tat 30
Die öffentliche Predigt und das geheime Ziehen Gottes 31
Gott wird die Seinen bewahren 32
Macht die Lehre von der Bewahrung nicht leichtfertig? 35
Wir werden unseres Glaubens aus seinen Früchten gewiß 36
Nicht fleischliche Sicherheit, sondern Glaubensgewißheit 37
Und wenn nun doch einige abfallen? 39
Warum werden nicht alle begnadigt? 39
Wie kam in Gottes gute Welt die Sünde hinein? 40
»Ihr habt nicht gewollt!« 41
Die Reformatoren sind zu weit gegangen 42
Gott läßt ein Heilsangebot an alle ergehen 43
Und die Heiden? 45
Die dunkle Stelle Römer 9 46
Gott ist es ernst mit unserm Seligwerden 47

Die Versöhnung durch das Kreuz Christi 49

Drei Dichterstimmen 51

I.
Es muß eine innere Notwendigkeit vorgelegen haben 53
Der Mensch in der Gewalt der Sünde 54
Die Religion der Kluft 55
Ein Stern der Hoffnung 56
Gott hat die Scheidewand selbst niedergebrochen 57

II.
Konnte Gott nicht ohne weiteres vergeben? 59
Gott ist gerecht 59
Gott hätte keinen Glauben gefunden 60
Gott wäre nicht zum Ziel gekommen 61
Es geht nicht ohne klare Verurteilung des Bösen 62

III.
Der Lastenträger für seine Brüder 63
Der Einheitszusammenhang zwischen Jesus und der Menschheit 65

IV.
Das Haupt der Menscheit in Gottes Gericht 67
Das Leiden in Jesu Seele 67
Vom Vater verlassen 68
Das Band riß nicht! 69

V.
Es gibt keinen »lieben Gott!« 71
Wir sind gerichtet! 72

VI.
Das ist Gnade: für uns! 73
Schau auf den Gekreuzigten! 74

VII.
Mit Jesus zusammen – mit der Sünde auseinander! 75
Alles hängt an der persönlichen Gemeinschaft mit Jesus 76

VIII.
Laßt euch diesen Heiland gefallen! 77
Der erste, der mit Jesus eingeht ins Paradies 77
Das Lied am kristallenen Meer 78
Ich grüße dich am Kreuzesstamm 79

Am Anfang – ein Ruf Gottes aus den ersten Büchern der Bibel 81

Am Anfang (I) 1. Mose 1, 1 82
Am Anfang (II) 1. Mose 1, 1 89
Adam, wo bist du? 1. Mose 3 95
I. Sollte Gott gesagt haben (1) 95
Sollte Gott gesagt haben (2) 101
II. Hast du nicht gegessen? (1) 106
Hast du nicht gegessen? (2) 111
III. Und Gott der Herr rief Adam (1) 115
Und Gott der Herr rief Adam (2) 121
Soll ich meines Bruders Hüter sein? 1. Mose 4, 9. 10 125
Schau nicht nach unten, schau nach oben! 1. Mose 6–8 130
Da gedachte Gott an Noah 1. Mose 8, 1 135
Pniel 1. Mose 32, 4–33 141
I. Die Wolkenwand 141
II. Sonnenaufgang 147
In Gottes Hand 2. Mose 2, 15–25 155
Gottes Lastträger 2. Mose 5 164
I. Dem Auftrag gehorsam 164
II. Unter schwerer Last 168
III. Ein einsamer Kämpfer 172
»Nun sollst du sehen . . .« 2. Mose 6, 1 176
Durch eine starke Hand 2. Mose 6, 1 181

Von Grund aus edel – Betrachtungen über Daniel 6 185

1. Ein hoher Geist 186
2. Ein weises Herz und ein enges Gewissen 189
3. Das Licht scheint in der Finsternis 192
4. Ein königlicher Gang 196
5. Sein Kämmerlein 198
6. Stunde um Stunde 201
7. Das Spalier 207
8. Er ward betrübt 210
9. Du weißt ja! 214
10. Gott krönet kein geteiltes Herz 217
11. Himmel und Hölle, wo man sie nicht erwartet 220
12. Ein treuer Zeuge 224
13. Drei Schlußakkorde 228

Frühlingstage der Gemeinde – Apostelgeschichte 2–6 231

Zum Geleit 232
Eine Erinnerung von Udo Smidt 233
1. Wie das neue Leben entstand 234
2. Wie sich das neue Leben entfaltete 246
3. Von den Früchten des neuen Lebens 262

Vorwort

Vor einigen Jahren wurde aus dem vergriffenen Schrifttum von Paul Humburg der Band »Keiner wie Er« zusammengestellt und herausgegeben. Darin sind die drei Schriften vereinigt: »Die ganz große Liebe«, »Die hart Gebundenen macht er frei« und »Jesus und seine Jünger«.
Dem Buch ist manch dankbares Echo zuteil geworden. Das ermutigt zur Herausgabe eines weiteren Bandes. Dieses Mal sind es fünf seit vielen Jahren vergriffene Schriften Humburgs, die noch einmal neu aufgelegt werden. Als zusammenfassender Titel wurde dieses Mal gewählt: »Sein Rat ist wunderbar« (Jes. 28, 29).
Mit diesem Leitwort läßt sich in der Tat das ausdrücken, worum es Humburg in den fünf Schriften geht. Die erste heißt: »Ewige Erwählung«. Darin wird gründlich biblisch-seelsorgerlich darüber nachgedacht, was es mit der Erwählung der Gläubigen »vor Grundlegung der Welt« auf sich hat. Der ewige Gnadenrat Gottes wird dargestellt als Quelle voll Trost und Glaubensermutigung. Ich wüßte nicht, wo und wann darüber in den letzten Jahrzehnten ähnlich klar und hilfreich geschrieben worden ist.
Der Titel der zweiten Schrift lautet: »Die Versöhnung durch das Kreuz Christi«. Hier stehen wir vor dem Geheimnis der Erlösung. Humburg arbeitet in einer feinen, auch sprachlich überzeugenden Weise heraus, daß das Kreuz Christi eine innere Notwendigkeit ist, daß es keinen andern Weg zur Erlösung gab. Solcher Heilsrat und solche Heilstat Gottes zu unserer Errettung führen ins Staunen und zur Anbetung.
Dann folgen die drei früheren Einzelhefte »Am Anfang – Ein Ruf Gottes aus den ersten Büchern der Bibel«, »Von Grund aus edel – Betrachtungen über Daniel 6« und »Frühlingstage der Gemeinde – Apostelgeschichte 2–6«. Auch darin behandelt der Verfasser den »wunderbaren Rat Gottes«. Es geht um die Wege und Führungen des Herrn mit den Menschen im Paradies, mit Noah, Jakob, Mose und Daniel und schließlich um das Entstehen, Wachsen, Wirken und Verkündigen der Urgemeinde.
Das alles geschieht bei Humburg in einer Weise, die auch Erkenntnis vermittelt und biblisches Wissen vermehrt. Vor allem aber liegt dem Verfasser daran, unser Herz und Gewissen zu treffen, zu

beunruhigen, ins Fragen zu bringen, zu ermutigen und zu trösten. Es geschieht begnadete Seelsorge, in deren Verlauf Gott gepriesen und der Heiland groß gemacht wird.
Die vielen Teilüberschriften des Buches sind vom Herausgeber eingefügt worden. Die Originalschriften enthalten manchmal überhaupt keine oder nur wenige aufteilende Abschnitte.
Zur Person von Paul Humburg sei aus dem Vorwort des Buches »Keiner wie Er« folgendes wiedergegeben: »Der Verfasser ist in der schweren Not- und Kampfzeit der evangelischen Kirche in den Jahren des Dritten Reiches in hohe Ämter und Aufgaben der Bekennenden Kirche berufen worden. Er hat ohne Rücksicht auf sein persönliches Geschick der Irrlehre und dem Irrgeist widerstanden, die sich damals in der Kirche und im Volk breitmachten. Er hat dem nationalsozialistischen Staat gegenüber klare und tapfere Worte nicht gescheut.« Doch in allem Kampflärm blieb es Humburgs innerstes Anliegen, Zeuge von Gottes großen Taten, von »Gottes wunderbarem Rat« zu sein.

Arno Pagel

Die wichtigsten Lebensdaten von Paul Humburg:

Geboren 22. 4. 1878 in Mülheim am Rhein. Studium der Theologie auf den Universitäten Halle, Erlangen, Bonn und Utrecht. 1906 bis 1909 Pastor in Dhünn, 1909 bis 1919 in der Reformierten Gemeinde in Elberfeld. 1915 bis 1918 freiwilliger Feldprediger beim Armeeoberkommando X an der Ostfront. 1919 bis 1921 Generalsekretär der Deutschen Christlichen Studenten-Vereinigung in Berlin. 1921 bis 1929 Bundeswart des Westdeutschen Jungmännerbundes in Barmen. 1929 bis 1942 Pastor der Evangelisch-Reformierten Gemeinde Barmen-Gemarke. 1934 bis 1942 Präses der Bekenntnissynode der Evangelischen Kirche im Rheinland. 1934 bis 1936 Mitglied der vorläufigen Leitung der Deutschen Evangelischen Kirche. Vom 1. Januar 1943 an im Ruhestand. Gestorben 21. 5. 1945 in Detmold.

Ewige Erwählung

Ein Wort zuvor

Lange habe ich geschwankt, ob ich diese Gedanken über die Erwählung veröffentlichen sollte. Darf man mit seinen Ansichten hervortreten, wenn noch so mancher Punkt nicht völlig geklärt ist und an wichtigen Stellen das Bekenntnis lauten muß: ich weiß es nicht? In dieser Lage aber wird sich wohl mehr oder weniger jeder befinden, der über die Fragen der Erwählung nachdenkt. Ich halte es nicht für eine Schande, ein solches Geständnis ablegen zu müssen, wie es auch nur eine Ehre für die Heilige Schrift ist und für die Tiefe ihrer Gedanken spricht, wenn wir sie nicht ganz verstehen können. Es wird noch vieles und das Tiefste für die himmlische Akademie übrigbleiben.

Aber doch dürfen und sollen wir uns über diese tief in unser Glaubensleben eingreifenden Fragen austauschen und einander dienen mit dem, was uns gegeben wurde. In diesem Sinne möchte auch diese Abhandlung angesehen werden: als eine Anregung, der Frage von der ewigen Erwählung der Gläubigen weiter nachzugehen und die einschlägigen Aussagen der Heiligen Schrift zu überdenken.

Ich schreibe nicht für Leute, die gern spekulieren oder gar an der »Seuche der Fragen und Wortkriege« leiden (1. Tim. 6, 4). Ich würde nichts über diese Dinge sagen, nur um einem Bedürfnis des Spekulierens und Kombinierens nachzugeben. Es geht mir nur um den Trost für die Kinder Gottes, der in den Aussagen der Schrift über die Erwählung enthalten ist.

Die Lehre von der Erwählung ist kein reformiertes Sondergut

Ehe ich in die Behandlung des Themas selbst eintrete, seien einige Vorbemerkungen gestattet.

»Ich glaube, daß ich nicht aus eigener Vernunft noch Kraft an Jesum Christum glauben oder zu ihm kommen kann«, sagt Luther in der Erklärung des dritten Artikels. Das ist ein kräftiger Ausdruck der Lehre von der Erwählung der Gläubigen. Wir haben es hier nicht mit einer reformierten Sonderlehre zu tun. Immer wieder stößt man in unseren christlichen Kreisen auf diesen großen Irrtum. Keiner von den Reformatoren hat die Erwählung der Gläubigen mit solcher Deutlichkeit, ja Schärfe gelehrt wie Luther; und zwar auch in der Form, wie sie von den meisten immer als die eigentümlich reformierte Lehre verabscheut wird, nämlich daß er auch die Verwerfung eines Teils der Menschen aus Gottes Bestimmung lehrte. Diese Lehre hat Luther zuerst ausgesprochen.

Einige Zeit danach hat die lutherische Kirche angefangen, die Lehre von der Erwählung umzubiegen und abzuschwächen. Schon Melanchthon in seinen späteren Jahren begann damit; aber das war ihre Schuld. Damit ist sie von ihrem Meister abgewichen, denn dieser hat bis zuletzt festgehalten an dieser Lehre.

Wenn man die populäre Ansicht der meisten lutherischen Brüder heutzutage hört, so könnte man meinen, Luther habe den freien Willen gelehrt. Es wird ihnen schwer, sich daran zu erinnern, daß Luther als eine seiner Hauptschriften geschrieben hat »De servo arbitrio«. Darin stellt er dar, daß der freie Wille nichts sei.

Alle echt lutherischen Brüder standen daher damals und stehen heute ebenso wie ihr Meister auf der Lehre von der Gnadenwahl. Man hält diese Lehre darum weithin für eine besondere reformierte, nicht weil sie Calvin so besonders scharf gelehrt hat – das hat er getan, und er ist meines Erachtens darin zu weit gegangen –, sondern deshalb, weil die reformierte Kirche an diesem Punkt mehr an der reinen, ursprünglichen Lehre aller Reformatoren festgehalten hat. Das ist ohne Zweifel ihre Stärke.

Es gibt ein Buch von Klimptsius über die Gnadenwahl vom Jahre 1712 von »einem evangelisch-lutherischen Diener des Wortes zu Fischbach in Schlesien, samt einem nachdenklichen Anhang, worin klar vorgestellt wird, daß in der Lehre von der Gnadenwahl alle wahren Reformierten recht gut lutherisch gesinnt sind«. Man muß dem Märchen entgegentreten, als ob die Lehre von der Erwählung eine besondere Lehre Calvins gewesen sei. Man tut Luther bitter Unrecht, wenn man meint, er habe diese allerköstlichste Lehre von dem tiefsten Trost der Kinder Gottes nicht gekannt oder geliebt. Paul Gerhardt, der doch wohl nicht als reformiert verdächtigt werden kann (denn um seines Kampfes gegen die Reformierten willen ist er aus Amt und Beruf gegangen), singt: »Da ich noch nicht geboren war, da bist du mir geboren und hast mich dir zu eigen gar, eh ich dich kannt, erkoren.« Und Joh. Gottfried Herrmann singt in seinem Lied: »Geht hin, ihr gläubigen Gedanken, ins weite Feld der Ewigkeit«:

»Der Grund der Welt war nicht geleget,
der Himmel war noch nicht gemacht,
so hat Gott schon den Trieb geheget,
der mir das Beste zugedacht.
Da ich noch nicht geschaffen war,
da reicht er mir schon Gnade dar.

O Wunderliebe, die mich wählte
vor allem Anbeginn der Welt;
die mich zu ihren Kindern zählte,
für welche sie das Reich bestellt!
O Vaterhand, o Gnadentrieb,
der mich ins Buch des Lebens schrieb!«

Noch im Jahre 1543 hat Melanchthon, als ein gewisser Pighius von Kampen die Erwählungslehre von Luther, Calvin und Melanchthon angegriffen hatte, mit der Verteidigung der gemeinsamen Anschauung der Reformatoren Calvin beauftragt. Wir handeln also nicht über eine konfessionelle Sonderlehre, sondern über eine Botschaft, die Allgemeingut aller Reformatoren gewesen ist. »Unser Stammbaum geht über Calvin und Luther sowie alle großen Theologen aller Zeiten, über Augustin und Paulus auf Christus zurück«, sagt Charles Haddon Spurgeon, der große englische Baptistenprediger.

Wir müssen uns allein an die Schrift halten

Natürlich kann man auf den Seiten eines kleinen Heftes nicht alles sagen, was hier zu sagen wäre. Ich bitte, mir keinen Vorwurf daraus zu machen, wenn ich nicht alle einschlägigen Fragen eingehend und erschöpfend besprechen kann.

Ich möchte auch nicht Gedanken von Menschen, die über diese Lehre geschrieben und geredet haben, aufführen und besprechen. Es soll sich hier nicht um Gedankengebilde von Menschen handeln, sondern um den Versuch, Gottes Wort und seine Aussagen allein maßgebend sein zu lassen.

Man darf die Erwählungslehre nicht dadurch in Mißkredit bringen, daß man ein kaltes Lehrgebäude daraus macht und dieses auch noch in möglichst abschreckender Form vorträgt, vielleicht so: *Gott hat die einen zum Heil, die andern zum Verderben bestimmt. Sie unterliegen beide einem unabänderlichen Schicksal.* – Wenn man das sagt, dann wird alsbald die Entrüstung laut: Das ist kein Gott der Liebe und der Gerechtigkeit, das ist ein grausamer Tyrann.

So darf man diese Lehre nicht darstellen. Das ist nicht das biblische Wort von der Erwählung. Die starken Ausdrücke der Reformatoren, die beinahe und ungefähr so lauten, sind sicher nicht daher zu erklären, daß diese Männer Gottes den Gott der Liebe nicht gekannt hätten. Die Reformatoren sind mit ihren Aussprüchen ohne Zweifel der Wahrheit, auch der Wahrheit über Gottes Liebe, viel näher als viele weichliche und schwächliche Theologen, die sich vor diesen Aussagen so schrecklich fürchten.

Aber ich bin auch der Meinung, daß die Reformatoren in den verstandesmäßigen Konsequenzen, die sie gezogen haben, zu weit gegangen sind. Gleich zu Anfang will ich sagen, *daß ich nicht glaube, in der Bibel werde gelehrt, daß ein Teil der Menschen von Ewigkeit her zum ewigen Verderben bestimmt sei. Gottes Zorn ist nicht der erste und nicht der letzte Wille Gottes* (Adolf Schlatter). Gottes Zorn ist die Antwort auf unsere Sünde.

Wir müssen uns bei der Lehre von der Erwählung vor allem verstandesmäßigen, logischen Konsequent-Sein-Wollen hüten. Am springenden Punkt, das möchte ich gleich vorwegnehmen, werde ich jedesmal eine Auffassung vertreten, die verstandesmäßig ganz unkonsequent ist, sich logisch nicht reimen läßt und die doch das einzige ist, was ich zu sagen weiß. Wir haben es nicht zu tun mit einem Gedankengebäude oder gar mit Gedankenkunststücken, die uns eine Erklärung geben sollen, wie es nur kommt, daß einige Menschen selig werden und andere nicht, und wodurch wir dieses drückende und schwere Rätsel aus der Welt schaffen wollen. Wir werden es nie aus der Welt schaffen.

Wir haben es bei dieser Lehre nur zu tun mit einem Trost für die Gläubigen. Nur so weit geht auch die Schrift. Sie gibt uns die Lehre vom Heil für alle, die danach dürstet und hungert, nicht die Lehre vom Heil und Unheil. Sie zeigt uns den Weg, wie man selig werden kann, »erklärt« aber nicht, warum viele nicht selig werden. Und wir wollen uns in allen Stücken an die Schrift allein halten. Soweit diese uns Klarheit gibt, wollen und müssen wir sie annehmen. »Aber sobald der Herr seinen Mund zutut, muß auch der Mensch den Weg, weiter zu forschen, verlassen; denn jeder Schritt, den wir außerhalb des Wortes Gottes tun, muß uns in die Irre führen. Wir müssen uns gewöhnen, uns zu bescheiden, denn hier ist Unwissenheit die rechte Gelehrsamkeit« (Calvin).

Denselben Standpunkt vertritt Luther. Zwar betont er, »man muß über diese Dinge nicht mit einem überhinrauschenden, gemarterten oder zweifelhaftigen und auch wohl lasterhaftigen Glößlein zufrieden sein, aber man darf sich nur von der Schrift führen lassen. Denn wer wissen will, was Gott verborgen hat und will sich weise dünken, der sieht nicht, daß dies das Übel ist, daran Adam und Eva samt ihren Nachkommen den ewigen Tod gefressen haben.« Gottes Wort müssen wir fragen, und »es ist mit Gottes Wort nicht zu scherzen. Kannst du es nicht verstehen, so zeuch den Hut vor ihm ab« (Luther).

Es gilt, sich mit ganzer Entschlossenheit unter Gottes Wort zu beugen, auch wenn man es nicht versteht. Es ist für Gottes Wort eine Ehre, wenn es nicht so flach ist, daß man ihm alsbald auf den Grund sehen kann. Und wir werden, wenn wir überhaupt davon überzeugt sind, daß unser Wissen Stückwerk ist, uns daran ganz besonders erinnern müssen, wenn wir nachzudenken beginnen über die Tiefen der göttlichen Weisheit, die nicht mehr im Bereich dieser Welt und ihrer Geschichte liegen, sondern in die Ewigkeit hineinreichen. Da wird Bescheidenheit in den Aussagen doppelt angebracht sein. Manchmal beim Gewitter wird das Telefon abgestellt, weil man sonst elektrische Schläge bekommen könnte. So gibt es Gebiete im Reich des Glaubens, wo man gut tut, das Telefon abzustellen. Man telefoniert nicht ungestraft hinein. Wenn man keine Schläge bekommen und Schaden leiden will, so bescheide man sich.

»Ich laß die Runen stehen,
es kommt ein Sonnentag,
da bei des Morgens Wehen
kein Rätsel bleiben mag.« (Gottlob Schrenk)

Noch eins ist zu sagen, ehe wir an den Gegenstand näher herantreten. *Wir haben es bei den Aussagen über die Erwählung in der Schrift mit Glaubensaussagen zu tun,* die von persönlichem Glaubensleben nicht abzutrennen sind. Mit anderen Worten: *Diese Lehre ist nur für die gläubigen Kinder Gottes bestimmt.* Wer über diese Fragen nachdenkt und sucht dabei in Gottes geheime Kanzlei einzudringen mit seinem Vorwitz, ob er wohl erwählt sei, der sucht die Wahrheit »neben dem Weg« und stürzt in Abgründe der Verzweiflung (Calvin).

Auch Luther warnt davor. Man solle nicht den Römerbrief bei Kapitel 9 anfangen zu lesen. Viele gehen an diese Stelle zuerst heran und wollen erst den Abgrund der göttlichen Versehung verstehen. Das ist falsch. »Folge der Epistel in ihrer Reihenfolge, suche erst die Wahrheit über Sünde und Gnade zu erreichen, dann erst hindurch durch Trübsal und Leiden, von denen Kapitel 8 spricht. Dann wirst du erst fähig sein, die Tiefe der Lehre von der Versehung zu verstehen. Ohne Kreuz, Leiden und Todesnöte kann man die Versehung nicht ohne Schaden und heimlichen Zorn wider Gott handeln. Eine jegliche Lehre hat ihr Maß, Zeit und Alter, und Säuglinge sollen nicht starken Wein trinken.«

Zumal aber sollen die überhaupt nicht an diese Lehre herangehen, die noch nicht in Christo sind, die noch nicht wiedergeboren sind zu dem Leben aus Gott. Erwählung ist eine Tat der Liebe; nur der kann sie verstehen, der die Liebe Gottes selbst erfahren hat. Und alles, was Liebe ist, ist ein Geheimnis, auch Gottes Liebe.

Die Lehre von der Erwählung ist eine Wahrheit des Glaubens, nicht der Philosophie. Das Grübeln nach der Weise des Verstandes hilft hier keinen Schritt weiter. *Das Wort von der Erwählung ist ein Brautgeheimnis der Jünger des Herrn.* Die sein eigen sind, die lernen es verstehen. So wie die bemalten Kirchenfenster von außen gesehen uns nur den Anblick verworrener Linien und unverständlicher Bleifassungen darbieten, aus dem Innern der Kirche gesehen aber, wenn das Licht hindurchscheint, herrliche Gemälde zeigen, so ist es auch mit dieser Lehre. Wer außen steht, außerhalb Christus, sieht nur verworrene Linien, die ihn selbst verwirren. Wer innen steht, in der Gemeinschaft mit Christus, der hat klare Bilder, deutliche Wahrheiten.

»Das Geheimnis des Herrn ist bei denen, die ihn fürchten.« Die verstehen ihn, die haben es nicht zu tun mit Rätseln des Kopfes, sondern mit Geheimnissen Gottes für ihr Herz, hinter denen Gottes Herz steht. Außen an der engen Pforte steht der Spruch: »Kommet her zu mir alle, die ihr mühselig und beladen seid.« Und dieses Wort ist ernst gemeint für alle, die darauf merken. Wenn einer nun gekommen und hindurchgegangen ist durch die enge Pforte und sieht sich dann noch einmal um und sinnt darüber nach: »Wie kam ich dazu?«, dann sieht er plötzlich, daß innen andere Worte stehen: »Ich habe dich je und je geliebt, darum habe ich dich zu mir gezogen aus lauter Güte« (Jer. 31, 3). »Er hat uns erwählt in Christo, ehe der Welt Grund gelegt war« (Eph. 1, 4).

Paulus über die Erwählung

Das Wort von der Erwählung vor Grundlegung der Welt ist ein Wort des Paulus. Von den vielen Äußerungen, mit denen dieser Apostel diese Lehre bezeugt hat, wollen wir nur einige herausgreifen. 2. Timotheus 1, 9: »Gott hat uns berufen mit einem heiligen Ruf, nicht nach unseren Werken, sondern nach seinem Vorsatz und der Gnade, die uns gegeben ist in Christo Jesu vor der Zeit der Welt«; 2. Thessalonicher 2, 13, 14: »Wir aber sollen Gott danken . . ., daß euch Gott erwählt hat von Anfang zur Seligkeit, in der Heiligung des Geistes und im Glauben der Wahrheit.«

Von den andern sagt Paulus in Vers 10, von »denen, die verloren werden«, daß sie »die Liebe zur Wahrheit nicht haben angenommen, sondern haben Lust an der Ungerechtigkeit.« Von den Gläubigen sagt er also nicht: »Wir danken Gott, daß ihr der Wahrheit geglaubt habt und der Gerechtigkeit gehorsam geworden sein.« Sondern er sagt: »Wir danken, daß euch Gott erwählt hat.«

Wir wollen jetzt die Stelle von Römer 9: »Welchem ich gnädig bin, dem bin ich gnädig . . . So liegt es nun nicht an jemandes Wollen oder Laufen, sondern an Gottes Erbarmen . . ., auf daß der Vorsatz Gottes bestünde nach der Wahl« zunächst zurückstellen und auf den wichtigsten Ausspruch achten, der hierhin gehört. Das ist der Vers in Römer 8, 28, dessen Schluß fast immer ausgelassen wird: »Wir wissen aber, daß denen, die Gott lieben, alle Dinge zum Besten dienen, *denen, die nach dem Vorsatz berufen sind.«* Und dann Vers 29 u. 30: »Welche er zuvor ersehen hat, die hat er auch verordnet, daß sie gleich sein sollten dem Ebenbilde seines Sohnes ... Welche er aber verordnet hat, die hat er auch berufen; welche er aber berufen hat, die hat er auch gerecht gemacht; welche er aber hat gerecht gemacht, die hat er auch herrlich gemacht.«

Deutliche Worte Jesu

Laßt uns, ohne jetzt auf alle anderen Apostel zu lauschen, vor allem auf des Meisters Aussagen selbst achten! Da sind zunächst die Stellen zu nennen, wo Jesus von den »Auserwählten« spricht, die der Teufel zu verführen sucht, um derentwillen die Tage der Trübsal verkürzt werden. Andere Stellen beziehen sich ohne Zweifel in besonderer Weise zunächst auf die 12 Jünger: »Ihr habt mich nicht erwählt, sondern ich habe euch erwählt« (Joh. 15, 16). »Ich bitte für sie und bitte nicht für die Welt, sondern für die, die du mir gegeben hast, denn sie sind dein« (Joh. 17, 9).

Von den allgemeiner lautenden Stellen seien hier nur einige angeführt: *»Alles, was mir mein Vater gibt, das kommt zu mir;* und wer zu mir kommt, den werde ich nicht hinausstoßen« (Joh. 6, 37). Der zweite Teil dieses Verses ist uns sehr geläufig. Wir sollten auch die Wurzel der Gnade betrachten, auf die der erste Teil hinweist. Joh. 6, 39: »Das ist aber der Wille des Vaters, der mich gesandt hat, daß ich nichts verliere von allem, was er mir gegeben hat.« Joh. 6, 44: »Es kann niemand zu mir kommen, es sei denn, daß ihn ziehe der Vater.«

Derartige Aussprüche finden sich nicht nur im Johannesevangelium. Matth. 11, 27 spricht Jesus von denen, die ihn kennen, denen »es der Sohn will offenbaren«. Das ist die Wurzel des Spruches Vers 28: »Kommet her zu mir alle, die ihr mühselig und beladen seid!«

Das sind einige von vielen Stellen, und es sind gerade solche Aussagen des Herrn, um die viele, auch Gotteskinder, mit eigentümlicher Scheu herumgehen. Sie lesen sie nicht gern, lesen darüber hinweg, lassen sie aus, lesen sie nicht ganz oder deuten sie um. Das ist nicht recht! *Diese Stellen beweisen, daß die, die von ewiger Erwählung der Kinder Gottes reden, in der Schrift sitzen und die anderen daneben.* Sie nötigen uns aber auch, über diese Dinge nachzudenken. Wenn wir nicht von dieser Lehre reden, so unterdrücken und unterschlagen wir einen Teil der Gabe und Wahrheit Gottes, so berauben wir die Gemeinde des Herrn einer von Gott geoffenbarten Wahrheit. Und das kann nicht ohne Schaden und Strafe geschehen, ist auch nicht ohne betrübende Folgen geblieben.

Wenn aber jemand sagt, man dürfe über diese Lehre nicht reden, um die Seelen nicht zu verwirren, diese Lehre sei eine Gefahr, der beschuldigt Gott einer törichten Veranstaltung und lästert Gott, als ob ihm unbesonnenerweise etwas entfallen wäre, was der Gemeinde schädlich sei (Calvin). Für den vollen Sieg bedürfen wir der ganzen Waffenrüstung, sonst kommen wir nicht durch. Gerade der Glaube an ihre Erwählung ist vielen Gottesmännern in entscheidenden Stunden ihres Lebens ihr starker Halt gewesen. Im Kriege haben sich manche Gotteskinder in Stunden der Todesgefahr, wo man scharfe Waffen braucht, an diese starke Offenbarung der Gnade Gottes gehalten, andere auch in Stunden der Verfolgung, die auch noch über uns kommen mögen. Und Jesus selbst hat sich, als die Tage heißer wurden, daran gestärkt, daß der Vater ihn erwählt hatte.

Wie kam ich zum Heil?

Wollen wir die Lehre von der ewigen Erwählung verstehen, so dürfen wir nicht beim Dach zu bauen anfangen, sondern müssen sie von unten an im Zusammenhang des Glaubenslebens betrachten. Wie kam ich zum Heil? Habe ich in meiner »Freiheit« Glauben an das Evangelium gefaßt? Niemand sagt das von sich, der ehrlich ist und der seine wirklichen Erfahrungen zu Worte kommen lassen will, sondern dies ist unser Zeugnis: In mir ist Trägheit, Sündenknechtschaft, Leidenschaft, Gebundenheit, Abneigung und Flucht vor Gott. Für viele ist jene Schwalbe, die in der Scheune des Bauern vor diesem hin und her flüchtet aus Angst, er wolle sie töten und die, als sie endlich niedersinkt, von dem freundlichen Mann hinausgetragen wird in die Freiheit, das richtige Bild ihrer Bekehrung. Sie flohen vor Gott und hatten Angst vor ihm, aber er hat in seiner Gnade durch ihre Lebensführungen, durch Freud und Leid, durch das Zeugnis seines Wortes hinter ihnen hergegriffen, bis er sie hatte.

Ich habe nicht aus mir Gott ergriffen im Glauben. In mir ist Sünde. Jede ernsthafte Versuchung zeigt, was in mir wohnt. Wie der Bodensatz eines Glases Wasser, so kommt dann die Sünde herauf, wenn ein Stoß der Freude oder des Leides mich trifft. Aber der, der sogar die Starken zum Raube haben will (Jes. 53, 12), der hat auch mich ergriffen. Ich bin nicht besser als die Ungläubigen. *In mir ist also kein Grund zu finden, warum Gott mich annahm.*

Und wenn ich vor vielem bewahrt wurde, wem verdanke ich das? Etwa mir selbst? Ich habe mir meine Eltern, vielleicht darf ich sagen meine gläubigen Eltern, meine Erziehung, meine Umgebung, meine Gaben und Anlagen nicht selbst gegeben. Sie sind von Gott. In mir ist ein Abgrund des Verderbens. Es ist ein reines Wunder der Gnade, daß ich errettet bin, daß er mir Glauben geschenkt hat.

Gott hat es getan. Wenn ich ein Lied von ganzem Herzen singen kann und muß, dann ist es dieses: »*Du mußt ziehen!* Mein Bemühen ist zu mangelhaft. Wo ihr's fehle, fühlt die Seele; aber du hast Kraft, weil dein Wort ein Leben bringt, und dein Geist das Herz durchdringt. Dort wird's tönen bei dem Krönen: *Gott ist's, der es schafft.*« Was hier gepriesen wird, das ist der heimliche Untergrund des ganzen lebenswahren Liedes, das wir ebenso freudig wie diesen Vers singen wollen: »Ich will streben nach dem Leben, wo ich selig bin«; »Fortgerungen, durchgedrungen bis zum Kleinod hin.«

Gott hat es getan. Er hat uns seinen Sohn zum Eigentum geschenkt. Das gibt Trost und Heilsgewißheit. Ich bin in Gott geborgen. Meine Kraft kann wanken, meinem Glauben ist nicht zu trauen, aber weil er in Gottes Kraft und Werk ruht, darum hat er Bestand.

Wie war's bei Paulus?

Dies alles ist denen nicht so klar, die von Jugend an in christlicher Umgebung gelebt haben und vor großen Sünden bewahrt geblieben sind. Denen verwischen sich leicht die Grenzen von Natur und Gnade. Aber Männer wie Augustin, die ein Sündenleben hinter sich hatten, oder wie Paulus und Luther, die sich mit dem Gesetz abquälten, können uns hier Führer sein. Wie sagt Paulus? Christus hat ihn überwunden. Sooft er von seiner Bekehrung spricht, preist er die Gnade des Herrn, die ihn niedergeworfen und dann aufgerichtet hat. Der Herr hat ihn nicht gefragt, ob er wolle, sondern hat den Saulus besiegt.

»Es wird dir schwer sein, wider den Stachel auszuschlagen«, hat der Herr zu ihm gesagt (Apg. 26, 14). Er reibt sich auf im Kampf gegen Gottes Willen, aber der Herr treibt sein auserwähltes Rüstzeug so bestimmt zu seinem vorgesetzten Ziel wie ein Treiber das Lasttier. Gottes Gnade ist eine unwiderstehliche Gnade. Paulus ist von Christus ergriffen (Phil. 3, 12). Es gefiel Gott, ihm seinen Sohn zu offenbaren (Gal. 1, 16). Das sind Ausdrücke, die die Freimacht der Gnade preisen.

Römer 7, 24 fragt der Apostel: »Ich elender Mensch, wer wird mich erretten von diesem Todesleibe?« Wer? Sein »guter Wille«? Seine »besten Absichten«, die vorhanden waren? Nein: Gott, durch Jesus Christus, seinen Herrn. Man muß diese starken Ausdrücke auf sich wirken lassen, dann wird man zustimmen: »So war es auch bei mir.« Dabei wird man aber an sich selbst ganz zuschanden, man wird ganz zum Sünder, der sich selbst nicht helfen kann.

Die Krone auf das rechte Haupt!

Dann geht es uns, wie Luther es von sich sagt: »Ich muß bekennen, daß mich die Gedanken hart vor den Kopf gestoßen haben, bis schier aufs tiefste Verzagen und Verzweifeln, ehe ich lernte und erkannte, wie nützlich das Verzagen ist, und wie nahe dahinter liegt die Gnade.«

Ja, da kommt man zum Verzagen an sich selbst und zu dem Bekenntnis, daß Gott allein die Ehre gebührt dafür, daß wir errettet sind. Er allein ist der Urheber unseres Heiles, so spricht dann aus uns die tiefste Demut. »Das ist das tiefe, von der Welt her in Gott verborgene Geheimnis unserer unerforschlichen Gnadenwahl. Glaube macht hier alles, Vernunft und Werke nichts. Wo Glaube ist, ist auch demütiger Dank« (Johann Albrecht Bengel zu Epheser 1, 4).

Das soll die Frucht alles Nachdenkens über diese Frage sein, daß wir lernen, ganz anders als bisher dem Herrn zu danken für seine unverdiente, unergründliche Gnade. Wir müssen die Krone auf das rechte Haupt setzen (Spurgeon), nicht auf unser, sondern auf Gottes Haupt. Gnade hat alles, alles getan. So singt man im Himmel, so werden auch wir einst mit einstimmen, wenn wir am Ziel sind. Nun, so wollen wir auch auf Erden singen: »Nichts hab ich zu bringen, alles, Herr, bist du« – »Erbarmung ist's und weiter nichts.«

Gott sah voraus und dann erwählte er?

Manche wollen der Wahrheit von der Erwählung entgehen, indem sie sie umbiegen und sagen: »Gott sah voraus, welche sich für ihn entscheiden und Glauben halten würden, und diese hat er erwählt.« Mit Bedauern sah ich, daß auch die sonst so treffliche Stuttgarter Jubiläumsbibel zu Römer 8, 29–30 so lehrt: »Die er zuvor erkannt hat als solche, die glauben werden, die hat er auch ... vorher bestimmt, und er lenkt alle ihre Lebensumstände so, daß sie darunter für das ihnen zugedachte Erbgut ausreifen können.«

Sollte das unsere Erwählung sein? Die so reden, die muß man bitten, das Wort Erwählung für ihre Ansicht nicht zu gebrauchen. Die Rose ist doch nicht die Urheberin ihrer Wurzel, *der Glaube doch nicht der Urheber der Gnade.* Das ist ein Trugschluß! Man sagt etwas, das ähnlich klingt wie die Schriftaussagen, aber ganz das Gegenteil bedeutet. Wenn irgend etwas in mir die Ursache ist, daß Gott mir Gnade zuteil werden läßt, und sei das, was in mir gesucht wird, auch noch so dünn und wenig, etwa nur die Anlage oder Empfänglichkeit oder Neigung für Gott, so ist doch das ganze Gebäude meines Heils auf mich und damit auf Sand gegründet, dann ist alle Heilsgewißheit dahin. Ich kann wanken, ich werde auch wanken.

Nein, Gott sah nicht vorher, daß ich Buße tun und Glauben halten würde. Sondern *Gott gibt die Buße, Gott schenkt den Glauben*: »Wir glauben nach der Wirkung seiner mächtigen Stärke« (Eph. 1, 19); »... ob ihnen Gott dermaleinst Buße gebe« (2. Tim. 2, 25). Petrus sagt (Apg. 5, 31): »... zu geben Israel Buße und Vergebung der Sünden«; und Jeremia betet: »Bekehre du mich, so werde ich bekehrt« (Jer. 31, 18).

Gott findet nicht die Seligwerdenden, sondern er macht sie (Augustin). Gott segnet nicht die, die zu ihm rufen, sondern ihr

Rufen hat er schon auf ihre Lippen gelegt (Spurgeon). Der Acker selbst, auf dem das Sehnen nach Gott und alle guten Früchte wachsen, ist uns von Gott geschenkt (Calvin). Wer ihn sucht, tut es, weil Gott ihn zuerst gesucht hat. Und der Mensch fängt an zu beten, weil Gott Gnade in sein Herz gegeben hat.

Gott fängt das Werk an. Wasser steigt nie höher als seine Quelle. Unsere Natur steigt nicht über sich selbst hinauf, und unserer Natur ist es nicht natürlich, Gott zu suchen, sondern ihn zu fliehen. Erst unter der Wirkung des Heiligen Geistes suchen wir ihn, wiewohl wir uns dessen nicht sofort bewußt sind, sondern erst später die Zusammenhänge entdecken. Der gute Hirte rühmt nicht: »Mein Schaf ist heimgekehrt«, sondern: »Ich habe mein Schaf gefunden, das verloren war.« Er hat es gesucht. Gott offenbart den Unmündigen seine Herrlichkeit. Er wirkt hinein in ihr Inneres und wirkt dort den Glauben. Es bleibt für alle, die zum Glauben gekommen sind, bei dem Wort Christian Gregors, des Dichters aus der Brüdergemeine: *»Hätt'st du dich nicht zuerst an mich gehangen, ich wär von selbst dich wohl nicht suchen gangen.* Drum sucht'st du mich und nahmst mich voll Erbarmen in deine Arme.«

Das folgende Gedicht ist für uns ein Gleichnis, das dem Glaubensleben entspricht:

»Nicht weil die Rose blühet, scheint die Sonne.
Der warme Strahl rief sie erst wach zur Wonne.
Es bliebe dürr und tot der Rosenstrauch,
wenn ihn nicht mild belebt der Frühlingshauch.
Das Kind auch siehst du an der Mutter hangen,
doch wer hat wohl zu lieben angefangen?
Schon eh' das Kindlein zum Bewußtsein kam,
der Mutter Lieb' es in die Arme nahm.
Ach, Kind und Rose haben nichts erworben,
sie wären beid' erstorben und verdorben,
wo nicht der warme Strahl in sie gedrungen
und sie zum Blüh'n und Lieben nicht gezwungen,
so daß nun Ros' und Kind nichts anderes wissen,
als daß sie lieben, lieben, lieben müssen.«

Niemand hat bei Gott etwas zu fordern

Wenn der gläubige Christ über die Tatsache seines Gläubigwerdens nachdenkt, so kommt ihm aus Gottes Wort die Offenbarung: *»Mein Gläubigwerden ist im letzten Grund nur daraus zu erklären, daß Gott mich erwählt hat vor Grundlegung der Welt.«* Diese Lehre ist cor ecclesiae, das Herz der Kirche (Melanchthon). Es bleibt uns, wenn wir eine Erklärung suchen, warum es so mit uns kam, nur diese eine: *»Vater, es war also wohlgefällig vor dir.«* Niemand wird in Gottes Wort aufgefordert oder darf von uns aufgefordert werden, zunächst nach seiner Erwählung zu forschen. Nein, er soll sich klar werden, daß Gott ihn berufen, d. h. gerufen hat und diese seine Berufung nehmen als Aufschluß über seine Erwählung. Aber wenn er dann in Gottes Wort forscht, dann bleibt nichts anderes als diese Erkenntnis: »Ich bin erwählt nach dem Wohlgefallen Gottes ohne alles Verdienst. *Kein Grund ist zu sehen, warum es geschah; nur weil Gott wollte, nur aus Gnade.«*

Und zwar: erwählt vor der Zeit der Welt. Das ist dann eine ganz natürliche Folge für den, der ernst damit macht, daß in Gott keine Zeit ist, kein Gestern und Ehegestern, und daß auch die Schöpfung der Welt nur ein Meilenstein ist auf dem Weg der Liebe Gottes. Der Glaube muß zu dieser Aussage kommen, daß er von Ewigkeit her erwählt ist; denn ohne diese Wurzel in der Ewigkeit würde die Blüte der Gnade verwelken. In diesem Wort *»vor Grundlegung der Welt«* ist eigentlich nur dies ausgesagt: *Mein Glaube stammt nicht aus dieser Welt.* Er ist gar nicht zu erklären aus den Dingen, aus den Umständen und Einflüssen meiner Umgebung, meines Lebens, meiner Geschichte oder meiner Vorgeschichte, sondern gehört der Ewigkeit an und ist Gottes Werk. Ich gehe in der Zeit einher, aber getragen von der Gnade, zwischen zwei »Ewigkeiten«.

Indem die Apostel dieses Wort sagen »erwählt«, machen sie auch mit dem Gedanken einer Wahl vollen Ernst. *Gott muß niemand gnädig sein.* An solche Reden hat man sich in weiten Kreisen gewöhnt, als ob Gott gewissermaßen verpflichtet wäre, jeden anzunehmen, der sich nur vornähme, irgendwann einmal in seinem Leben, etwa auf dem Sterbebett, zu ihm zu kommen. Es ist ein gottloses Wort, das Wort von Heinrich Heine: »Dieu me pardonnera, car tel est son métier« (Gott wird mir verzeihen, denn das ist sein Beruf). Nein, Gott erwählt, welche er will. Es mag uns oft gestoßen haben, aber es steht da: »Nicht viel Weise nach dem Fleisch, nicht viel Edle sind berufen« (1. Kor. 1, 26). »Könige werden übergangen, Bettler werden erwählt; Weise zurückgelassen, Toren gerufen; Zöllner und Huren durch leisen Druck überwunden, daß sie kommen, aber Pharisäer bleiben draußen. Gott hat die übergangen, die wir erwählen würden, und die erwählt, von denen wir nicht dachten, daß sie zu ihm gehörten« (Spurgeon).

Ja, Gott macht alles menschliche Verdienst zuschanden. Es geht ganz allein nach Gnade, nach seiner Gunst; denn bei ihm hat niemand etwas zu fordern. *Wer sein Recht verlangt, der empfängt nichts als die Flammen der Hölle. Gnade kann man nicht verlangen und fordern, sondern um sie kann man nur bitten, sie kann einem nur geschenkt werden.* Hier haben wir es zu tun mit einer Lehre, die uns so unsympathisch wie möglich ist, und die zumal den modernen Menschen, der viel zu sagen weiß vom Recht der Persönlichkeit, vor den Kopf stößt. Das ist uns so ganz zuwider. Sollen wir denn gar nichts fordern können, ganz zum Bettler werden?

Wir können nur als Bettler kommen

Viele lästern die Lehre von der Erwählung und sagen sogar, sie wollten dann lieber mit den Verlorenen in der Hölle sein, als so auserwählt Gottes Gnade empfangen. Nun, die Steine der Lästerung, die sie gegen Gott emporwerfen, werden ihn nicht treffen, aber auf ihr eigenes Haupt zurückfallen. Es ist uns sehr heilsam, daß wir uns an dies alles erinnern lassen und auch an die Ermahnung des Apostels, der dem, der sich erkühnt, Gott ungerecht zu nennen, antwortet: »Wer bist du, o Mensch, daß du mit Gott rechtest? Hat er nicht Macht, zu tun, was er will« (Röm. 9)?

Wenn wir der Wahrheit von der Gnadenwahl voll ins Gesicht sehen, so haben wir nur zu danken und müssen fragen: »Was hat dich, Herr, bewogen, daß du mich vorgezogen?« (1. Kor. 4, 7). Durch diese Erkenntnis werden Gottes Kinder tief gebeugt. O würden wir es doch! Es tut uns not, daß wir dies wieder mit aller Kraft predigen: *Die Wahl schließt die Werke aus und alles Verdienst.* Da bleibt nichts, gar nichts als nur Gnade. Da zerbricht aller Stolz.

Ich habe wohl einem gesagt, der sich über seine innere Not

aussprach: »Frage einmal den Herrn, ob er dich annimmt! Es ist nicht sicher, es ist noch sehr die Frage.« Da hat mich mancher verwundert angeschaut. Man meint, es sei doch ganz sicher, daß Gott den annimmt, der zu ihm kommt. *Ja, wenn du kommst als Bettler mit einem zerschlagenen Herzen, dem in Schuld und Sünde alle Wege ausgegangen sind, und der nun keinen Rat mehr weiß, ja, dann nimmt er dich an, sonst nicht.* Erst muß man sich klarmachen: Es steht bei Gott, ob er mich annimmt oder nicht annimmt.

Die Bekehrung ist nicht so wie ein chemischer Prozeß: Wenn man dies und das durchgemacht hat, seine Sünden bekennt und niederkniet und aufsteht, dann ist man bekehrt. Sondern man muß mit seiner Last zu einer Person gehen, zu einem Herzen. Von einem Herzen kann man nicht Liebe fordern. Frage den Herrn, ob er dich liebt, ob er dir gnädig ist! Da kommt der Mensch erst in die ganze Not hinein, da muß er erst vor Gott ganz arm werden und kommt zu dem Schrei aus der Tiefe: »Ich habe es nicht verdient, Herr, aber laß mich nicht liegen in meinem Blute, gehe nicht an mir vorüber!« Da mündet alles Suchen und Verlangen des verzagten und zerbrochenen Herzens aus in den Schrei des kanaanäischen Weibes: *»Ja, Herr! Aber doch, Herr!«*

Wenn diese Wahrheit mehr betont würde, dann gäbe es nicht so viele oberflächliche »Bekehrungen«, nicht so viele unechte Münzen unter Gottes Volk, sondern es wäre mehr Gründlichkeit und Echtheit im geistlichen Leben zu finden. Dann gäbe es mehr Christen von Eichenholz, in sich selbst zerbrochen, aber fest, weil sie gegründet sind in der Ewigkeit, die stehen können im Kampf des Lebens, die sich nicht biegen wie die Weiden und Birken. Und dann würde mehr als bisher und tiefer emporquellen, weil wir alles Eigenen beraubt sind und nur Christus und die Gnade haben, der Dank, daß wir ihn preisen, daß er uns herausgerissen hat ganz aus Gnaden.

Was ist es mit dem »freien Willen«?

Aber hat denn der Mensch nicht einen freien Willen? Hier muß alles Philosophische ausgeschlossen werden. Man predigt heute vielfach: Gott hat zu viel Achtung vor unserer Menschenwürde, darum läßt er uns die Freiheit, die Gnade anzunehmen oder abzuweisen und seiner Liebe zu widerstehen. Das klingt so richtig und ist doch nach der Schrift ganz falsch. Nein, wir haben in dem Sinne, wie hier behauptet wird, keinen freien Willen. In unserem Vater Adam hat die ganze Familie bankrott gemacht. Nun sind sie alle ganz arm. Er hatte den freien Willen, das Gute zu tun oder das Böse, aber seitdem er in die Sünde hineingegangen ist, ist Adams Geschlecht verknechtet unter die Herrschaft der Sünde.

Von Achtung vor unserer Menschenwürde, die Gott haben sollte, weiß Paulus nichts zu sagen und Jesus auch nicht. Wie stark sind die Ausdrücke, die Paulus anwendet, daß Gott ihn überwunden habe. Er nennt sich einen, der in der Sünde Gesetz gefangen ist (Röm. 7, 23). Die Menschen sind gefangen in des Teufels Strick (2. Tim. 2, 26). Und Jesus sagt: »Wer Sünde tut, der ist der Sünde Sklave« (Joh. 8, 34). Da ist nichts von Menschenwürde erwähnt. Luther vergleicht den Willen des Menschen mit einem Pferde, das sich nach eigener Lust bewegt und darin seine Freiheit hat, ob es die Füße hebt oder mit dem Kopf schlägt usw.; aber die Richtung, in der es geht, wird ihm vom Reiter angetan. So sei es auch mit dem menschlichen Willen. In manchen äußeren Dingen habe der Mensch eine gewisse Freiheit, aber die Grundrichtung wird ihm angetan vom Satan oder von Gott.

Und wiederum erinnere ich daran, daß Luthers grundlegende Schrift heißt: »De servo abitrio«, daß der freie Wille nichts sei. Er sagt einmal: »Sind wir des Teufels Gefangene, dann muß der liebe freie Wille wohl des Teufels Wille und keine Freiheit sein.« Nein, die Apostel und Reformatoren waren weit entfernt von jener Lehre, als ob Gott uns nicht überwinden könnte und dürfte.

Daß es so nicht ist, ist allen Kindern Gottes in der Praxis auch klar. Mag auch jemand in der Theorie behaupten: »Nein, Gott kann die Freiheit eines Menschen nicht umgehen, sondern dieser muß sich selbst entscheiden und ist darin völlig frei«, so wird derselbe Christ doch im Kämmerlein Gott anhalten: »Bekehre meine Kinder, meine Freunde!« Wie kann er das reimen? Es ist so, daß er nach der Wirkung des Geistes Gottes »unwillkürlich« das Richtige tut, ob er auch das Falsche denkt. Er bittet Gott um Geisteswirkungen, die den Menschen und seinen bösen Willen überwinden, und er dankt Gott für solche Siege der Gnade und zeigt damit, daß er es weiß: *Gott überwindet die Menschen.*

Der Mensch ist mit dabei!

Aber wohl ist in dem Betonen des Willens des Menschen ein Körnlein Wahrheit. Soll ich das ausdrücken, was hier zu sagen ist, so kann ich es nach allem Nachdenken nur in einem ganz unvollkommenen Wort tun: *Der Mensch ist mit dabei.* Und hier haben wir nun zu reden *von der Verantwortlichkeit des Menschen, daß er selig wird.* Die Lehre von der freien Gnade Gottes ist das Segel unseres Schiffleins. Aber wir bedürfen auch Ballast, sonst kippt das Schifflein um. Und dies ist der Ballast: Wir sind selbst verantwortlich für unser Seligwerden. Wir dürfen nie nur eine Seite treiben, sondern Gottes Wort verkündigen, und das hat beide Seiten.

Daß der Mensch selbst verantwortlich ist für sein Seligwerden, das zeigt schon das ganze Angebot des Heils in der Schrift. Wie liebevoll ist Gottes Einladung! Er bittet sogar, wir sollen uns versöhnen lassen. Immer wieder wird der Mensch aufgefordert, aufzuwachen, umzukehren, sich zu bekehren, anzunehmen, zu suchen, zu beten. Immer wieder wird ihm das Heil und die Gnade angeboten; also soll er sie ergreifen.

Das muß der Mensch tun, und doch tut es Gott. Da stehen wir vor dem *wunderbaren Ineinander von Gottes Tun und des Menschen Tun.* Sicher ist eins: *Gott fängt immer an.* Wir sind tot, und er erweckt uns aus dem Tode. Das muß das Erste sein, aber der Mensch muß Glauben fassen, und das kann er nicht ohne seinen Willen. Niemand kann gegen seinen Willen Gott lieben. Also muß ein Eingehen des menschlichen Willens auf Gottes Gnadenangebot statthaben.

Und doch möchte man fast zweifeln, ob es so richtig ausgedrückt ist. Denn *Gottes Wille setzt den menschlichen Willen in Bewegung.* Der menschliche Wille ist nicht neben, sondern unter Gottes Willen. Dieser menschliche Wille, der Gottes Gnade annimmt, ist die Wirkung, die Gabe Gottes. Und doch ist es der Wille des Menschen!

Es kann hier nicht auf Formulierungen ankommen, sondern auf einen Versuch der Darstellung der Wirklichkeit. Und da finden wir in der Schrift die beiden Linien nebeneinander: *Gott gibt es, aber der Mensch muß zugreifen!* Immer wieder finden wir in der Schrift dieses Ineinander von Gottes und des Menschen Wirken und Wollen: »Es gefiel Gott wohl, daß er seinen Sohn offenbarte in mir

– alsobald fuhr ich zu« (Gal. 1, 16). *Gott tat der Lydia das Herz auf – daß sie achthatte und gläubig wurde* (Apg. 16, 14–15). Petrus bekannte seinen Heiland als Gottes Sohn – und Jesus sagt: »Das hat dir nicht Fleisch und Blut offenbart, sondern mein Vater im Himmel« (Matth. 16, 17). Jesus bittet für Petrus – daß sein Glaube nicht aufhöre (Luk. 22, 32). Durch Gottes Macht – durch den Glauben werden wir bewahrt (1. Petr. 1, 5).

Was ist das erste, was kommt an zweiter Stelle? Gott wirkt, aber der Mensch ist mit dabei! Immer finden wir das Ineinander von göttlichem und menschlichem Wollen. Dem Mann mit der lahmen Hand in der Schule sagt Jesus: »Strecke die Hand aus!« Was geschieht? »Und er streckte sie aus; und sie ward ihm wieder gesund« (Matth. 12, 13). Wie kann der Herr sagen: »Strecke die Hand aus?« Das kann der Mann ja gerade nicht, die Hand ist ja lahm.

Und doch tat er es. Er streckte sie aus, und sie ward gesund. Was war das erste, die Tat Gottes, daß die Hand gesund wurde, oder die Tat des Menschen, daß er sie ausstreckte? Glaube und Gesundwerden lag ineinander, aber das erste war das Schöpfungswort Jesu: »Strecke die Hand aus!« An ihm entzündete sich der Glaube. Aber ohne den Glauben war die Heilung nicht möglich. (Vergl. Matth. 13, 58: »Er tat daselbst nicht viel Zeichen um ihres Unglaubens willen.«)

»Schaffet – denn Gott wirkt!«

So wird der ganze Wille im Menschen aufgerufen und gefordert. *Man kommt nicht im Schlaf in Gottes Reich, sondern es kostet einen Kampf*, ein Ringen, ein Suchen, ein Schaffen mit Furcht und Zittern (Phil. 2, 12–13). Diese Stelle ist besonders bemerkenswert: »Schaffet, daß ihr selig werdet, mit Furcht und Zittern, denn Gott ist es, der in euch wirket beides, das Wollen und das Vollbringen.«

Wir würden entweder sagen: »Schafft, wirkt eure Seligkeit aus – denn ihr müßt nicht meinen, Gott täte es.« Oder: »Regt euch nicht auf – denn Gott wirkt schon alles, Wollen und Vollbringen.« So würde es nach menschlicher Logik heißen, aber hier steht: »Gott wirkt und setzt euer Wollen in Bewegung und schafft das Vollbringen. Darum ist es wichtig, daß ihr euch aufmacht, daß ihr zugreift.

Jetzt, wenn Gott wirkt, ist Gnadenzeit, dann gilt es ganzen Ernst: mit Furcht und Zittern.« *Wenn und wo Gott nicht wirkte, da wäre es einem Menschen unmöglich, selig zu werden, dann wäre es hoffnungslos.* Aber wenn du Gottes Wirken verspürst, dann schlägt deine Gnadenstunde. Dann darfst du wissen, daß Gott in dir auch das Heil vollenden will, dann mache dich auf, dann stehe im Kampf!

In einem Rettungsboot trieb eine Anzahl schiffbrüchiger Seeleute in dunkler Nacht umher. Die Gefahr bestand, daß sie von der Dampferstraße abtrieben und dann von keinem Schiff aufgenommen wurden. Von weitem fährt ein hellerleuchteter Dampfer vorüber. Jetzt gilt es, sich bemerkbar zu machen. Eine Laterne ist vorhanden und völlig in Ordnung, aber alle Männer sind durchnäßt und haben kein trockenes Streichholz. Endlich entdeckt ein Matrose noch eins im Futter seiner Weste. Er reicht es von Mann zu Mann zum Kapitän. Der zündet es an, und die Lampe brennt. Die Seeleute können Zeichen geben und werden gerettet. Später sagt der Kapitän: »Ich habe in meinem ganzen Leben niemals so sehr das Bewußtsein der Verantwortlichkeit gehabt wie in dem Augenblick, da ich das Streichholz anzündete. Da habe ich gezittert und gebebt.«

Kann man da nicht sagen: »Kapitän, du hättest vorher zittern und beben sollen, als kein Streichholz da war? Aber als das Streichholz in deiner Hand war, konntest du es doch getrost anzünden, nun war ja Rettung vorhanden.« Nein, solange kein Streichholz gefunden wurde, lag der Kapitän mit seiner Mannschaft unter dumpfer Verzweiflung. Als aber das Feuerzeug in seiner Hand war, da konnte er nicht unbesorgt einfach das Streichholz anzünden, weil ja nun alles gut war. Nein, weil die Möglichkeit der Rettung in diesem Streichholz lag, darum galt es nun mit aller Vorsicht jeden Windzug abzuhalten und mit Geschick die Laterne zu entzünden. Darum kam dem Mann das Zittern und Beben, ob nun auch wohl die Rettung gelingen würde. – Das ist *ein Gleichnis für Philipper 2,12 und 13.*

Dies wird oft mißverstanden. Man hört die leichtfertigen Reden: »Bin ich erwählt, so brauche ich nichts zu tun, Gott wird mich doch in die Hand bekommen. Bin ich nicht erwählt, so hilft all mein Suchen nichts.« Das ist eine gottlose Rede. *Sucht irgendeiner nach Gott, ist es ihm wichtig geworden, trauert er etwa darüber, daß er nicht erwählt sei, so ist das ja ein Zeichen dafür, daß er erwählt ist.*

Woher kommt denn dieses Suchen, dieses Trauern, wenn es nicht das Werk des Geistes Gottes ist? Niemand kann Gott vorwerfen, es mühe sich einer vergeblich ab, er könne aber nicht zu ihm kommen. Wer sich abmüht, der ist von Gott ergriffen und kommt zum Ziel.

Der Glaube: Gottes Werk und des Menschen Tat

Aber solche Redensarten sind vielen Menschen sehr bequem. Ich kam in Scheveningen mit einigen Schiffern ins Gespräch und endlich auf die Frage, ob sie Gotteskinder seien. Bezeichnend war die Antwort: »Ja, Herr, wer das erleben dürfte!« Sie wollten sich dahinter verstecken, als ob Gott sie nicht gerufen hätte, obwohl sie eigentlich gerne kämen. Aber ehe ich mich verabschiedete, baten sie mich um Geld für Schnaps, und Schnapsgeruch ging von ihnen aus. So werden sich immer hinter eine Verkehrung und Verdrehung der Lehre von der Erwählung die Menschen zu verstecken suchen, die, obwohl sie gerufen sind, nicht kommen wollen.

Gewiß, Gott wirkt den Glauben, aber nicht naturhaft oder magisch, sondern innerlich bewegt er unseren Willen. Wir müssen wollen, aber Gott wirkt auch das Wollen. *Wenn Gott wirkt, dann gibt er uns von Natur Gebundenen damit die Freiheit, das Glaubenkönnen,* das Nehmenkönnen. Aber dann gilt es zu wollen, zu nehmen, zuzugreifen.

Darum müssen wir betonen, daß Gottes Gnadenangebot immer ernst gemeint ist, daß man Gottes Angebot trauen darf. »Wer da will, der nehme Wasser des Lebens umsonst« (Offb. 22, 17). Wen das Wort trifft, wer dadurch bewegt und ergriffen wird, der ist berufen, der ist erwählt, der soll zugreifen, aber er muß auch zugreifen. *Der Glaube ist Gottes Werk und des Menschen Tat. Man darf keine von beiden Seiten vernachlässigen: Der Mensch ist mit dabei.*

Zwei gläubige Schotten fuhren über einen See. Der eine sprach immer von Gottes Wirken beim Gläubigwerden der Menschen, der andere betonte ebenso einseitig die Verantwortlichkeit des Menschen. Der Fährmann, der still zugehört hatte, zog ein Ruder ein und fuhr nur mit einem Ruder. Und als die beiden Männer ihn schalten, daß er immer im Kreise herumfahre, machte er es umgekehrt und ruderte nur mit dem anderen Ruder. Und so ging es wieder im Kreise. Verwundert fragten sie ihn, was er tue. Die Antwort lautete: »So macht ihr es ja auch! Der eine spricht nur von Gottes Gnadenwahl, der andere nur von des Menschen Verantwortlichkeit. *Ihr müßt beide Ruder gebrauchen,* sonst kommt ihr nicht voran, sondern fahrt immer im Kreise herum.«

Die öffentliche Predigt und das geheime Ziehen Gottes

Es mag einer fragen: »Wenn Gott die Menschen erwählt hat, warum ist dann noch die Predigt nötig, sie kommen ja doch zu ihm?« Hier kommen wir auf einen wichtigen Punkt zu sprechen. Wir sind in Christo erwählt. Gott sucht sich nicht hier und da die Seinen heraus, sondern Christus ist von ihm erwählt, daß er das Haupt einer neuen Menschheit sei. Er ist der eigentlich Erwählte, daß in ihm die Verlorenen gerettet würden. Darum hat Gott uns Christus gegeben als den Heiland der Welt und hat seine Gemeinde gestiftet. Und nun geht die Predigt von ihm durch alle Welt, und er zieht die Menschen an. Niemand kommt zum Vater denn durch ihn, und der Vater wiederum zieht die Menschen hin zum Sohn und gibt sie ihm.

Das ist der Weg, wie einer seiner Erwählung gewiß wird: Unter der öffentlichen Predigt von Christus geht bei ihm das geheime Ziehen des Vaters vor sich. Er wird überwunden durch die Gestalt des Heilandes, durch sein Kreuz, durch seine Liebe, er kommt zu Jesus. Und dann, als einer, der in Christus ist durch den Glauben, weiß er, daß er in Christo erwählt ist und Gottes Eigentum von Ewigkeit her. *Also durch das Wort Gottes, und zwar durch die Predigt von Christus zieht Gott die Seelen zu sich und wirkt sich seine ewige Erwählung aus.* Darum muß Christus verkündigt werden überall und immer aufs neue und muß den Seelen vor die Augen gestellt werden, als wäre er unter uns gekreuzigt, damit durch diesen Magnet gezogen die zerstreuten Kinder Gottes zu ihm kommen.

Will also jemand in all diesen Fragen sichergehen, so muß er nur Christus ansehen, ihn allein. Ist er mein Heiland, wird mir das innerlich bezeugt durch Gottes Geist und gewiß gemacht im Glauben, dann bin ich sein, dann bin ich erwählt. Es ist also unsinnig zu sagen: Wer erwählt ist, der wird selig, ob er glaubt oder nicht. Und wer nicht erwählt ist, mag anstellen was er will, er geht verloren.

Die Sache steht vielmehr so: Christus ist der Auserwählte Gottes. In Christus sind wir geschaffen. Wenn wir zum Glauben kommen, so kommen wir wieder zu Christus und kommen dadurch wieder zu unserer ursprünglichen Bestimmung, zu der uns Gott seinem Vorsatz gemäß geschaffen hat.

Die in Christus sind, das sind die Erwählten. Wer sich dem Glauben verschließt, mag sonst anstellen, was er will: Er erreicht nie seine gottgewollte Bestimmung, er bleibt außerhalb des Heils.

Es hängt also tatsächlich alles am Glauben, am Glauben an Christus als unseren Heiland. Wer an ihn glaubt, der ist ins Buch des Lebens geschrieben. Wir kommen zur Heilsgewißheit durch die Begegnung mit Christus. Und diese Tatsache ist wichtiger als alle Theorie. Darum muß mit ganzem Ernst betont werden: Die Entscheidung über dein Leben fällt nicht durch irgendeine Theorie oder einen Gedanken, ob du erwählt bist oder nicht. Darüber kannst du zunächst überhaupt nichts wissen, sondern die Entscheidung über dein ewiges Heil fällt an Christus, ob du ihn angenommen, ob du dich zu ihm bekehrt hast. Er allein ist der Mittler zwischen Gott und den Menschen.

Und darum ist für jeden, der noch nicht in Christo ist, nichts anderes als diese eine Sache wichtig: Jesus steht vor deiner Tür, Jesus, in dem Gott Mensch wurde, der Gott der Herrlichkeit, der in die Geschichte eingetreten ist. Und *diese Gottesgeschichte kreuzt heute deine Lebensgeschichte. Das ist die Entscheidung.* In Jesus greift Gottes ewige Hand nach dir. Laß dich greifen! Schlag ein, und gib dich ihm und komm! Das ist das eine, was wichtig ist. Und wenn du dann gekommen bist, dann wirst du es durch Gottes Gnade erkennen: Dieses mein Ergreifen Christi war ewige Gotteswirkung.

Gott wird die Seinen bewahren

Der köstlichste Trost in der Lehre von der Erwählung ist die Versicherung des Wortes Gottes, daß Gott die Seinen auch bewahren wird. Wir werden durch Gottes Macht bewahrt durch den Glauben (1. Petr. 1, 5). Durch Gottes Macht! Wenn wir uns selbst bewahren müßten, dann würden wir abfallen, und wir hätten Grund mit David zu sagen: »Ich werde der Tage einem Saul in die Hände fallen« (1. Sam. 27, 1). Aber wir werden bewahrt. Das ist ja eigentlich die Hauptsache für das praktische Christenleben. Wir wollen es einmal so ausdrücken: Nicht die »Ewigkeit hinter mir«, sondern die »Ewigkeit vor mir« ist es, die mir Sorge macht. Werde ich auch das ewige Ziel erreichen? Und das ist nun der herrlichste Trost: Ja, denn der Herr bewahrt mich. Es gibt keinen Abfall der Gläubigen. Es gibt kein Herausgerissenwerden aus der Hand des Herrn, für die, die glauben, weil der Vater sie dem Sohn gegeben hat (Joh. 10, 29).

Vor diesem Wort schrecken viele zurück. Ist es nicht so: Wenn wir treu bleiben, dann werden wir bewahrt werden?

Auch hier haben wir wieder, *wie beim Gläubigwerden, die beiden Linien der Schrift: »Aus Gottes Macht – durch den Glauben«* (1. Petr. 1, 5). Und ob sie uns nach unserem logischen Denken unvereinbar scheinen – *wir müssen sie beide voll zur Wirkung kommen lassen.* Es liegt auch hier beides ganz ineinander; darauf ist zu achten, wenn wir es auch nur nacheinander darstellen können. Wenn es darauf ankommt, daß ich Treue halte, so ist mir das ganze Gesetz wieder aufgelegt. Und dann ist mein Zustand nach der Bekehrung schlimmer als vorher; denn die Leistung, Treue zu halten, ist viel schwerer, als die, irgendein anderes Gebot zu erfüllen. Und dazu kommt, daß ich nun weiß, daß das Gesetz geistlich gehalten werden muß, nicht nur buchstäblich.

Also um so mehr Angst und Not kommt über den Gläubigen, wenn es daran liegt, ob er treu bleibt. Und wenn es so steht, dann ist allerdings die Behauptung: »Wir werden nicht verlorengehen«, eine ungeheuerliche Anmaßung. *Wenn es auf mein Treubleiben ankommt, ob ich verlorengehe oder nicht, so kann ich nicht verlorengehen, sondern dann gehe ich verloren.* Niemand kann nämlich sagen: »Ich bleibe treu, was auch kommen mag.« Das wäre Überhebung und Prahlerei. Was weißt du, in welche Not und Verzweiflung du noch hineinkommst, durch welche Proben du noch hindurchmußt?

Aber das ist nun der wunderbare Trost des Wortes Gottes: *»Das ist der Wille meines Vaters, daß ich nichts verliere von dem, was er mir gegeben hat«* (Joh. 6, 39). »Alle Pflanzen, die mein himmlischer Vater nicht pflanzte, werden ausgerottet« (Matth. 15, 13).

Also, die er gepflanzt hat, die bleiben. »Niemand wird meine Schafe aus meiner Hand reißen; sie werden nimmermehr umkommen; ich gebe ihnen das ewige Leben« (Joh. 10, 28). »Ich habe für dich gebeten, daß dein Glaube nicht aufhöre« (Luk. 22, 32). Weil Jesus das alles verheißen hat, kann Paulus sagen: »Ich bin gewiß, daß weder Tod noch Leben . . . mag uns scheiden von der Liebe Gottes, die in Christo Jesu ist, unserm Herrn« (Röm. 8, 38–39). »Er kann mir bewahren, was mir beigelegt ist, bis an jenen Tag« (2. Tim. 1, 12). »Der in euch angefangen hat das gute Werk, der wird's auch vollführen bis an den Tag Jesu Christi« (Phil. 1, 6).

Gott läßt sein Werk nicht ermüdet oder enttäuscht liegen, er führt es bis zum Ziel. Es gibt keine Gnade, keine Erwählung auf Kündigung. Niemand und nichts kann mich aus Gottes Hand reißen. Was die Welt mir nicht gegeben hat, das ewige Leben, das kann sie mir auch nicht nehmen. Und was durch meine Schwachheit nicht zustande kam, kann durch meine Schwachheit auch nicht zerstört werden. Es ist eine goldene Kette, die die Worte von Römer 8 bilden: zuvor ersehen, verordnet, berufen, gerecht gemacht, herrlich gemacht. Wer eins von diesen herrlichen Dingen erfahren hat, der darf wissen, daß er auch die anderen erfahren wird: Die Kette reißt nicht. Wer nur erfahren hat, daß er berufen ist, der kann an dieser Kette entlang gehen: Dann bin ich auch von Ewigkeit verordnet, ersehen – und in Ewigkeit gerecht und herrlich gemacht. Ich komme an Gottes Ziel, weil ich von Gott ergriffen bin.

Laßt uns wohl darauf achten! Hier ist nirgend ein »Wenn« eingeschoben, etwa »wenn ich treu bleibe«, sondern nur Taten Gottes sind genannt. Er macht uns herrlich, wenn er uns berufen hat; er bringt uns ans Ziel. Wenn eine Bedingung erfüllt werden müßte, z. B. treu bleiben, und wenn auf der andern Seite ein Christ doch eine Art von geistlichem Selbstmord begehen könnte, dann wäre ich in ewiger Unsicherheit. Dann müßte ich mir immer den Puls fühlen, wie es wohl mit meiner Treue steht. Dann wäre ich gleich einem Schiffer, der den Anker in das Schiff wirft. Da hat er keinen Halt. Ich muß den Anker nicht in das Schiff werfen, sondern in festen Ankergrund außer mir, in Gottes Treue.

Dies ist der ewige Trost der Gotteskinder: »Non vicisset Christus mundum, si membra vinci pateretur« (Melanchthon). »Christus hätte die Welt nicht überwunden, wenn er zuließe, daß seine

Glieder von der Welt überwunden würden.« Aber er hat die Welt überwunden, und wir kommen ans Ziel. Das ganze Weltall wird sich wundern, wenn wir durch die Tore Zions gehen, denn es ist ein Wunder. »Dann staunt die ganze Welt uns an und ruft: Das hat der Herr getan.« (Ps. 126). Und das wollen auch wir jetzt schon im Glauben singen. »Gottes Gaben und Berufung können ihn nicht gereuen« (Röm. 11, 29).

Macht die Lehre von der Bewahrung nicht leichtfertig?

»Macht aber diese Lehre nicht sorglose und verruchte Leute?« Macht sie nicht leichtfertig, so daß der Mensch spricht: »Werde ich bewahrt durch Gottes Macht, nun, dann kann ich mich ja gehenlassen, ich komme ja doch ans Ziel?« Allerdings, wie alle Lehren des Wortes Gottes, so kann auch diese mißbraucht werden. Es kann jemand, der sich einbildet, er sei errettet, nun durch eine falsche Auslegung dieser Lehre sich in gefährliche Sicherheit wiegen. Gewiß, der Balsam für die Wunden der Gotteskinder kann auch als Gift mißbraucht werden von denen, denen diese Worte noch gar nicht gelten.

Man kann ein Rettungsseil nehmen und sich daran aufhängen. So kann auch das Wort von der freien Gnade und von der Bewahrung der Gläubigen mißbraucht werden, aber das darf uns nicht dazu bringen, daß wir diese Lehre aufgeben. »Es ist unmöglich, daß die, so Christo durch wahren Glauben sind eingeleibt, nicht Frucht der Dankbarkeit bringen sollen.« Sie sind ja verordnet, daß sie gleich gestaltet werden sollen dem Ebenbilde des Sohnes Gottes, und durch die Zucht des Geistes, der nun in ihnen wirkt, wird dieses Ziel auch je länger je mehr bei ihnen erreicht werden.

So kommt es, daß gerade diese Lehre, daß Gott die Seinen bewahrt, sie besonders gottesfürchtig macht und sie es genau nehmen läßt. Soll der, der zum König erwählt ist, nun sich benehmen wie ein Bettler? Soll der nun nur Lumpen tragen, der zum Thron berufen ist? Wer erwählt ist zu Gottes Kind, soll der deshalb nun leben wie ein Kind des Teufels? Nein, nimmermehr! Wer wirklich Gottes Kind geworden ist und in der Zucht des Geistes steht, der wird aus der Aussonderung aus der Welt, die Gott vorgenommen hat, nun auch die Pflicht erkennen, sich auszusondern von dem Wesen der Welt.

Darf er nun leben, wie es ihm gefällt? Gewiß, man kann sagen: »Ja, jetzt dürfen wir fluchen, lügen, stehlen und Schlimmeres tun, soviel es uns gefällt. *Aber es gefällt uns nicht mehr,* wir hassen es« (Spurgeon). *Unser Durst steht nicht mehr nach Laster, sondern nach Heiligkeit. Unsere Furcht ist es, unseren Vater zu beleidigen.* Das ist Bewahrung durch die Zucht des Geistes Gottes, und nichts wird den Menschen so stählen zum Wandel im Licht wie die Tatsache und das Bewußtsein: »Gott hat mich geliebt und herausgerissen, und Gott bewahrt mich für sein herrliches Erbe. Wie sollte ich in der Sünde weiterleben wollen!« So wird ein Kind Gottes durch die Zucht des Geistes Gottes immer wieder von der falschen Bahn zurückgehalten werden.

Wir werden unseres Glaubens aus seinen Früchten gewiß

So können wir nur bei unserer Aussage bleiben: »Gott bewahrt uns, und es gibt keinen Abfall der Heiligen.« Warum lehren manche die Möglichkeit, daß Gottes Kinder abfallen können? Nur um dadurch die Christen bange zu machen, daß sie doch ja auf der Hut sein möchten, und sie zu größerer Vorsicht zu treiben. Aber das ist so, als ob man durch immer neue Peitschenhiebe sie auf ihrem Wege antriebe.

Wir wollen in Gottes Gedanken bleiben. Gewiß gilt es, vorsichtig zu sein und seine Seele auf den Händen zu tragen. Gewiß müssen wir uns fürchten vor dem Abfall, der unserer Natur so naheliegt. Aber *diese Furcht und Vorsicht bringt Gottes Geist auf viel wirksamere Weise zustande, als es das Treiben mit gesetzlicher Furcht zuwege bringen kann.* Gottes Geist macht uns elend, wenn wir fern vom Heiland sind. Er läßt unser Herz verdorren in der Gottesferne. Er weckt Erinnerung an früheres Glück in Christo: »Wie waret ihr dazumal so selig« (Gal. 4, 15)! Und so zieht er ein verirrtes Kind immer wieder zu seinem Vater zurück.

Und dazu dienen vor allem die Mahnungen der Schrift. Alle die vielen Ermahnungen der Briefe der Apostel, die Warnungen vor groben Sünden sind ja an Gläubige gerichtet. Gottes Geist bewahrt uns nicht, indem er Mauern von Stein um uns baut oder uns unversuchlich macht. Nein, wir werden versucht und kommen auch oft zu Fall; darum die Mahnungen, darum auch die vielen Warnungen vor dem Abfall in Gottes Wort.

Gottes Wort ist ein Lebensbuch, nicht eine Glaubenslehre, wo alles nach Begriffen und Paragraphen nebeneinander steht. Die Apostel sind nicht Dogmatiker, sondern Prediger. Alle ihre Ermahnungen gehen an Leute, die mitten im Kampf des Lebens und seiner Versuchungen stehen. Deshalb sind die Warnungen vor der Sünde, vor dem Satan, vor dem Abfall nötig. Darum auch die Ermahnungen zu Übungen der Liebe und zur Erfüllung des Gesetzes; denn wenn wir nicht Frucht des Geistes bringen, so ist unser Leben nicht in Ordnung, so sind wir wohl gar nicht Reben am Weinstock.

Wir werden unseres Glaubens selbst aus seinen Früchten gewiß. So war es bei einem Sohn meiner ersten Gemeinde, der sich über seinen Gnadenstand gar nicht klar werden konnte. Er wurde aber mit Freuden seiner Annahme bei Gott gewiß, als er bei einer militärischen Reserveübung wahrnahm, daß er an all den gottlosen und unreinen Reden seiner Kameraden, in die er früher eingestimmt hatte, keine Freude mehr empfand. »So jemand Gott liebt, der ist von ihm erkannt« (1. Kor. 8, 3). »Wir wissen, daß wir aus dem Tode in das Leben gekommen sind, denn wir lieben die Brüder« (1. Joh. 3, 14). Und darum auch alle Ermahnungen, nicht vom Glauben abzufallen; denn wir haben unsere Gewißheit ja nur im Glauben. Nirgendwo ist meine Heilsgewißheit deponiert, nicht in mir, nicht in einem Sakrament, nicht in einer Kirche, nicht in einem Dogma, sondern ich habe sie nur im Glauben. Darum bedarf ich der Ermahnung: fester im Glauben an Christus zu hängen. Und je mehr ich ihr folge, um so mehr wird im engen Umgang mit dem Herrn meine Heilsgewißheit vertieft.

Nicht fleischliche Sicherheit, sondern Glaubensgewißheit

So also ist das frühere Wort zu verstehen: »Nirgendwo ist ein ‚Wenn' eingeschoben!« Wir reden hier nur von den Gläubigen! Das eine große »Wenn«, die Voraussetzung des Glaubens liegt hier allem zugrunde. *Es wird uns nicht ein Treuehalten als ein Gesetz aufgelegt. Aber statt Treue sage man: Glauben!* Glauben halten, an

Christus hangen, alles immer und überall von ihm erwarten, das ist der Weg, um bewahrt zu werden. »So ihr in mir bleibet«, sagt der Herr, aber das ist keine Leistung, die uns aufgelegt wird. Gott stellt uns heilig und unsträflich und ohne Tadel dar vor ihm selbst, »so ihr anders bleibet im Glauben gegründet und fest« (Kol. 1, 23). Also von uns wird kein Werk und keine Leistung erwartet, sondern nur, daß wir bleiben in unserer Festung (2. Petr. 3, 17), und dauernd alles, was zum Seligwerden gehört, von Gott erwarten im Glauben, den Gott uns geschenkt hat und in uns erhält.

Damit ich in diesem Glauben, da ich nichts von mir und alles von der Gnade erwarte, bleibe, darum geschieht die mannigfache Wirksamkeit des Wortes Gottes an mir. Durch sein Wort erhält mich der Herr im Glauben und bringt mich bei Gefährdung oder Trübung dieser Glaubensstellung wieder zurecht. Er braucht das eine Mal den Stab Sanft, das andere Mal den Stab Wehe. Er läßt mich frohlocken über seine Güte und erzittern vor seinem Ernst. Man hört die Gläubigen rühmen: »Mit meinem Gott kann ich über die Mauer springen«, und hört sie jammern: »Wenn du entziehst das Deine, bleibt Sünd und Schwachheit meine.« Gott redet in seinem Wort auf allerlei Weise auf die Seinen ein. Er tröstet die Betrübten wunderbar, richtet die Niedergebeugten liebreich auf, macht den Kleinmütigen Mut, belehrt die Unwissenden väterlich, warnt die Leichtsinnigen mit ganzem Ernst, weckt die sicher Gewordenen und schreckt sie. Und allen ruft er immer wieder zu: Wachet! Betet!

Laßt uns bei all dem Zuspruch der Schrift und bei all unseren Lebensführungen daran denken: Das sagt Gott mir, das tut er an mir, weil er versprochen hat, mich selig zu machen. Dann muß uns alles dienen; wir werden »vorsichtig wandeln«, das Gebet im Herzen: »Herr, habe acht auf mich!« Und er bringt uns ans Ziel: Wir werden »beharren bis ans Ende!«

Darum noch einmal: Wir werden bewahrt aus Gottes Macht. Dieser Trost hat nichts zu tun mit der leichtfertigen Rede: »Bin ich errettet, so bin ich errettet«, wobei der Mensch sehr oft kräftig in der Sünde lebt. Wer so spricht, dem möchte man sagen: »Du bist auch deren einer, deine Sprache verrät dich, du wirst bald deinen Heiland verleugnen.« – Nein, *nicht fleischliche Sicherheit, sondern Glaubensgewißheit, das ist es, was Gott uns schenkt durch sein Wort.* Er gibt uns nicht die lose Rede: »Bin ich errettet, so bin ich errettet, so kann es mir nicht fehlen«, sondern die Verheißung für ein bekümmertes Gemüt: »Der Bund meines Friedens soll nicht hinfallen« (Jes. 54, 10).

An diesem Trost wollen wir festhalten, und diese Lehre wollen wir wie ein Panier, wie wir sie von unsern Vätern überkommen haben, hochhalten. Wie sie von Jahrhundert zu Jahrhundert von einer Hand zur anderen gegeben wurde, so wollen auch wir sie weitergeben und davon nicht schweigen.

»Stark ist meines Jesu Hand,
und er wird mich ewig fassen,
hat zu viel an mich gewandt,
um mich wieder los zu lassen!
Mein Erbarmer läßt mich nicht,
das ist meine Zuversicht.«

Und wenn nun doch einige abfallen?

Und wenn nun doch einige abfallen, wie es oft zutage zu liegen scheint? Ich kann darauf nur antworten: Entweder sie kommen wieder zurecht, wenn auch erst im Tode, wie ein Brand aus dem Feuer gerettet. Oder es gilt trotz allem gegenteiligen Schein das Wort 1. Johannes 2, 19: »Sie sind von uns ausgegangen, aber sie waren nicht von uns. Denn wo sie von uns gewesen wären, so wären sie ja bei uns geblieben. Aber es sollte offenbar werden, daß sie nicht alle von uns sind.« Es hat einmal ein Gottesmann gesagt: »Wir werden uns im Himmel wundern, manche dort zu finden, die wir dort nicht erwartet hätten, und manche dort nicht zu finden, die wir dort erwartet hätten.«

Warum werden nicht alle begnadigt?

Noch eine letzte, schwere Frage: Warum werden nicht alle begnadigt? Gibt es eine Verwerfung? Sind die Verworfenen schuld an ihrem Verderben? Hier bleiben Rätsel. Ich möchte gleich von vornherein sagen: Die schlechteste Lösung dieser Rätsel ist nach meiner Meinung die Lehre von der Wiederbringung, nach der noch einmal alle Menschen selig werden. Wenn diese Lehre im Hintergrund steht, dann können wir alles Gesagte widerrufen, uns überhaupt die Mühe sparen, über dies alles nachzudenken. Dann sind alle Grundlagen erschüttert und Gottes Wort außer Kraft gesetzt (das ist hier nicht weiter auszuführen).

Nein, hier bleiben Rätsel und Geheimnisse. Alle widerstreben dem Wort Gottes, die Erwählten und die Verworfenen – wir gehen nicht verloren, wir sind verloren. – Und doch, die einen überwindet Gott, die anderen nicht. Warum nicht? Der Anspruch Jesu auf alles Fleisch steht fest, und doch gibt ihm der Vater nicht alle. Die Predigt des Heils hat immer eine doppelte Wirkung, die einen nehmen sie an, die andern nicht. Warum? Wie kommt das?

Wie kam in Gottes gute Welt die Sünde hinein?

Das hängt zusammen *mit dem größten Rätsel, das unser Verstand nicht löst: »Wie kam in Gottes gute Welt die Sünde hinein?«* Ich glaube, es gehört zum Wesen der Sünde, daß wir sie nicht erklären können. Weil wir in der Sünde sind, ist unser Verstand von ihr verdunkelt, so daß wir auf diese Fragen keine Antwort wissen. Es ist ein unerklärbarer und für unsere Vernunft unverständlicher Tatbestand, daß die Sünde in Gottes Welt hineingekommen ist. Er muß wohl unerklärt bleiben, denn wenn man sie erklären könnte, dann wäre ja die Sünde nicht eine Durchbrechung von Gottes Welt.

Die Sünde in der Welt Gottes? Da merken wir wiederum: Unser Wissen ist Stückwerk. Und darum werden wir auch nie erklären können, warum nicht alle selig werden, und wie das zusammenhängt. Hier müßten wir einen Blick haben auf das unsern Augen zum größten Teil verhüllte Schlachtfeld, auf dem der Kampf zwischen Gott und Satan ausgefochten wird. Wir müßten einen Blick tun hinein in die Abgründe der Finsternis und in das Wirken des Satans, der Gottes Wege kreuzt und in dieser Welt der Ungläubigen Sinne verblendet hat, »daß sie nicht sehen das helle Licht des Evangeliums von der Klarheit Christi, welcher ist das Ebenbild Gottes« (2. Kor. 4, 4).

»Ihr habt nicht gewollt!«

Eins aber müssen wir sagen: Schrift und Erfahrung stellen beide fest: *Niemand geht verloren ohne durch seine eigene Schuld.* Das Wort an Jerusalem: »Ihr habt nicht gewollt«, wird schließlich die letzte Antwort Jesu sein, wenn er gefragt wird von den Verdammten, warum sie nicht selig werden. »Ihr habt nicht gewollt.« Es wird niemand in der Verdammnis sein, der sagen könnte: »Gott, du hast mich zu streng behandelt, strenger als ich es verdient habe.« Nein, *das gerade wird die Hölle in der Hölle sein, daß die Verdammten es klar vor Augen haben: »Auch wir waren berufen!* Auch die linke Hand, die uns von sich weist, ist durchbohrt, trägt die Spur, daß er auch für uns gestorben ist, daß auch wir hätten kommen können, aber wir haben nicht gewollt.«

Das ist der schlimmste Stachel, die Hölle in der Hölle, wenn die Verworfenen ihre Augen aufheben wie der reiche Mann, da er in der Hölle und in der Qual war, und sehen die Ruhe und die Herrlichkeit der Kinder Gottes mit dem beständigen Selbstvorwurf: »Auch ich war geladen, ich habe es verscherzt, ich habe es gewußt, aber ich habe nicht gewollt!«

Gottes Wort unterläßt es nie, darauf hinzuweisen, daß die Menschen sich durch ihre eigene Schuld ihr Verderben zuziehen. »Es wurden gläubig, wie viele ihrer zum ewigen Leben verordnet waren« heißt es in Apostelgeschichte 13, 48. Aber vorher wird von den anderen gesagt: »Ihr stoßt Gottes Wort von euch und achtet euch selbst nicht wert des ewigen Lebens« (V. 46). Es ist ihre Schuld, und es bleibt bei dem furchtbaren Ernst: »Wer Gottes Wort hört und verachtet, der bindet sich selbst Holzbündel zum ewigen Feuer« (Spurgeon).

Woher kommt das Verlorengehen des einen Teiles der Menschen? Kommt es von Gott? Woher kommt der Schatten? Kommt er vom Licht? Ja, zuletzt kommt er vom Licht, aber doch daher, daß sich ein Körper dem Lichtstrahl in den Weg stellt. Zuletzt, das liegt ja in dem Wort »Verwerfung«, geht das Urteil über die Verdammten von Gott aus. Sie werden von Gott verworfen. Aber haben sie sich nicht selbst ihm entgegengestellt? *Es bleibt die Verantwortung des Menschen.*

Die Reformatoren sind zu weit gegangen

Luther, Calvin und Zwingli haben gelehrt: Gott hat, um seine Heiligkeit zu bezeugen, einen Teil der Menschen von Ewigkeit her zum Verderben bestimmt. Die Reformatoren haben geglaubt, das im Gehorsam gegen Gottes Wort lehren zu müssen, aber sie sind nach meiner Erkenntnis zu weit gegangen und haben mit ihrem Verstand und ihrer Logik Linien ausgezogen, die sie nicht ausziehen durften, und Schlüsse gezogen, die sie nicht ziehen durften, weil die Schrift sie nicht zieht.

Wir haben es hier mit zwei Linien zu tun, *mit der Wahl Gottes aus lauter Gnade und der Verantwortlichkeit des Menschen, die sich für unseren Verstand nicht vereinigen lassen.* Sie werden sich einmal vereinigen, diese beiden Linien: in der Ewigkeit; da wird uns alles klar sein. Und *sie vereinigen sich jetzt schon in unserem Gewissen. Da wird es jedem, der der Sache ernstlich auf den Grund geht, bezeugt: »Ich muß Christus annehmen«, und zugleich: »Gott allein kann mir das schenken.«*

Wenn man, wie es die Reformatoren getan haben, aus Gründen der menschlichen Logik den Schluß zieht: »Weil Gott die einen erwählt hat, so muß er die anderen verworfen haben«, dann bringt das zwei Konsequenzen mit sich. 1. Dann ist Gott schuld an dem Untergang der Verworfenen. Aber nach Gottes Wort ist Gott nie die Ursache des Bösen und trägt nie die Schuld an dem Untergang der Sünder. Wo er die Menschen verstockt und ihre Sünden sich verschärfen läßt, da lag vorher Schuld der Menschen zugrunde. 2. Dann haben die Verworfenen selbst keine Schuld an ihrer Verdammnis.

Die Reformatoren haben beide Schlüsse nicht gezogen. Ihre Ehrfurcht vor Gott verbot ihnen das. So dürfen wir auch nicht so weit gehen, wie sie es schon taten. Die göttliche Wahrheit verträgt es nicht, daß man von ihr aus mit menschlicher Logik Schlüsse zieht.

Die einzige Stelle, die eine absolute Verwerfung zu lehren scheint, falls sie so verstanden werden muß, ist Römer 9, das Wort von Jakob und Esau: »Jakob habe ich geliebt, aber Esau habe ich gehaßt« (V. 13). Auf diese Stelle werden wir noch zurückkommen. Sie kann auch in anderem Sinne verstanden werden. Die dunklen Stellen in der Schrift müssen immer ihr Licht empfangen von den hellen und klaren. Und so meine ich sagen zu müssen: Die Schrift hat keine Lehre von der ewigen Bestimmung eines Teiles der Menschen zur Verdammnis. *Die Schrift lehrt einen ewigen Gnadenrat für die Erwählten, aber sie lehrt nicht parallel dazu auch eine Prädestination zur Verdammnis.* Da klafft eine Kluft, aber die Schrift läßt sie klaffen und sagt nichts darüber; und wir tun gut, auch nichts zu sagen.

Wir finden diese Zurückhaltung der Schrift an vielen Stellen. Römer 9, 22 z. B. heißt es: »Gefäße des Zornes, die da zugerichtet sind«, nicht: »die er zugerichtet hat, zur Verdammnis«; während Vers 23 froh bezeugt: »Gefäße der Barmherzigkeit, die er bereitet hat zur Herrlichkeit.« In Matthäus 25 wird von den Erwählten gesagt: »Ererbet das Reich, das euch bereitet ist von Anbeginn der Welt« (V. 34); und von den anderen: »Gehet hin von mir, ihr Verfluchten, in das ewige Feuer, das bereitet ist dem Teufel und seinen Engeln« (V. 41). Also war es nicht für die Menschen bereitet. Die einen nennt der Herr »Ihr Gesegneten meines Vaters«, die anderen nur »Ihr Verfluchten«, nicht: »Die von meinem Vater Verfluchten«, wiewohl das letzten Endes so gemeint ist. Das ist eine zarte, bemerkenswerte Zurückhaltung der Schrift, bei der im Hintergrund die Wahrheit steht: Wer verlorengeht, geht durch eigene Schuld verloren.

Gott läßt ein Heilsangebot an alle ergehen

Ein solcher Rat zur Verdammnis, wie die Reformatoren ihn gelehrt haben, hat keinen Raum in der Schrift, die vielmehr eine Allgemeinheit der Gnade lehrt. Nicht, als ob jedermann selig würde, aber Gottes Gnade geht über alle Menschen und geht allen nach. Dabei möchte ich nicht vor allem besonderen Nachdruck legen auf einzelne Stellen. Immerhin ist hinzuweisen z. B. auf 1. Timotheus 2, 4: »Gott will, daß alle Menschen gerettet werden und sie zur Erkenntnis der Wahrheit kommen«, wenn auch hier zunächst Menschen aus allerlei Ständen und Schichten der Welt gemeint sind; auf 1. Johannes 2, 2: »Derselbe ist die Versöhnung für unsere Sünden, nicht allein aber für die unseren, sondern auch für die der ganzen Welt«; auf Apostelgeschichte 17, 31: »In Christus hält er jedermann vor den Glauben, nachdem er ihn hat von den Toten auferweckt«; und vor allem auf Johannes 3, 16: »Also hat Gott die Welt geliebt, daß er seinen eingeborenen Sohn gab, auf daß alle, die an ihn glauben, nicht verloren werden, sondern das ewige Leben haben.«

Diese Stellen könnten nicht so lauten, wenn die Schrift einen Rat Gottes lehrte, der einen Teil der Menschen von vornherein für die Hölle bestimmt hat. Aber vor allem ist darauf zu achten, daß Jesus, des Menschen Sohn, der Heiland der ganzen Menschheit ist. Er ist von Gott der ganzen Menschheit zum Mittler ihres Heils gesandt: »Gott war in Christo und versöhnte die Welt mit ihm selber« (2. Kor. 5, 19). Nicht nur die Auserwählten sind versöhnt! Nicht nur für sie ist Christus gestorben, sondern für der ganzen Welt Sünde. »Also hat Gott die Welt geliebt . . .« Darum soll auch aller Welt das Evangelium verkündigt werden.

So dürfen wir vielleicht folgendes sagen: Hätte Gott die abgefallene Menschheit, Adam und Eva, vom Erdboden vertilgt und von seinem Angesicht verworfen, so wäre das gerecht gewesen. Aber Gott läßt die Menschheit, die sich von ihm losgerissen hat, wachsen. Dadurch entsteht eine Menschheit, die in die Sünde hineinkommt durch Verhängnis. Sie wird hineingeboren. Die Sünde ist nicht nur Verbrechen, sondern auch Gebrechen. Die Sünde kommt in sie hinein durch ihre Abstammung, nicht durch eigenen Willensentschluß. Aber in Gottes Absicht lag es von Anfang an, für diese Menschheit, die zusammenhängt in einer Sünde, nun auch einen Heiland zu geben in der Fülle der Zeit, einen Heilsmittler für alle. Gott will der Sünde durch eine geschichtliche Veranstaltung ein Ende bereiten durch das Kreuz und die Auferstehung Christi. Daraus ergibt sich die Forderung für die Gerechtigkeit Gottes, daß er auch jeden Menschen vor die Entscheidung stellt, ob er das Heil in Christo annimmt, daß er jedes Menschen Sündengeschichte irgendwie und irgendwann einmal begegnen läßt seiner Heilsgeschichte, daß das Wort vom Kreuz ihn trifft und seine Entscheidungsstunde damit schlägt.

Darum ergibt sich die Forderung für die Gerechtigkeit Gottes, daß er ein Heilsangebot ergehen lasse für alle Welt. Darum dieses universale Heilsangebot in Christo und die Predigt von ihm. An Christus entscheidet sich das ewige Geschick aller Menschen. Man kann nur durch Jesus selig werden. Man kann nur an Jesus verlorengehen. *Gott verwirft keinen Menschen wegen seiner allge-*

meinen Sündhaftigkeit, sondern allein wegen der Ablehnung seines Heils und seiner Gnade, die ihm in Christus begegnet. *Niemand geht wegen seiner Sünde verloren. Verloren geht einer nur durch seinen Unglauben, daß er den Heiland Gottes von sich stößt.*

Und die Heiden?

Wenn wir nun noch einen Blick auf die Heiden werfen, so gestehe ich hier, in manchen Fragen noch keine Klarheit zu haben. Entweder ist zu sagen: Sie sind schuldig oder gerecht vor Gott nach ihrem Tun, weil das Gesetz Gottes in ihrem Herzen geschrieben ist, wenn auch nur dunkel (Röm. 2). Oder man kann aus 1. Petrus 3 und 4 annehmen, daß im Verfolg des Abstieges des Heilandes in die Unterwelt dort noch ein Heilsangebot an die erfolgt, denen das Wort von ihm in dieser Welt nicht begegnet ist. Mir ist dieser Punkt nicht klar. Es ist mir fraglich, ob von einer Predigt des Evangeliums in der Unterwelt gesprochen werden darf. Dann könnten wir ja schließlich alle Heiden bis zu diesem Zeitpunkt auf das Evangelium warten lassen. Sie würden zwar in der Zeit ihres Lebens unter dem furchtbaren Fluch der Sünde weiter dahingehen, aber schließlich für die Ewigkeit doch noch ebenso stark ein Heilsangebot empfangen, wie wenn die Missionare zu ihnen kämen. Oder wird das Heilsangebot in der Unterwelt nicht so stark und kräftig sein oder schwereren Hemmungen begegnen?

Eins scheint mir wichtig zu sein: Falls in der Unterwelt ein Angebot des Heils erfolgt, so kann es nur für die sein, die noch nie vor die Entscheidung gestellt waren. Wer sich also darauf vertrösten will, er könnte sich dann entscheiden, der spricht sich selbst das Urteil. Er weiß, daß er sich entscheiden muß, also muß er es jetzt tun, sonst gibt es für ihn keine Gnade mehr. Im Blick auf das Los der Heiden halte ich mich nur an die Wahrheit der Schrift: Gott ist gerecht, und er wird keinen ungerecht verdammen, auch keinen Heiden. Das steht für den Glauben fest.

Es bleibt nun noch immer Römer 9. Die Stelle ist mir dunkel. Ob Paulus Römer 9 bis 11 gar nicht sagen will, was er denkt, sondern sich nur abmüht mit der Frage: »Wie kann das auserwählte Volk verworfen sein?« Er schlägt Israel alle Ansprüche aus der Hand: »Und wenn Gott euch verworfen hätte, was willst du dagegen sagen? Kann Gott nicht tun, was er will?« Aber 11, 25: Gott hat Israel gar nicht verworfen, sondern »Israel ist Blindheit zum Teil widerfahren, so lange, bis die Fülle der Heiden eingegangen sei und also das ganze Israel selig werde.«

Ist das Ganze heilsgeschichtlich zu verstehen und nicht einzelgeschichtlich, so daß also nichts gesagt wäre über Jakob und Esau als Personen und über ihr ewiges Heil, sondern darüber, wer der Träger der Verheißung, des Segens würde? Dagegen spricht wiederum das ernste Wort 9, 22: ». . . zugerichtet zur Verdammnis.« Ich weiß es nicht.

Die biblischen Erzählungen im ersten Buch Mose bringen uns nicht darauf, an eine Vorherbestimmung zur Seligkeit oder zur Verdammnis zu denken. Auch das Römer 9, 13 angeführte Wort Maleachi 1, 2–3: »Jakob habe ich geliebt, Esau habe ich gehaßt«, braucht nicht in diesem absoluten Sinn verstanden zu werden. Das Wort »hassen« kommt auch in einem abgeschwächten Sinn vor = zurücksetzen. 1. Mose 29, 31 heißt Lea Rahel gegenüber die Gehaßte, die Verworfene (vgl. 1. Sam. 16, 7; Luk. 14, 26). So könnte auch im Verhältnis von Esau zu Jakob die Meinung sein: verworfen für einen bestimmten Zweck oder eine bestimmte Aufgabe.

Denken wir an Israel und die Heiden, so kann der Gedanke des Paulus auch dieser sein: Die Verheißung Gottes von dem in Christus der Welt bereiteten Heil gilt unzweifelhaft, aber nicht die Werke der einen oder anderen, sondern Gottes Vorsatz und Wahl wird darüber entscheiden, in welcher Reihenfolge die Völker dem Reich Christi einverleibt werden.

Wir sehen in Kapitel 11, daß es sich tatsächlich bei der jetzigen Verwerfung Israels im Grunde nur um die heilsgeschichtliche Aufgabe handelt, und daß die Frage nach dem Seligwerden der einzelnen hiervon unabhängig ist.

Und nun noch zum Schluß: Über all diesen Dingen ist das Wort des Meisters zu bedenken, der dem Mann, der ihn fragte: »Meinst du, daß wenige selig werden?« diese Frage seines Verstandes aus der Hand nahm und es ihm zu einer Sache seines Gewissens machte: »Ringet danach, daß ihr durch die enge Pforte eingehet« (Luk. 13, 23–24). Da wird die theoretische Frage zu einer Not des Gewissens, die nur Gott stillen kann durch seine Gnade. Da wird es jedem klar: Das ist gewiß, alles Heil kommt von Gott, und alles Verderben und alle Verdammnis ist Schuld der Menschen. *Wird einer selig, so muß er bekennen: »Du hast mich selig gemacht.« Geht einer verloren, so muß er sagen: »Ich bin selber schuld.« Das ist logisch nicht richtig, sogar unvernünftig, aber die Männer des Neuen Testaments gehen nicht weiter und wir auch nicht.*

Jedenfalls ist die Lehre von der Erwählung keine Entschuldigung für die Unbußfertigen. Alle Entschuldigungen, die sich jemand daraus machen wollte vor dem lebendigen Gott, werden zerreißen wie Spinnengewebe. Wir haben es mit dem allwissenden Gott zu tun, und nur mit ihm. Er weiß, wie oft und wie stark er geworben hat um dein Herz.

Und das ist auch gewiß: Die Lehre von der Erwählung ist nicht dazu gegeben, um jemand traurig zu machen. Wohl dem, der hier in mehr als einer Hinsicht die Erfahrung macht: »Einst wollt ich's erzwingen mit Denken, jetzt laß ich mir's bringen und schenken.« Ist jemand bekümmert, weil er nicht erwählt zu sein glaubt? Woher kommt dieser Kummer? Von Gottes Geist! Freund, greif zu, du bist gerufen, dann bist du auch erwählt. Gottes Ruf ist immer ernst gemeint. Man darf ihm trauen. Gott spielt nicht mit einem Menschenherzen. Ihm ist es ernst mit dem Seligwerden der Menschen, und er will uns durchaus nicht verlorengehen lassen. Es bleibt sein Ruhm:

»Hat ihn je ein Herz gefragt
nach dem ewigen Leben,
hat er immer mild gesagt:
Komm, ich will dir's geben.«

Die Versöhnung
durch das Kreuz Christi

Gott war in Christo und versöhnte die Welt mit ihm selber und rechnete ihnen ihre Sünden nicht zu und hat unter uns aufgerichtet das Wort von der Versöhnung. So sind wir nun Botschafter an Christi Statt, denn Gott vermahnet durch uns; so bitten wir nun an Christi Statt: Lasset euch versöhnen mit Gott! Denn er hat den, der von keiner Sünde wußte, für uns zur Sünde gemacht, auf daß wir würden in ihm die Gerechtigkeit, die vor Gott gilt.

2. Korinther 5, 19–21

Drei Dichterstimmen

Die Menschen kommen von Christi Kreuz nicht los. Fragt nur die Dichter!

Ich hab versucht, dir auszuweichen,
der immer wieder doch mir naht.
Es schattet sich dein Kreuzeszeichen
auf jeden Weg, den ich betrat.

Wenn ich spät im Felde geh
und ein Kreuzbild vor mir seh,
hält es allemal mich still,
wann ich ihm vorüber will.

Vor dem hohen Kreuzesstamm
wird es mir so wundersam;
Tränen und mein Lebenslauf
wachen mir im Herzen auf.

Kann nicht weiter, kann nicht los!
Meine Seele weiß es bloß.
Wie ein bösgesinnter Tor
komm ich mir erschrocken vor.

Einer wendet sich entschlossen ab:

Nur mir kein Kreuz aufs Grab gesetzt,
sei's Holz, sei's Eisen oder Stein,
stets hat's die Seele mir verletzt,
dies Marterbild voll Blut und Pein;
daß eine Welt so gottbeseelt,
so voller Wonne um und um,
zu ihres Glaubens Symbolum
sich einen Galgen hat erwählt.

Demgegenüber singt der jüngere Graf Zinzendorf:

Ich bin durch manche Zeiten,
wohl gar durch Ewigkeiten
in meinem Geist gereist;
nichts hat mir's Herz genommen,
als da ich angekommen
auf Golgatha. Gott sei gepreist.

I.

Es muß eine innere Notwendigkeit vorgelegen haben

Voll Ehrfurcht schauen wir auf das Kreuz, lauschen wir hinein in den Tag mit dem ewigen Schrei: »Es ist vollbracht!« Das Kreuz und dieses Wort sprechen eine deutliche Sprache für ein bekümmertes Sünderherz, und doch möchte man sagen: Gebt mir ein Lot, daß ich es hineinsenke in dieses Wort, seine Tiefe zu ergründen. Was ist vollbracht? Wer hat es vollbracht? Warum wurde es vollbracht?

Da stehen wir vor dem Geheimnis des Kreuzes. Das Kreuz Christi ist unergründlich. Wir werden es immer nur so weit verstehen, als wir seine Wirkung am eigenen Herzen erfahren, und das Tiefste daran wird uns wohl auf Erden immer verborgen bleiben. Trotzdem wir unter dem Kreuz manches sehen und hören, fällt doch die innere Seite der Tat auf Golgatha unter das Wort: »Was kein Auge gesehn und kein Ohr gehört hat und in keines Menschen Sinn je gekommen ist.«

Aber gerade von diesen Dingen sagt die Schrift, daß Gott sie uns offenbart durch seinen Geist in seinem Wort. Licht über das Kreuz empfangen wir nur aus Gottes Wort. Wir können nicht mit dem Maßstab unseres Denkens an das Kreuz herangehen. Bei Gott können wir nicht fragen: »Warum tut er dies und das? Wie kann er dies und das?« Man kann nur aus dem, was er getan hat, seine Gedanken abzulesen versuchen. Außerhalb der Offenbarung gibt es keinen Boden, von dem aus wir ihn beurteilen können. Die irregelaufene Vernunft hat keine Maßstäbe, nach denen wir entscheiden könnten, was Gott »kann«, was Gott ziemt nach dem Recht seiner Heiligkeit.

Die einzige Quelle der Offenbarung ist die Heilige Schrift. Wir können das Kreuz Christi nicht beschreiben, als spiele sich dort ein notwendiger Prozeß vor unseren Augen ab, der so verlaufen mußte, wie er verläuft. Dort geht es um die Tat der freien Liebe Gottes, um das Wunder seines göttlichen Herzens. Unsere Beschreibung des Kreuzes muß Stückwerk bleiben. Aber das sehen wir: Gott hat so gehandelt. Er hat sich den Tod seines Sohnes nicht erspart. Es gab keinen anderen Weg. Da muß eine innere Notwendigkeit vorgelegen haben.

Um das Kreuz zu verstehen, müssen wir die Zusammenhänge betrachten, wie sie sonst überall beachtet werden und hier so oft nicht. Der Mutterboden, aus dem Jesus erwachsen ist, ist das Gottesvolk des Alten Testamentes. Wollen wir sein Kreuz verstehen, müssen wir zunächst in das Alte Testament schauen. Wie wir des Kreuzes tiefste Wurzeln suchen, gehen wir immer weiter zurück und stehen zuletzt vor dem, was Gottes Wort uns sagt über die Sünde und den Sündenfall. Es ist eine gefallene Welt, in der das Kreuz errichtet worden ist. Es ist eine fluchbeladene Erde, die das Blut des Sohnes Gottes getrunken hat.

Ja, auch über die Sünde brauchen wir Offenbarung. Wir würden sie sonst nie in ihrer Tiefe verstehen. Wir würden hängenbleiben an all den Verästelungen und Verzweigungen der Sünde, die uns in die Augen fallen, an den Tränen und Seufzern, an all dem Zank und Streit, an Not und Elend, die aus ihr fließen, an all der Gebundenheit unseres Willens, an Krankheit und Tod, kurz, an all den traurigen Folgen der Sünde.

Aber wir würden nicht hineinsehen in ihr Wesen, daß sie Abfall ist von Gott, und daß die Folge der Sünde der Fluch Gottes ist. Der Mensch hat sich von Gott gewandt und das Band zerschnitten, das ihn an den Herrn band. Er hat das Vertrauen zerbrochen, den Gehorsam aufgesagt. Er wurde verführt durch die Macht der Finsternis, überschnell, überrumpelt, aber mit allen grauenvollen Folgen dieses Falles.

Damit ist er hineingestürzt in die Sünde und ihre Macht. Die Sünde war nicht ein allmähliches Herabsinken, sondern eine Entscheidung und dadurch eine Scheidung: ein Bruch zwischen Herz und Herz. Und mit der einen Entscheidung war alles und waren alle verloren. Gott lieben? Die Menschen im Paradies versteckten sich vor ihm und belogen ihn. Den Nächsten lieben wie sich selbst? Adam gab seine Frau preis und suchte sich mildernde Umstände zu erwirken in Gottes Gericht und seine Strafe zu erleichtern, indem er sein Weib anklagte. Unedel und jämmerlich steht er vor uns: So verdorben war er vor dem Abend dieses Tages. Und sein Sohn, der Erstgeborene, wurde ein Brudermörder. Das ganze Verderben war mit einemmal da: durch eine Entscheidung. Es war ein Fall, ein Sturz.

Dadurch war der Mensch in der Gewalt der Sünde. Aus Gottes Gemeinschaft, aus Gottes Paradies wurde er verbannt. Gott ist gegen ihn. Der Schuldturm, in dem der Mensch seither gefangen ist, ist das Urteil Gottes, das gegen ihn geht. All unsere Not kommt her von Gott, daher, daß Gott gegen uns ist wegen unserer Sünde. Da wurde der Mensch dahingegeben in die Macht der Hölle. Nun konnte Satan zugreifen, und er hat zugegriffen. Gottes Gerichte und Gottes Gericht gingen in der Flut über die Menschen der Sünde und des Lasters, und als sie in Feindschaft gegen den Herrn den Turm bauten, »sich einen Namen zu machen«, wurden sie zerstreut in alle Welt, und überallhin nahmen sie ihre Sünde mit. Überall auf der von Gott verfluchten Erde lebten die Menschen unter dem Zorn Gottes, in Angst vor dem kommenden Gericht, und waren durch Furcht des Todes im ganzen Leben Knechte. Soll das das Ende sein? Sünde, Fluch, Verlorensein?

Die Religion der Kluft

»Aber Gott!« Gott hat die Menschen lieb. Gott fängt von neuem an. Schon im Paradies lag in seinem Ruf: »Adam, wo bist du?« zunächst wohl das Gericht. Das ist der Ruf der Bibel. Sie ist nicht ein Buch der Religion von Gottsuchern, die fragen: »Gott, wo bist du?«, sondern enthält vom ersten bis zum letzten Blatt die Frage: »Adam, wo bist du?« Der Angeklagte wird gesucht.

Aber schon im Paradies lag in dieser Frage nicht nur Gericht, sondern auch Gnade. In die Stimme des Richters klang hinein die Stimme des guten Hirten. Gott ruft den Menschen zurück, Gott läßt ihn nicht gehen. Er erwählt einen, Abraham, und sein Volk. Die andern läßt er in ihrer Unwissenheit dahingehen. Diesem einem und seinem Volk aber offenbart er seinen Willen. Diesem Volk gibt er für alle Völker sein Gesetz. Er offenbart ihm sich selbst. Er zeigt ihm in seinen Führungen und seinen Gerichten, durch sein Wort und seine Propheten, wer er ist und was er will.

Mitten in dem Fluß all des Geschehens, in dem kein Mensch wissen konnte, was rechts und links, was gut und böse ist, steht ein Fels, an dem sich aller Menschen Gedanken brechen müssen und dann zurechtfinden können. In all dem Stimmengewirr der Menschen, da einer den andern fragte: »Was ist Wahrheit?« – »Wer ist

Gott?« ertönt ein klares, helles Wort, das nicht von dieser Welt ist, nicht aus Menschenmund stammt, das Gott zu Mose gesprochen hat: »Ich bin, der ich bin. Ich werde sein, der ich sein werde.« – »Ich, der lebendige Gott, dessen Hand alles geschaffen hat, in dessen Hand alles wieder einmündet, vor dem sich alle einmal mit ihrem Leben ausweisen müssen. Ich bin, der ich bin.«

Da kommt die Ruhe über den Menschen. Endlich findet er nicht Vorletztes, sondern die Antwort auf die letzte Frage. Endlich ergreift er seines Gottes Hand.

Und zugleich bricht die Unruhe über ihn herein, eine Unruhe, wie er sie bisher nicht gekannt hat. Eine Hölle neuer Not tut sich auf. Denn dieser Eine spricht weiter: »Ich bin heilig, und ihr sollt heilig sein.«

Und das ist nun die Religion des Gesetzes: Der Mensch weiß, was gut und böse ist, aber er kann das Gute nicht vollbringen. Das Gesetz gibt die Erkenntnis über das Böse, aber nicht die Kraft gegen das Böse. Das ist die Religion der Kluft, die den Sünder von dem heiligen Gott trennt: die Religion des Alten Testamentes. Es ist die Religion des Vorhangs im Tempel.

Es war der Adel des Volkes Israel: Gott zeltete unter ihm im Sinnbild. Kein Volk der Welt war Gott so nah wie Israel in seinem Heiligtum. Er hat sich ihm offenbart. Das ist das Elend dieses Volkes: Kein Volk der Welt war Gott so fern wie Israel. Dieses Volk weiß ganz gewiß, daß es nie zu Gott kommen kann: Es steht vor dem Vorhang, der ihm den Zugang ins Allerheiligste verschließt.

Diese Ruhe und Unruhe, diese Spannung von Frieden und Unfrieden klingt durch alle Psalmen, Gebete und Lieder des Alten Bundes. In tausend Gesetzen und Ordnungen wurde diese Not der Gottesferne dem Volk eingeprägt. Der heilige Gott und der Sünder können nicht zusammenkommen.

Ein Stern der Hoffnung

In dieser tiefen Dunkelheit leuchtet dennoch ein Stern der Hoffnung. Schon beim Sündenfall fing es an. Nicht als ob die Menschen ein Türlein gefunden hätten, das sie aufbrechen könnten, um zu Gott zurückzukehren in sein Paradies. Oder als ob sie die Aussicht erschaut hätten, daß sie noch einmal alles gutmachen könnten. Nein, von den Menschen ging es nicht aus, aber Gott hat ihnen sein Wort mitgegeben auf ihren tränenreichen Weg, das Wort von dem Einen, der einmal kommen werde, der Schlange den Kopf zu zertreten.

Von Gott her hatte diese leise Hoffnung ihren Ursprung, und auch in das Gesetz war ein Same der Hoffnung mit hineingesät: Die Tafeln der Zehn Gebote lagen in der Lade des Bundes! Die Forderung Gottes war umgeben von dem Zeichen der Verheißung, daß er mit seinem Volk einen Bund schließen und ihm gnädig sein wolle.

Darum hat Gott den Israeliten die Opfer gegeben, ihre Sünden zu bedenken. Für eine kurze Zeit freilich nur galten sie, und immer aufs neue waren Opfer notwendig. Aber sie sollten ein Schatten dessen sein, was kommen sollte, dessen, der kommen sollte in der Fülle der Zeit. Das Passahlamm und der große Versöhnungstag und all die andern Opfer, sie waren Vorbilder des großen Opfers, das allem Sündenleid ein Ende bereiten und alle Not des Gewissens zur Ruhe bringen sollte.

Gott hat die Scheidewand selbst niedergebrochen

Von Gott gingen die Opfer aus. Darin unterschieden sie sich von den Opfern der Heiden. Zu Tausenden brachten die Heiden ihre Opfer dar, um ihre zürnenden Gottheiten umzustimmen und zu versöhnen, und sie fanden doch keine Ruhe in ihrem Werk.

Auf dem Boden der Offenbarung in Israel ging alles Werk der Versöhnung nicht von den Menschen aus, sondern von Gott, so wie es auch in der Fülle der Zeit geschah: »Gott war in Christo und versöhnte die Welt mit ihm selber.«

Damit sind wir gestellt auf einen Boden, der hoch erhaben ist über das, was Menschen erdenken und ersinnen. Wohl empfanden die Menschen den Bruch, die Kluft. Wohl haben sie versucht, Frieden mit Gott zu finden, aber es war ein hoffnungsloses Ringen in allerlei Gesetzeswerk und führte nie zum Ziel. Ihr tränender Blick sah die Mauer, die die Menschen trennt von Gott. Aber ob sie klagten und weinten, ob sie sich müde arbeiteten und zerquälten, die Scheidewand blieb. Wie gern hätten sie den Schuldbrief zerrissen, der gegen sie sprach! Aber er war ihrem Zugriff entzogen. Er war geschrieben in Gottes Buch.

Da hat Gott die Scheidewand selbst niedergebrochen, die die Menschen durch ihre Sünde aufgerichtet hatten zwischen ihnen und ihrem Gott. Da hat Gott den Schuldbrief zerrissen, und der Riß ging mitten durch die Endsumme. Dahin, wo das Wort stand »verflucht«, schrieb er das Wort »versöhnt«. Nicht die Menschen versöhnen Gott, sondern Gott hat, da wir noch Feinde waren, seinen Sohn gesandt zur Versöhnung für unsere Sünden, daß er uns unsere Sünden vergäbe. Er hat uns mit ihm versöhnt durch Christi Kreuz.

II.

Konnte Gott nicht ohne weiteres vergeben?

Was aber hat Gottes Vergeben mit Christi Kreuz zu tun? Kann ein Vater seinem Kind nicht vergeben, ohne daß dafür ein anderes Kind gestraft wird? Wäre es nicht herrlich gewesen, wenn Gott zu irgendeiner Zeit einen seiner strahlenden Herolde geschickt hätte mit der frohen Botschaft: »Die große Glocke hat angeschlagen! Gott vergibt alle Sünde! Die verlorenen Söhne sollen nach Hause kommen!« Warum denn erst der »Umweg« über Christi Kreuz? Konnte Gott nicht ohne weiteres vergeben ohne das blutige Sterben seines Sohnes?

Gott ist gerecht

Nein! Gott konnte nicht ohne weiteres vergeben, denn Gott ist gerecht. Wir haben es bei dem heiligen Herrn in der Höhe, mit dem wir versöhnt werden mußten, nicht zu tun mit unserem »Vater« – daß wir ihn anrufen dürfen mit dem Vaternamen, das ist erst die Frucht der Versöhnung –, sondern mit dem Herrn Himmels und der Erden. Wir dürfen uns Gott dabei nicht vorstellen im Vergleich mit einem Familienvater, sondern er ist der König, der Herrscher aller Welten, der nicht nur die Menschen ruft, sondern der auch den Engeln befiehlt und die Teufel um ihrer Sünde willen verworfen hat. Wenn Gott den Menschen ohne weiteres vergeben würde, so könnten die Teufel in der Hölle sich beklagen, die ihrer Sünde Strafe tragen, und die Engel im Himmel würden sich wundern, die starken Helden, die seinen Willen tun. Ist Gott denn nicht gerecht?

Für diese Spannung hat freilich nur der Verständnis, der weiß, wie schwer die Sünde wiegt in Gottes Augen, der sich auch seine Gedanken über die Sünde zurechtrücken läßt durch Gottes Offenbarung. Die Tatsache des furchtbaren Abstandes zwischen Gott und dem Sünder wird nur der einsehen und empfinden, der den Fluch und das Elend der Sünde in seinem eigenen Leben erfahren hat. Ein solcher Mensch kann es nicht mehr leicht nehmen mit der

Sünde. Sie ist ihm nicht nur ein »Zukurzkommen«, nicht nur ein Fehler. Solange wir noch nicht über der Sünde den bitteren Schmerz empfinden, aus dem die bittere Flut uns zu den Augen steigt, solange sind wir unfähig, in dieses Geheimnis einzudringen.

Die Sünde ist nicht ein Firnis, den man nur abzuwaschen braucht, um den Glanz des göttlichen Ebenbildes wieder in uns erstrahlen zu lassen. Die Sünde ist nicht eine Tünche, über ein herrliches Wandgemälde gestrichen, die man wieder entfernen kann, so daß die edlen Züge wieder zutage treten. Sie ist nicht eine böse Schicht, die über guten Schichten lagert und die allmählich wieder herabfällt, etwa durch die Erziehung des Lebens oder durch das Pochen des Leidens.

Wir sind im Grunde nicht gut, sondern im Grunde gerade ist es schlecht bestellt. Vielleicht ist es nicht total ersichtlich auf dem ganzen Rund unseres Lebens, daß wir Sünder sind; aber radikal, an der Wurzel, und zentral, im Mittelpunkt, sind wir böse. Die Sünde sitzt an der Quelle unseres Lebens und träufelt einen Tropfen Sünde hinein in jede Regung und jeden Gedanken unseres Herzens. Und ob wir es nicht erkennen, Gottes Wort offenbart uns diesen Zustand, und wir tun gut, ihm zu glauben.

Wir Menschen sind auf dieser Erde die Vertreter der Sünde. Sünde ist der Inhalt unseres Lebens von Jugend auf. Mehr noch, wir sind schon in die Sünde hineingeboren und haben vieles ererbt. Ihre Wurzeln gehen zurück bis in die Anfänge des Menschengeschlechts, bis in jenen Fall hinein.

Wenn das Wort Gerechtigkeit und das Wort Sünde überhaupt noch irgendeinen Sinn haben soll, dann ist dieses gewiß: Gott kann nicht von irgendeinem Zeitpunkt an den Menschen ohne weiteres vergeben. Er kann mit den Sündern keine Gemeinschaft haben, denn Gott ist gerecht.

Gott hätte keinen Glauben gefunden

Warum vergibt Gott nicht ohne weiteres? Wir haben eine zweite Antwort. Er hätte mit dieser Botschaft keinen Glauben gefunden. Ja, oberflächliche Seelen, heitere Gemüter, Menschen mit leichter Lebensführung, die in die Tiefe des Kampfes für und gegen Gott nie hineingetaucht sind und kaum von »schwerer« Sünde in ihrem

Leben wissen, würden solche Botschaft, daß Gott ohne weiteres vergibt, gerne hören: Es ist also mit der Sünde doch nicht so schlimm! Warum macht ihr solch Geschrei um diese Sache?

Was aber sollte ein Mensch machen, der unter seiner Sünde leidet, dessen Gewissen erwacht ist? Oder der andere, der die Folgen seiner Sünden vor Augen hat? Er hat einen Bruder verführt, und der ist untergegangen. Es gibt Stunden, in denen er gerne sterben würde, wenn das nur eine Sühne für seine Schuld wäre, daß er los käme von dem Stachel in seinem Gewissen.

Solch ein Mensch hätte dem Engel mit solcher Botschaft geantwortet: »Geh hin zu den Kindern, vielleicht zu edlen Frauen, für die mag diese Botschaft genügen, aber ich weiß, was Sünde ist. Das ist vielleicht das einzige, was ich wirklich weiß, denn es ist die Wirklichkeit meines Lebens. Mir kann solche Botschaft keine Hilfe bringen. Sie dringt in die eigentliche Wirklichkeit meines Lebens gar nicht hinein.«

Wem Sünde wirklich Not gemacht hat und verfolgte ihn des Tags und weckte ihn bei Nacht, daß sie wie mit geballten Fäusten, wie mit Schwertern und mit Spießen auf ihn eindrang, bei dem wäre dieses Wort von solcher Vergebung ohne weiteres auf Widerstand gestoßen, und zwar auf den Widerstand und Einspruch seines Gewissens. Es ist nicht so leicht, ein schreiendes Gewissen zu stillen. »Was der Mensch sät, das wird er ernten.« Unbeugsam verlangt das Gewissen Strafe und Sühne für Schuld und Sünde.

Gott wäre nicht zum Ziel gekommen

Warum vergibt Gott nicht ohne weiteres? Hier ist die dritte Antwort: Gott wäre mit dieser Botschaft nicht zum Ziel gekommen. Gott will die Menschen nicht nur von der Last der Schuld, sondern auch von der Macht der Sünde erlösen. Gott will uns mit unserer Sünde auseinanderbringen. Dann erst sind wir wirklich erlöst.

Jene Botschaft aber von dem Vergeben ohne weiteres hätte uns, die wir fleischlich sind und unter die Sünde verkauft, nicht abgehalten, weiter zu sündigen. Im Gegenteil, sie hätte der Sünde Tür und Tor geöffnet: »Gott nimmt es ja offenbar selbst nicht so genau mit der Sünde. Warum soll ich es so ernst nehmen?« Wie die Söhne eines schwachen Vaters, der über der Bosheit seiner Kinder ein Auge zudrückt, hätten wir drauflosgesündigt und wären in immer neue Schuld verfallen. Diese Botschaft brächte keine Lösung und darum keine Erlösung von der Sünde. Dadurch würde uns keine Feindschaft gegen die Sünde eingepflanzt. Die Hand, die sich uns hier scheinbar so gütig entgegenstreckte, hätte uns nicht hinaufgezogen, sondern uns tiefer in den Sumpf zurücksinken lassen.

Es geht nicht ohne klare Verurteilung des Bösen

Wollte Gott eine Versöhnung schaffen, die die Menschen wirklich mit ihm verband und in die Gemeinschaft des heiligen Gottes brachte, so mußte er dafür sorgen, daß seine Botschaft nicht mißverstanden wurde, als wäre Gott gleichgültig gegen die Sünde. Wollte Gott wirklich Gnade erweisen, dann mußte es klar in die Erscheinung treten, daß der Heilige nichts gemein hat mit den Sündern. Er konnte nicht schweigen zu der Sündengeschichte der Menschen. Es mußte klar und deutlich das Gericht ergehen über die Sünde.

Vergebung, die nicht Verurteilung des Bösen in sich schließt, ermutigt und fördert nur das Böse. Bloße Amnestierung wäre gleichbedeutend mit Ignorierung der Sünde, die die Sünde leicht nimmt oder ihr gar Daseinsberechtigung zugesteht: »Das ist nicht anders so in dieser Welt; das gehört sich so. Wir sündigen, und Gott vergibt, ›car tel est son métier‹ (Heinrich Heine), das ist sein Geschäft.« Das einzige Urteil aber, das über die Sünde der Menschen gehen konnte, war die Verdammnis, ewige Trennung von Gott. Ein Sturmwind des Gerichts hätte sie alle hinwegfegen müssen von seinem Angesicht. Dann blieb Gottes Himmel leer.

III.

Der Lastenträger für seine Brüder

Aber Gott hat die Menschen lieb. Darum hat Gott ein anderes Gericht über die Sünde ergehen lassen, ein Gericht von demselben Ernst und ebenso furchtbar, wie das Weltgericht am Jüngsten Tage sein wird. Und dieses Gericht ist das Kreuz Christi, da »Gott den, der von keiner Sünde wußte, für uns zur Sünde gemacht hat.«

Wer starb auf Golgatha? Jesus ist nicht ein Mensch wie andere Menschen. Die Menschheit konnte den nicht hervorbringen, der aller Menschen Last tragen sollte. Ein jeder hatte seine eigene Bürde. »Kann doch einen Bruder niemand erlösen, noch ihn Gott versöhnen; denn es kostet zu viel, ihre Seele zu erlösen, man muß es lassen anstehen ewiglich« (Ps. 49, 8–9).

Konnte Gott nicht einen heiligen Engel senden, daß er die Menschen erlöse? Ein Engel konnte nicht für die Menschen eintreten. Es mußte nach den Gesetzen der Stellvertretung einer aus der Menschheitsfamilie sein, der für seine Brüder eintrat, und wie hätte Gott auch dem Unschuldigen die Sünde der Schuldigen aufladen können? Konnte Gott nicht einen sündlosen Menschen schaffen: »Du sollst deine Brüder erlösen?« Aber wiederum erhebt sich die Frage: Wie hätte Gott dem Unschuldigen die Sünde der Sünder aufladen können?

Nein. Alles, was schwer ist am Werk der Versöhnung, nahm Gott auf sich. Er gab das Teuerste dahin, den Sohn seiner Liebe, damit er dieses Werk vollbringe. Gott ward Mensch. »Gott war in Christo.«

Die Dichter suchen es uns darzustellen, was in den Zeitaltern der Ewigkeit vor sich ging. Klopstock schildert im »Messias«, wie der Sohn zum Vater sprach: »Ich will die Menschen erlösen.« Paul Gerhardt belauschte das Gespräch, da der Sohn antwortet: »Ja, Vater, ja, von Herzensgrund, leg auf, ich will's gern tragen.« So singen die Dichter. Wir hören nur die Geschichte, die da geschehen ist.

Christus wurde geboren von einer Jungfrau: Die Menschheit kann den Erretter nicht erzeugen, wohl aber empfangen. Er wurde nach der Geburt gelegt in eine Krippe, nicht etwa, um es uns anschaulich zu machen, wie arm er geworden war. Auch die goldene Wiege im Kaiserpalast in Rom wäre ein unendliches Herabsteigen für ihn gewesen. Wenn einer fragt, wie weit die Sonne von der Erde entfernt ist, so wird man nicht antworten, daß sie von der Spitze des Himalaja noch soundso weit entfernt sei. Die 8000 Meter spielen bei solchem Abstand keine Rolle.

Aber das bedeutet die Krippe: Christus war schon auf dem Leidensweg. In der Krippe schon wurde er gekreuzigt nach dem Maß seiner Kindheit. Krippe und Kreuz sind aus demselben Holz gebaut.

Gott ward Mensch. Der Sohn Gottes wurde geboren, damit er sterben könnte für die Sünde der Welt. Gott ward Mensch, damit dieser Mensch nun, von niemand gezwungen – »denn niemand nimmt mein Leben von mir, sondern ich lasse es von mir selber« (Joh. 10, 18) –, freiwillig, aus lauter Liebe allein unsere Last auf sich nähme und als der Bruder für die Brüder unsere Sache vor Gott in Ordnung brächte.

Darum gab Jesus Gott recht in seinem Leben. Mit keinem Gedanken wich er aus der Bahn des Gehorsams gegen Gott. Dabei war er kein Halbgott aus Erz oder Marmor, sondern er fühlte das Weh der Welt und lebte in einem unterdrückten Volk, in einem besetzten Gebiet, im bunten Leben einer Familie. Er hat sich auch, als es durch das dunkle Land der Leiden ging und es um ihn herum einsam wurde, im Glauben und Gehorsam an den Vater gehalten. Er war ohne Sünde, sein Leben ohne Naht und Narbe, ohne Flecken und Falten. »Wer unter euch kann mich einer Sünde zeihen?«, so durfte er fragen und seinem Vater bezeugen: »Ich habe deinen Namen verklärt auf Erden.« Und des Vaters Wort gibt das gleiche Zeugnis: »Dies ist mein lieber Sohn, an welchem ich Wohlgefallen habe.« Er gab Gott recht in seinem Leben; er war der, der aus Erfahrung »von keiner Sünde wußte.«

Ohne Sünde, des Todes nicht schuldig, nahm Jesus die Sünde der Sünder auf sich, daß Gottes Gericht über die Menschen über ihn erginge. Er war der Bürge, an dem die Schulden eingetrieben wurden, die seine Brüder gemacht hatten. Gott sollte mit ihm verfahren, als laste auf ihm die Verantwortung für alle Sünde aller Welt und aller Zeiten, als wäre er die leibhaftige Menschheitssünde. Gott hat ihn für uns »zur Sünde gemacht.«

Jesus gab Gott recht in seinem Leben. Er gab Gott recht in seinem

Sterben. Er nahm unseren Tod auf sich, denn der Tod ist der Sünde Sold. Er, der nie hätte zu sterben brauchen, ging für seine Brüder freiwillig in des Todes Schlund.

Der Einheitszusammenhang zwischen Jesus und der Menschheit

Aber ist das denn möglich? Ist es nicht eine sittliche Unmöglichkeit, daß einer des anderen Sünde tragen soll? Es kam im Kriege öfter vor, daß einer des anderen Tod auf sich nahm, indem z. B. ein Kriegsfreiwilliger einen gefährlichen Erkundigungsgang übernahm für einen verheirateten Landsturmmann. Es ist auch verständlich und auch vorgekommen, daß ein Bruder für den anderen einen Teil der Strafe auf sich nahm. Aber kann auch einer des anderen Schuld, die Sünde des andern auf sich nehmen? Es steht doch geschrieben (Hes. 18, 20): »Der Sohn soll nicht tragen die Missetat des Vaters, und der Vater soll nicht tragen die Missetat des Sohnes, sondern welche Seele sündigt, die soll sterben.«

Wenn wir dies verstehen wollen, so müssen wir unseren Blick richten auf den Einheitszusammenhang zwischen Jesus und der Menschheit. Der erste Adam, der aller Menschen Vater ist, ist die Voraussetzung für das Werk des zweiten Adam (darum predigt Paulus in Athen – Apg. 17 – nicht nur den unbekannten Gott und den unbekannten Heiland, sondern auch die den Griechen unbekannte einheitliche Menschheit). Jesus war das Haupt der Menschheit. Er war der König dieser Rebellen gegen Gott. Er wußte sich verantwortlich für seine Brüder und ihre Taten vor Gott. Er war durch die Menschwerdung unser Bruder geworden, für einen jeden unter uns sein nächster Verwandter.

Jesus hatte sich einmal so nahe mit den Menschen eingelassen, nun war ihre Sünde auch seine Last. »Blut ist ein ganz besonderer Saft!« Ein Vater fühlt sich haftbar für die Sünden seiner Söhne. Kinder schämen sich über die Sünde ihrer Eltern. Die Ehre eines Gliedes einer Familie strahlt auf alle über, die Schande eines einzelnen drückt das ganze Haus zu Boden. Ein Vater kann sich von seinem Sohn lossagen; er kann es in die Zeitung setzen: »Er ist nicht mehr mein Sohn.« Es hilft ihm nichts: Er ist und bleibt sein Sohn durch die Macht des gemeinsamen Blutes.

Es war ein Mütterchen auf dem Lande, deren Sohn wegen

Brandstiftung im Zuchthaus saß. »Mütterchen, warum kommen Sie nicht mehr zur Kirche, man sieht Sie nicht mehr in der Bibelstunde?« – »Ich kann doch nicht vor die Leute gehen!« – »Warum denn nicht?« – »Das wissen Sie doch, mein Sohn sitzt doch im Zuchthaus.« Sie ließ sich ihre Waren von Nachbarskindern im Laden holen. Nur im Dunkeln schlich sie die notwendigsten Wege. »Aber Mütterchen, daran sind Sie doch nicht schuld. Wir kennen Sie doch alle seit Jahrzehnten als eine gottesfürchtige Frau.« – »Es ist aber mein Sohn!«

Und nun streitet mit der Frau und macht ihr klar, daß sie mit der Sünde ihres Sohnes nichts zu tun habe! Nie wird sie davon abgehen, sie stirbt euch darüber, und ihr Herz wird darüber brechen, daß des Sohnes Schande auch ihre Schande ist. Nach diesen unauslöschlichen Gesetzen der Stellvertretung innerhalb der Menschheitsfamilie, die um so fester uns greifen, je näher wir miteinander verwandt sind, hat Jesus, der Heiland, unser Bruder, sein Leben gelassen für seine Brüder.

IV.

Das Haupt der Menschheit in Gottes Gericht

Es ist nicht auszudenken, in welches Gericht Jesus hineinging, als er der Welt Sünde auf sich nahm. Er hat den Zorn Gottes wider die Sünde des ganzen menschlichen Geschlechts getragen die ganze Zeit seines Lebens auf Erden. Wenn er auf die Berge stieg am Abend nach schwerem Tagewerk und vor seinen Vater trat im Gebet, dann fühlte er des Vaters Frage: »Was machen deine Brüder?« Wir waschen uns über anderer Leute Schuld selbstzufrieden die Hände, wie wir sagen, in Unschuld. Er konnte sich nicht losmachen und mußte antworten: »Sie sündigen, sie sündigen ohne Aufhören.«

Auf Gedeih und Verderb war er mit den Menschen verbunden Gott gegenüber, wie einer, der in eine belagerte Stadt hineingeht und nun die Not der Stadt selbst mit durchmacht und an seinem Leibe mit auskosten muß. Er kann nicht wieder heraus. Ja, noch ganz anders stand Jesus als das Haupt der Menschheit in Gottes Gericht. Und in solchen stillen Stunden der Nacht auf den Bergen seiner Heimat nahm er immer aufs neue die Last seiner Brüder auf sich und erfuhr immer aufs neue, was der Prophet sagt: »Der Herr warf unser aller Sünde auf ihn.«

»Sonderlich aber am Ende seines Lebens.« Er ging in den Tod nicht mit zusammengebissenen Zähnen, sondern er sagte ja zu Gottes Gesetz und Urteil. Er gab Gott recht in seinem Leben, er gab Gott recht in seinem Tode. Er stand immer ganz auf Gottes Seite.

Das Leiden in Jesu Seele

Ein wenig wird der Schleier uns gelüftet, wenn wir den Kampf schauen, der unter den alten Bäumen am Ölberg ausgefochten wurde, wenn wir die Seufzer von Gethsemane hören, wenn wir den Mann, der im Sturm schlief und der durch die Reihen seiner Feinde hindurchschritt wie ein König, ja, vor ihren Schwertern keinen Augenblick zurückwich, wenn wir den Mann am Boden liegen sehen, »wie ein Wurm und kein Mensch«, stöhnend und weinend unter einer unermeßlichen Last. Und dieser Kampf zog sich weiter hin bis in die Stunden der Finsternis auf Golgatha, da seiner kämpfenden Brust sich die Klage entrang: »Mein Gott, mein Gott, warum hast du mich verlassen?«

O armer, kleiner Menschengeist, der mit seinem stumpfen Auge da nichts weiter sieht als körperliches Leiden und natürliche Todesfurcht. Dann wären die Märtyrer späterer Zeiten ja größere Helden gewesen als Jesus, denn sie gingen zum Teil singend in den Tod – in den Tod, dem Jesus den Stachel ausgebrochen hatte. Nein, das körperliche Leiden war nicht das schlimmste, sondern das Leiden seiner Seele, daß er fern sein mußte von Gott, verlassen von seinem Vater, daß er den Stachel des Todes, die Sünde, so furchtbar erdulden mußte.

Wir kennen auch im Kampf des Glaubens Stunden der Verzagtheit und Angst der Not unserer Seele, wo wir meinen, finstere Arme wollten uns hinunterziehen in den Abgrund, wo es uns ist, als ob höllische Hände uns nach der Kehle griffen und wollten uns den Atem benehmen. Aber das ist alles kein Vergleich mit Jesu Leiden. Wir sind alle mehr oder weniger von Jugend auf an diesen Unfrieden mit Gott gewöhnt, gewöhnt an ein böses Gewissen, an das Gefühl, Kinder des Zorns zu sein. Wir haben nie ungetrübt die Seligkeit von Gottes Gemeinschaft genossen. Wir im Land der Nebel und Wolken kennen keinen wolkenlosen Himmel, kennen nicht die volle Gottesnähe, und darum wissen wir alle zusammen noch nicht recht, was es heißt, Gott lieb haben und sich von Gott geliebt wissen.

Aber Jesu Seele war rein. Sie erbebte bei jeder Berührung mit der Sünde. Er lebte ohne Unterbrechung im Sonnenglanz der Liebe seines Vaters. Er fühlte in jedem Augenblick den Druck der treuen Vaterhand.

Vom Vater verlassen

Und nun dieses Gewölk, das sich wie schwarze Todesschwingen über ihn ausbreitete! Alle Sünden aller Zeiten waren auf sein Haupt gelegt. Welch unermeßliche Wucht und Last! Und zugleich liefen die Geschwader der Hölle Sturm auf diesen einen Gerechten. Wie während der ganzen Zeit seines Wandels auf Erden die Sendlinge der Finsternis um ihn her besonders geschäftig waren, so ist in der Stunde seines Todes aus der Tiefe der Hölle die ganze teuflische Versuchungsmacht gegen Jesus angestürmt. Sie wollte ihn irremachen im Glauben: Werfen wir diesen einen nur um eines Haares Breite aus der Bahn des Glaubens an Gott, des Gehorsams gegen den Herrn, dann haben wir gewonnenes Spiel in alle Ewigkeit, und die Menschheit ist der Hölle Raub.

Und der Vater trat zurück, fern vom Sohn. Da schmeckte Jesus den ganzen Brand des Zornes Gottes. Seine Freude war es gewesen, den Vater nie betrübt zu haben, seine Speise, den Willen Gottes zu tun. Jetzt mußte er sich ansehen lassen, als habe er die Sünden aller Menschen aller Zeiten begangen, als trüge er die Verantwortung für alles, was ein Menschenherz je gesündigt hat. Des Vaters liebes Kind mußte sterben am Holz des Fluches.

Das waren qualvolle Stunden. Das war das schwerste Gericht, das je über einen Menschen ergehen konnte. Und wenn der Herr davon spricht, daß seine Seele betrübt ist bis in den Tod, und wenn er in der höchsten Not der Finsternis klagt, daß sein Gott ihn verlassen habe, dann tun wir gut, an diesem Wort nicht zu deuteln und ihm das zu glauben, auch wenn wir nicht verstehen, was damit alles gesagt ist.

Das Band riß nicht!

Furchtbare Stunden von Golgatha! Da ging es um Jesu eigenes Leben, um seinen eigenen Glauben. Darin lag die Kraft seines stellvertretenden Leidens, daß er selbst sich bewährte als einer, der Glauben hielt, daß er als Mensch sich durchglaubte durch alle diese Not hindurch an seines Gottes Herz heran.

Und er hat durchgehalten. Er hat nicht gezweifelt und nicht gemurrt, sonden im Gehorsam sich durchgeglaubt und war in allem erfunden als das fleckenlose Lamm, das der Welt Sünde trug. Gerade der Ruf: »Warum hast du mich verlassen?« ist das stärkste Zeugnis dafür, daß er sich keiner Sünde bewußt war, sonst hätte er so nicht zu seinem Gott schreien können.

Gott hatte ein Band geschlungen, das ihn mit der Menschheit verband. Jesus war das Band. Und nun kam die entscheidende

Stunde, da das Band gespannt wurde bis aufs äußerste. Unten hing das ganze Weltgewicht der Menschheitssünde, und tausend gierige Höllenhände zerrten daran: Reißen soll das Band! Oben soll es reißen. Er soll an Gott irre werden. »Bist du Gottes Sohn?« So zischelten die Stimmen der Versuchung. Unten soll es reißen: Es soll ihm ein Gefühl der Verachtung kommen gegen die Menschen, die ihn so mißhandeln, gegen die Frommen, die noch ihren mutwilligen Spott treiben mit seiner tiefen Not.

Reißen sollte das Band, und ob es oben oder unten riß, in jedem Falle war die Menschheit versunken in ewige Nacht, unerlösbar für immer.

Aber das Band riß nicht. Der Heiland stieg nicht herab vom Kreuz, wie man ihm zurief. Nicht die Nägel hielten ihn fest. Er hätte herabsteigen können, aber mit welchen Augen hätte ihm wohl der Schächer nachgeschaut! Der Schächer wäre hängengeblieben und mit ihm alle Schächer aller Zeiten, an ihren Fluch genagelt in alle Ewigkeit. Nein, Jesus stieg nicht herab vom Kreuz. Mit der Hand des Glaubens hielt er Gott fest: »Mein Gott, mein Gott!« Die Hand der Liebe hatte er in die Menschheit geschlagen: »Vater, vergib ihnen!« Und so hat er in dem furchtbaren Gericht am Kreuz die Welt mit Gott versöhnt: »Du stellest dich als Mittler dar, verbindest, was getrennet war, Gott und verdammte Sünder.«

»Der Tod ist der Sünde Sold.« Auch diesen letzten Tropfen des bitteren Kelches hat Jesus getrunken. Es mußte wirklich gestorben sein. Und der allein nicht hätte zu sterben brauchen, weil sein Leben frei war von Sünde und Schuld, der also auch ohne diesen Sold der Sünde hätte bleiben müssen, er gab sich selbst dahin in den Tod, damit Gottes Gericht über die Sünde an ihm vollzogen werde. Da floß sein Blut. Er schüttete sein Leben ganz aus. Er neigte sein Haupt und verschied.

V.

Es gibt keinen »lieben Gott«!

Das ist das Gericht, das am Kreuz ergangen ist. Hätte Gott alle Menschen zur Strafe für ihre Schuld in die Hölle verdammt, so wäre dadurch hell und klar ans Licht getreten: Gott ist gerecht, ein heiliger Gott. »Irret euch nicht, Gott läßt sich nicht spotten!« Aber siehe das Kreuz Christi, den Tod des einzig geliebten Sohnes Gottes! Hat Gott seines eigenen Sohnes nicht verschont, sondern ihn für uns alle dahingegeben, dann kann es auch der Blinde sehen: Die Sünde ist kein Kinderspiel, kein Scherz in Gottes Augen. Gott nimmt es genau. Gott ist gerecht.

Und dieser Zorn Gottes, den wir hier entbrennen sehen, ist kein Widerspruch gegen Gottes Liebe. »Der Zorn Gottes ist die Spitze der Flamme, die seine Liebe schlägt«, sagte einmal Professor Martin Kähler. Wollen wir das verstehen, so müssen wir gründlich aufräumen mit unseren falschen Vorstellungen vom sogenannten »lieben Gott«. Ich habe die Konfirmanden im Unterricht wohl einmal zusammen sprechen lassen: »Es gibt keinen lieben Gott, es gibt keinen lieben Gott«, um es ihnen tief einzuprägen: Dieser »liebe Gott« nach Schillers Melodie »Brüder, überm Sternenzelt muß ein lieber Vater wohnen« ist ein Gebilde der menschlichen und sündigen Gedankenwelt.

Es gibt nur einen Gott der heiligen Liebe. Liebe, die nicht zürnen kann, ist keine charaktervolle Liebe, sondern ist Sentimentalität. Eine Liebe, die nicht zürnen kann, beweist damit, daß der Gegenstand der Liebe ihr ziemlich gleichgültig ist. Einem Herzen, das wirklich liebt, kann es nicht gleichgültig sein, wie der andere sich zu ihm stellt. Nur weil Gott so sehr liebt, darum zürnt er. Er liebt Sünder, darum haßt er die Sünde. Der Zorn Gottes ist nichts anderes als das Verhalten der Liebe Gottes, wenn diese Liebe auf die Sünden der Menschen stößt. Weil Gott es so ernst nimmt mit seiner Liebe zu den Sündern, weil er sie ganz in seine Gemeinschaft, an sein Herz ziehen will, darum nimmt er es so genau mit ihrer Sünde, daher Gottes Zorn.

Und auch dafür hat Gott gesorgt in seiner Weisheit, daß bei diesem Gericht die Schuld derer zutage tritt, die wirklich schuldig waren. Am Kreuz des Heilandes wird das Urteil gesprochen, nicht über ihn, sondern über uns. Er hatte eine Saat der Liebe gesät nach Gottes Art, aber geerntet hat er eine Ernte des Hasses nach der Menschen Art. Wie ging das zu? Durch seine Liebe fühlten sich die Menschen gestraft über ihre Selbstsucht. Dieser Heiland war für sie ein lebendiger Vorwurf, eine wandelnde Kritik durch sein einfaches Dasein und sein Sosein. Und dieses ständige Sich-schämen-Müssen, das war nicht auszuhalten. Jesus ist immer das heimliche Gericht der Menschen. Die Frommen, d. h. die für fromm galten und sich selbst dafür hielten, wurden gestört auf ihren ihnen lieb gewordenen Sündenwegen, und darum: »Hinweg mit ihm, schlagt ihn tot, dann haben wir unsere Ruhe wieder!« Darum schlugen sie ihn ans Kreuz. Aber ihr Urteil fiel auf sie selbst zurück.

Laßt mich ein Gleichnis erzählen: Ein junger Mann, der die gottlosen und gemeinen Reden der Tischgenossen beim Mittagstisch nicht ruhig hinnimmt, sondern sie zurückweist, wird ihnen dadurch lästig. Endlich halten sie es nicht mehr aus, daß er immer stumm und mit dem Ausdruck des Mißfallens bei ihren Reden dabeisitzt. Zuletzt sagen sie ihm: »Du kannst deinen Hut nehmen und gehen, wir wollen solchen Frömmling nicht unter uns haben.« Er ist von ihnen ausgestoßen worden. Sie sind froh: Nun sind wir ganz unter uns. Wer ist nun gerichtet, dieser eine Reine oder nicht vielmehr die anderen, die den einen Reinen nicht in ihrer Mitte dulden mochten und es nicht aushalten konnten in seiner Nähe, denen sein stummer und lauter Einspruch unerträglich war? Sie sind gerichtet, nicht er!

So ist auch das Urteil von Golgatha auf die zurückgefallen, die es gefällt und vollstreckt haben. Solange das Kreuz steht und verkündigt wird, steht es vor den Augen der Menschen wie ein riesiges Richtschwert, in diese Erde hineingestoßen. Da ist nichts zu leugnen: »Hier habt ihr die Quittung eurer Schuld. Ihr seid nicht wert, daß euer Gott unter euch wohnt. Ihr könnt nicht zu ihm kommen in seinen heiligen Himmel, denn ihr könnt ihn nicht einmal ertragen auf eurer Erde. Ihr stießt ihn aus von euch, damit stießt ihr euch aus von ihm. Ihr seid gerichtet. Ihr seid verflucht.«

VI.

Das ist Gnade: Für uns!

Gericht über die Sünde! Das ist die erste Botschaft, die das Kreuz Christi uns bringt, aber nicht die einzige. Eben dieses selbe Wort vom Kreuz ist auch der Gnadenruf Gottes an uns: »Gott war in Christo und versöhnte die Welt mit ihm selber.« Das Gericht über die Sünde sollte der heiligen Liebe Gottes die Bahn brechen, daß er sich über die Sünder erbarmen konnte. Denn das war nun die herrliche Frucht seiner Erlösung für uns: Er rechnete ihm ihre Sünden zu, darum rechnete er ihnen ihre Sünden nicht zu. »Die Strafe lag auf ihm, auf daß wir Frieden hätten, und durch seine Wunden sind wir geheilt.«

Für uns hat Gott ihn zur Sünde gemacht, an unserer Statt. »Für uns!« Das ist das selige Wort, das wir gläubig sagen dürfen bei jedem sauren Schritt auf seinem Leidensweg, bei jedem Tropfen Bluts, den er vergoß: für uns. So wird die Kunde von seinem Leiden und Sterben zur Predigt seiner Gnade. Für uns hat er Schmach und Schande, Dornen und Speichel, Durst und Schmerzen, Blut und Wunden, ja Gottesferne und den Fluch erduldet, damit wir nicht dies alles in ewiger Qual erdulden müßten, damit er uns in unserer Todesstunde, wenn uns der kalte Schweiß auf der Stirn steht, den Becher der Erquickung reichen könnte: »Heute wirst du mit mir im Paradiese sein.«

Ist das denn auch wahr? Im Paradiese? – Gottes Feinde, die Verlorenen, die Verworfenen? Auf Gottes heiligem Berge? Ja, es ist wahr, denn »er hat den, der von keiner Sünde wußte, für uns zur Sünde gemacht, auf daß wir würden in ihm die Gerechtigkeit, die vor Gott gilt.« Dann sind wir nicht mehr Feinde Gottes, keine Verlorenen mehr, sondern Kinder in Gottes Haus und Erben der ewigen Seligkeit. Darum laßt uns dieses Wort mit beiden Händen ergreifen und als das helle Licht vor unsere Seele stellen: »Für uns!«

Was wäre die Erde für ein Todesland, was wäre das Leben für eine Jammerlast, was wäre das Kreuz von Golgatha für ein unheimlicher Prophet eines kommenden, furchtbaren Gerichts, wenn nicht hell über diesem Kreuz wie ein milder Stern das Wort leuchtete: »Für uns!« Das Kreuz ohne dieses Wort wäre uns der

Todesbote. Aber nun ist die Botschaft vom Kreuz Christi uns das Wort von unserer Versöhnung.

Schau auf den Gekreuzigten!

Und nun möchte ich eigentlich meine Rede unterbrechen und gehen von Bank zu Bank, von Mann zu Mann und einem jeden meine Hände auf die Schultern legen und ihm tief in die Augen blicken: »Hast du das erfahren?« Mancher würde es mir freudig bekennen, viele verlegen beiseite schauen. Aber da sind auch andere, die, o so gern, die Gewißheit dieser Botschaft in ihrem Herzen trügen und die Not ihres Lebens am leichtesten aussprechen könnten mit dem Kindergebet: »Ich möcht so gerne selig sein und weiß nicht, wie ich's mach.«

Ich will es euch sagen. Der edle Ritter Parzival, so heißt es in einem Bericht über ihn, der gerne rein bleiben wollte, war doch von dem Pfeil der Sünde getroffen worden und ging eines Karfreitags morgens tief bekümmert, das Pferd am Zügel, durch den Wald. Da kam er an die Höhle eines Einsiedlers. Er band das Pferd an den Baum und schritt in die Höhle hinein: »Herr, nun gebt mir einen Rat, ich bin ein Mann, der Sünde hat.« Der Einsiedler wies ohne Worte nur hin auf das Bild des Gekreuzigten. Wenn heute hier der Mann anwesend ist, »der Sünde hat«, die Frau, »die Sünde hat«, dann will ich auch nichts anderes tun als Jesus, den Gekreuzigten, bezeugen und will warten, bis sie mit mir still die Hände zusammenlegen: »Nun weiß ich das und bin erfreut und rühme die Barmherzigkeit.«

Dann haben wir den Frieden Gottes. Dann leben wir nicht mehr in der Angst vor der selbstbereiteten Zukunft, vor der Frucht unserer Sünde, dem Gericht. Wer Jesus den Heiland ergreift, mit allen Rechten und ewigen Folgen seiner Erlösung – »wer mein Wort hört und glaubt dem, der mich gesandt hat, der kommt nicht in das Gericht« –, der lebt nicht mehr vor, sondern nach dem Weltgericht.

VII.

Mit Jesus zusammen – mit der Sünde auseinander!

Warum vergibt Gott nicht ohne weiteres? So hatten wir gefragt und drei Antworten auf diese Frage gegeben. Die erste lautete: Gott ist gerecht. Aber nun komm unter das Kreuz des Heilandes, da werden dir die Augen übergehen, wenn dein Herz es erkennt, wie dort »Gottes Liebe ewig steht mit Gottes Recht im Bund.« Gott ist gerecht, aber seiner Gerechtigkeit ist genug getan – an Jesu Kreuz.

Die zweite Antwort lautete: Wir hätten die Botschaft der Vergebung so ohne weiteres gar nicht glauben können. Aber nun komm unter das Kreuz deines Heilandes, da kann auch das bängste Gewissen, der gejagteste Menschengeist Glauben fassen an die Vergebung der Sünden. Wir sind nach dem Gewissen vollkommen gemacht (Hebr. 9, 9), das Gewissen wird »vollendet«, und all sein Fordern muß schweigen, wenn der Glaube seine Hand ausstreckt und auf das Lamm Gottes legt.

Die Nägel deiner Wunden
zerstücken meinen Brief,
der alle Tag und Stunden
an Zahlen höher lief;
dein völlig ausgeströmtes Blut,
dein heilges Tun und Leiden
macht meine Rechnung gut.

Und drittens hatten wir gesagt: Gott wäre durch jene Gnadenbotschaft, daß er ohne weiteres vergeben wolle, gar nicht zu seinem Ziel gekommen; denn kein Mensch würde dadurch veranlaßt worden sein, aufzuhören mit Sündigen. Aber komm unter das Kreuz des Heilandes! Wir können seine Gnade nicht annehmen ohne aufrichtige Buße und Beugung. Ein redliches Herz will nicht schnell und leicht alles zudecken, ohne daß vorher alles aufgedeckt worden ist, sondern es verlangt, daß es mit seinem Seligwerden eine ehrliche und wahrhaftige Sache sei. Darum führt uns das Kreuz in die Buße, und alsbald ist uns ein Ding gewiß: Das Kreuz Christi ist der Grenzpfahl zwischen mir und meiner Sünde. Aus der blutigen Hand des Heilandes kann das Geschenk der Gnade nur der annehmen, der dadurch ein für allemal bricht mit der Sünde. Seit wir mit Jesus zusammengekommen sind, sind wir mit unserer Sünde auseinandergekommen.

Alles hängt an der persönlichen Gemeinschaft mit Jesus

Dadurch kommt es zu einer Lösung von der Macht der Sünde, wie keine Gewalt der Welt sie je zustande gebracht hätte, so daß, wenn Christi Friede uns berührt, in der Tiefe unseres Herzens der Entschluß geweckt wird: »Ewig entsag ich der Sünde!« Durch die Macht der Gnade, die mich am Kreuz erfaßt, wird mein Herz geneigt dem Willen Gottes. Die Sünde war mein Freund, jetzt ist sie mein Feind. Sie war meine Freude, jetzt ist sie mein tiefstes Leid, eigentlich das einzige Leid meines Lebens. Nicht als ob wir sündlos würden! Gottes Kinder sind nicht Menschen, die keine Sünde mehr haben, sondern Menschen, die, seit sie unter dem Kreuz die Vergebung fanden, keine Sünde mehr lieb haben, deren Gebetsruf, auch beim fortgehenden Kampf der Heiligung, es bleibt: ». . . beim Grundgefühl der Sünden, ein tief gebeugt Empfinden, kein Sünde tun, – ach Gott, verhüt's!«

Aber laßt uns dabei nie vergessen und es uns nicht verdunkeln lassen: Dieses neue Verhalten zu Gott fließt aus dem neuen Verhältnis zu ihm, das er uns geschenkt hat. Wir haben auch kein Heilmittel gegen die Sünde und dürfen so auch nicht reden von Christi Blut oder Christi Kreuz. Das Blut Jesu Christi ist keine Sache, sondern eine Tatsache: Er starb für uns. Wir haben kein Heilmittel gegen die Sünde, wir haben einen Heilsmittler: Alles hängt an der Gemeinschaft mit Jesus, dem Versöhner und Erretter. Alles ist ganz persönlich. Man kann nur aus Jesu Hand die ewige Gnade Gottes empfangen.

VIII.

Laßt euch diesen Heiland gefallen!

Deshalb »hat Gott unter uns aufgerichtet das Wort von der Versöhnung.« Gott hat nicht nur die grundlegende Tat der Versöhnung vollbracht, sondern er sorgt auch dafür, daß die Versöhnung des einzelnen wirklich zustande kommt, daß die Menschen einschlagen in die dargebotene Hand. »So bitten wir nun an Christi Statt: Laßt euch versöhnen mit Gott!« Gebt den Widerstand auf! Laßt euch diesen Heiland gefallen! Und wir bitten mit ganzem Ernst! Dies ist gewiß: Man kann selig werden nur durch Jesus. Man kann verlorengehen nur an Jesus, wenn man den von sich stößt und verwirft, den Gott uns gesandt hat zur Versöhnung für unsere Sünden. Und darum ist es immer eine Stunde der Entscheidung, wenn das Kreuz unseres Herrn Jesu Christi verkündigt wird. Es ist immer auch eine Stunde der Gnade: »Hat ihn je ein Herz gefragt nach dem ewgen Leben, hat er immer mild gesagt: Komm, ich will dir's geben.«

Der erste, der mit Jesus eingeht ins Paradies

Wir gehen noch einmal zu dem Kreuz unseres Herrn Jesu. Es ist Karfreitagabend. Sie nehmen seinen Leichnam vom Kreuz. Die Nägel werden herausgezogen. Man kann es nicht mit ansehen. Wir wenden unseren Blick zur Höhe. Und was sehen wir dort? Starke Hände der Engel ziehen Nägel aus einer uralten Tür, die vernagelt war – aus der Tür des Paradieses: Macht sie auf! Nun können die verlorenen Söhne nach Hause kommen in ihres Vaters Haus!

Aber zuvor, heute, als erster kommt er, der Sohn Gottes, heim aus der Schlacht. Um den Thron Gottes sind versammelt die Heiligen des Alten Bundes und warten dessen, der da kommen soll.

Da geht ein Raunen durch die Reihen: »Er kommt! Er kommt! Nein! Es kommen ihrer zwei!« – »Oh«, sagt Abraham, »das ist die Mutter, die glaubte und hoffte wie ich, da nichts zu hoffen war.« – »Nein«, sagt Mose, »es wird Petrus sein, der treue Kämpfer.« David, der Mann nach dem Herzen Gottes, glaubt, es sei Johannes, der Lieblingsjünger, der an des Meisters Brust lag beim Mahl.

O ihr Heiligen der Vorzeit! Verwundert euch: Eine an der Landstraße des Lebens aufgelesene, gestrandete Existenz, der Schächer vom Kreuz, er ist der erste, der mit Jesus eingeht ins Paradies. Da wird eine große Stille im Himmel, und dann haben die Engel zum erstenmal ein Lied angestimmt nach der Melodie: »Jesus nimmt die Sünder an.«

Das Lied am kristallenen Meer

Wir schauen weit hinaus an das Ende der Zeiten. Da stehen die vollendeten Gerechten versammelt an einem Meer, dessen Spiegel so glatt ist, als wäre er von Glas oder Kristall, wie ein Alpensee, zwischen schützende Berge gebettet; kein Lüftlein kräuselt seine Wogen. Da fällt ein Strahl der Abendsonne in dieses Meer, und es leuchtet wie Feuer, und sie singen das Lied Moses, des Knechtes Gottes (Offb. 15, 3); das Lied von der Errettung aus dem Feuer der Trübsal, aus tiefen Wassern. Sie preisen Gottes Treue und seine Wunderwege, und jeder singt seinen besonderen Vers an jenem Tage, »da jeder seine Harfe bringt und sein besondres Loblied singt.«

Und noch ein Strahl der Sonne fällt in das Meer, und es leuchtet, als wäre es Blut, und sie singen das Lied des Lammes. Und auch hier wieder bricht aus jedem hervor sein besonderer Vers. David lobt den Herrn anders als Petrus, der verlorene Sohn anders als Zachäus und die große Sünderin, aber sie alle preisen den, der uns Gott erkauft hat mit seinem Blut.

Da wird eine Stille, und aus dem Hintergrund tritt einer hervor wie ein Riese der Vorzeit, eine uralte Eiche, und er greift in die Harfe und singt sein Lied: Adam, der Vater der Sünder, singt von Jesus, dem Heiland der Sünder; der, der alles verschuldet hat, von dem, der alle Schuld getragen hat: »Ja, dein Blut, ja, dein Blut macht den tiefsten Schaden gut.«

Das ist das Lied der Ewigkeit. Sie preisen das Lamm, das erwürgt ist. Das soll auch unser Lied sein im Lande unserer Wallfahrt, von diesem Heiland zu reden und zu rühmen und zu ihm zu rufen alles, was eines Heilandes bedarf.

Ich grüße dich am Kreuzesstamm

Ich grüße dich am Kreuzesstamm,
du hochgelobtes Gotteslamm,
mit andachtsvollem Herzen.
Hier hängst du zwar in lauter Not
und bist gehorsam bis zum Tod,
vergehst in tausend Schmerzen;
doch sieht mein Glaube wohl an dir,
daß Gottes Majestät und Zier
in diesem Leibe wohne,
und daß du hier so würdig seist,
daß man dich Herr und König heißt,
als auf dem Ehrenthrone.

Ich folge dir durch Tod und Leid,
o Herzog meiner Seligkeit,
nichts soll mich von dir trennen.
Du gehst den engen Weg voran;
dein Kreuzestod macht offne Bahn
den Seelen, die dich kennen.
Ach Jesu, deine höchste Treu
macht, daß mir nichts unmöglich sei,
da du für mich gestorben;
ich scheue nicht den bittern Tod
und bin gewiß in aller Not:
Wer glaubt, ist unverdorben.

Am Anfang –

Ein Ruf Gottes
aus den ersten Büchern der Bibel

Am Anfang (I)

1. Mose 1, 1

Die natürliche Religion und die Welt der Offenbarung

»Am Anfang schuf Gott Himmel und Erde« (1. Mose 1, 1). Dies ist einer der grundlegenden Sätze der Heiligen Schrift, der Grenzstein zwischen Offenbarung und natürlicher Religion.

In den natürlichen Religionen, im Heidentum aller Art, schafft sich der Mensch seinen Gott oder seine Götter. Der eine meißelt aus Stein oder Holz das Bild, vor dem er sich niederwirft. Der andere betet Sonne, Mond und Sterne an. Ein dritter bildet sich seine Religion aus Gedanken und Phantasien, aus Spekulationen und Philosophien.

Und dabei kommen so mannigfache Gestaltungen zutage, wie es verschiedene Arten von Menschen und Völkern gibt.

> »Wie einer ist, so ist sein Gott;
> darum ward Gott so oft zu Spott«,

sagt Goethe. Denn ein jeder macht sich seinen Gott zurecht nach seinen Wünschen und den tiefsten Bedürfnissen seines Herzens. Die Form und Art seiner Religion ist der Niederschlag der Geschichte seines inneren Erlebens. Was der Mensch erfahren und erlitten hat, wonach er sich sehnt und wovor er sich fürchtet, das bestimmt das Bild seiner Götter.

Im Leben des Menschen ist immer das Herz der maßgebende Herrscher. Das Herz bestellt beim Kopf ein Gedankengebäude, ob man es nun Weltanschauung oder Religion nennen will, je nach seinen Bedürfnissen. Es mag sein, wie es will, eins nur muß es leisten: Das Herz muß durch den Dienst dieser Religion beruhigt und nicht beunruhigt werden. Der Gott darf dem Herzen nicht in den Weg treten, sondern muß ihm die Bahn freilassen, im tiefsten Grunde zu leben, wie es will, daß der Mensch, wenn auch unter Opfern oder gar Kasteiungen, sich selbst leben kann.

Der Mensch schafft sich seine Religion, seinen Himmel und seinen Gott, an den er glaubt. Das ist die natürliche Religion.

»Am Anfang schuf Gott Himmel und Erde.« Mit diesem Wort stehen wir in einer ganz anderen Welt, auf dem Boden der

Offenbarung Gottes. Gott war vor dem Menschen da. Der Mensch und seine ganze Welt ist erst durch Gott geschaffen. Dieses Wort der Heiligen Schrift tritt mit dem Anspruch auf, nicht die Gedanken eines Menschen wiederzugeben, sondern uns die Wahrheit zu enthüllen über Gott und den Menschen, das, was von sich aus keiner wissen kann, und was auch in keines Menschen Herz je gekommen ist. Was uns in der Bibel als Verkündigung über den Gott unseres Heils von der Schöpfung bis zum Untergang der Welt mitgeteilt wird, ist nicht Religion, von Menschen erdacht oder erschaut, sondern Offenbarung Gottes.

Religion ist menschlich natürlich. Es gehört zum Wesen des Menschen, daß er, wenn er sich in dieser Welt mit ihren Gefahren und ihren lockenden Aussichten findet, sich eine Religion ersinnt. Da betet der eine einen Klotz oder Stein an, der andere die hohen Gedanken seiner Weltlehre oder seines Idealismus. In Gottes Wort aber haben wir die Selbsterschließung des lebendigen Gottes. Da stehen wir auf dem Boden der Offenbarung, die hier ohne Einleitung und Erklärung so erhaben und feierlich mit dem Wort beginnt: »Am Anfang schuf Gott Himmel und Erde.«

Das ist die eine Wahrheit über den einen Gott, von dem wir alle zusammen von Haus aus, von Natur nichts, gar nichts wissen können, der sich uns aber offenbart hat durch sein Wort. Und Jesus sagt: »Das ist aber das ewige Leben, daß sie dich, der du allein wahrer Gott bist, und den du gesandt hast, Jesus Christus, erkennen« (Joh. 17, 3).

Man stellt es heute immer noch gern folgendermaßen dar, wie es schon Lessing mit den drei Ringen in »Nathan der Weise« darlegte. Es kommt gar nicht darauf an, was inhaltlich der Mensch glaubt. Da mögen die Religionen und Glaubenssätze sehr verschieden sein, und wahrscheinlich hat keine die ganze Wahrheit; sondern das ist das Wichtige, daß der Mensch fromm ist, daß er religiös ist, daß er nicht in den Tag hineinlebt wie ein Tier, sondern irgendwie seine Religion hat und mit einem höheren Wesen rechnet, und im übrigen: »Ob Christen, Juden, Hottentott, wir glauben all an einen Gott.«

Dieses Wort: »Am Anfang schuf Gott Himmel und Erde«, mit dem das Herrenrecht Gottes über alle Welt erklärt wird, stellt uns auf einen ganz anderen Boden, auf den Boden der Offenbarung und des Glaubens. Gott hat sich uns offenbart. Und nur wer im

Glauben sich diesem Gott und seiner Offenbarung anvertraut, nur der kommt zu ihm. Gott hat uns einen Weg bereitet, der zur Tür seines Vaterhauses führt, damit wir ihn gehen sollen. Das ist seine Offenbarung, die hier anfängt bei der Schöpfung der Welt und hinführt bis zur Erkenntnis seines Sohnes Jesus Christus. Das Ganze ist ein Weg. Wer ihn nicht geht und andere Wege sucht, der wird das Vaterhaus nicht erreichen.

Wenn der Mensch sich selbst eine Religion zurechtmacht, um sich zu beruhigen oder vermeintlich für die Zukunft zu sichern, dann kommt es nicht darauf an, ob sie so oder ein wenig anders ist. Wenn wir es aber mit dem lebendigen Gott zu tun haben, der hier so majestätisch uns vor Augen tritt: »Am Anfang schuf Gott Himmel und Erde«, dann gebührt uns nur, daß wir hören, was er sagt, daß wir sehen, was er tut, daß wir annehmen, was er schenkt, daß wir uns retten lassen, wie er uns zu retten in seiner Liebe beschlossen hat.

Darf ich ein Gleichnis benutzen? Zwei Männer fielen oberhalb des Rheinfalls von Schaffhausen in den Rhein, weil ihr Boot kenterte. Vom Ufer aus wurde ihnen ein Rettungsseil zugeworfen. Der eine ergriff das Seil; der andere sah in seiner Verwirrung den viel größeren, schweren Kahn, der neben ihm trieb, und klammerte sich an das Boot. Er ging mit ihm in die Tiefe. Sein Gefährte wurde durch das Rettungsseil ans Ufer gezogen. Sie haben beide ihr Vertrauen auf etwas gesetzt. Sie haben beide inbrünstig an etwas geglaubt. Aber der eine hat das Rechte ergriffen und wurde gerettet. Der andere ergriff das Falsche und ging unter.

Immer ein Entweder – Oder

Es kommt darauf an, daß wir nicht etwas, sondern daß wir das Rechte ergreifen, daß wir den wahren Glauben haben, daß wir wirklich den lebendigen Gott finden und das ewige Leben ergreifen, nicht irgendein Phantom, eine religiöse Idee.

Nicht, was wir über Gott denken, ist das Wichtige, sondern was Gott uns durch sein Wort enthüllt. Und wenn er sich uns offenbart als der allmächtige Gott, der alles und auch uns geschaffen hat, dann haben wir nicht über ihn zu philosophieren oder an ihm zu deuteln, sondern dann können wir nur entweder ihm glauben und gehorchen oder ihn abweisen und uns gegen ihn wenden.

In Gott ist immer ein Entweder–Oder für den Menschen, schon in diesem ersten Wort der Schrift: »Am Anfang schuf Gott Himmel und Erde.« Und dieses Entweder–Oder beherrscht unser ganzes Leben. Ob uns auch die Frage nach der Schöpfung der Welt so fernzuliegen scheint, auch da greift das Endweder–Oder in unser Leben ein. Wer im Glauben sich dieser Offenbarung erschließt, daß Gott alles geschaffen hat, der hat damit für sein Leben den Felsengrund gefunden, auf dem er ruhen kann. Wer aber nicht an den Schöpfer der Welt glauben kann oder will, der wird immer bei dem mühsamen Geschäft bleiben, daß er selbst sich seinen Gott oder seine Götter schaffen muß.

Wir können deutlich genug mitten in unserer christlichen Gemeinde beobachten, wie das heidnische Dichten und Denken des natürlichen Menschenherzens nie zur Ruhe kommen kann:

»Glaube, dem die Tür versagt,
steigt als Aberglaub' durchs Fenster.
Wenn die Gottheit ihr verjagt,
kommen die Gespenster« (Geibel).

Wir stoßen in unserer gebildeten und kulturell so hochstehenden Welt immer wieder auf mannigfachen Aberglauben, dem die Menschen huldigen, die nicht Ernst machen wollen mit dem Glauben an den Schöpfer. Im Flugzeug, am Auto, an der Scheunentür, auf der Brust, überall sehen wir die Sinnbilder dieses Aberglaubens. Der Mensch muß irgendwo zur Ruhe kommen. Ein jedes Herz will irgendwo anbeten. Ein jedes Herz will einen König haben. Der Mensch, der zu Gott geschaffen ist und in Gott ruhen soll, kann sich nicht so einfach in der Luft hängend ertragen. Wenn nicht von Gott, so muß er von irgend etwas anderem abhängen. Und darum verfallen sie auf viel törichten und kindischen Spuk und sind zu Narren geworden, da sie sich für weise hielten, die nicht glauben wollen: »Am Anfang schuf Gott Himmel und Erde.«

Gott ist vor und über der Welt

»Am Anfang schuf Gott Himmel und Erde.« Dieses Wort ist der Grenzstein zwischen Offenbarung und natürlicher Religion, zwischen Offenbarung und allem Heidentum. Wir sagten zuerst: Gott war vor den Menschen. Er schuf die Menschen. Nicht die Menschen schufen Gott oder die Lehre von Gott, indem sie Gott dachten, indem sie bei sich selbst feststellten: Es gibt einen Gott. Gott ist nicht ein Gedanke, er ist der Herr der Menschen.

Wir sagen weiter: Gott war auch vor der Welt. Für die Heiden war die Welt zuerst, und ihre Götter sind Kinder der Welt. Wenn sie die Welt um sich her ansehen, so bauen sie sich aus dem Stoff der sichtbaren Welt ihre Götter. Erblicken sie eine rauschende Quelle, so sagt ihr Gemüt: Dort wohnt eine Nymphe. Fährt ein Gewitter durch die Luft, so reden sie vom Gewittergott, der seine Donnerkeile schleudert. Die Kräfte des Stoffes dieser Welt dichten sie um zu geistigen Wesen, die sie als ihre Götter anbeten.

Damit sind sie in unaufhörlicher Furcht vor diesen Gewalten, die von allen Seiten ihr Leben umgeben und bedrohen. Sie sind Knechte der Natur geworden und leben in ständiger Angst vor dieser sichtbaren Welt und ihren Elementen. Die Herren der Erde sein sollten nach Gottes Willen und Plan, sind ihre furchtsamen Sklaven geworden.

Die Schrift sagt: »Am Anfang schuf Gott Himmel und Erde.« Die Welt ist Gottes Kind, Gottes Geschöpf. Gott war zuerst, und aus seiner Hand ging diese Welt hervor. Zuerst war das Ich, der persönliche oder, wie die Schrift sagt: der lebendige Gott. Er sprach. Da wurde Himmel und Erde.

Gott war vor der Welt; denn Gott ist über der Welt. Gott gehört nicht zur Welt. Die Welt gehört auch nicht zu Gott, als wäre sie ein Stück von ihm. Sondern die Welt gehört Gott als ihrem Herrn. Er ist überweltlich.

Gottes Wesen ist nicht aus der Schöpfung abzulesen

Gewiß, man kann aus der Schöpfung der Welt den Rückschluß ziehen, daß dieses gewaltige Bauwerk einen Baumeister gehabt haben muß. Und daher konnten auch die Heiden eine Ahnung des lebendigen Gottes besitzen, sagt Paulus Römer 1. Insofern kann man Gott auch aus der Schöpfung erkennen. Aber man kann Gott in seinem Wesen nicht erkennen aus der Schöpfung. Man kann nicht aus der Schöpfung ablesen, wer und wie der Schöpfer war. Gott ist nicht wie die Welt. Man kann auch von ihm kein Bildnis noch irgendein Gleichnis machen, das aus dieser Welt stammt. Wir tun gut, wenn wir das (nach biblischer Zählung) zweite Gebot nicht auslassen. Gott ist schlechthin unvergleichbar. Es fehlen uns die Maße und Farben, die Worte und Vergleichspunkte, um ihn durch irgend etwas aus dieser Welt uns verständlich zu machen. Gott schuf die Welt. Gott ist vorweltlich. Gott ist überweltlich.

Daß Gott die Welt geschaffen hat, das erkennen wir nicht aus der sichtbaren Welt, sondern wir erkennen im Glauben Gott aus der Offenbarung seines Wortes. Und das Wort, das uns als Wegweiser dient, sagt uns dann: Dieser, der lebendige Gott, der Vater Jesu Christi, hat die Welt geschaffen.

Die Hand, die diesen Satz schrieb: »Am Anfang schuf Gott Himmel und Erde«, war nicht Protokollführer bei der Schöpfung. Nein, der von Gottes Geist erleuchtete Mann, der Zeitalter später diese Worte geschrieben hat, hatte Gott erkannt aus seiner Offenbarung an sein Volk. Weil sich ihm Gott als der Herr offenbart hatte, der Herr aller Herren und Völker, der allmächtige Gott, darum erkannte er im Glauben Gott als den Schöpfer der Welt. Das hat er nicht aus der Welt erfahren, sondern durch Gottes Offenbarung.

Niemand wird durch den Anblick der Schöpfung genötigt zu glauben, daß Gott die Welt geschaffen hat. Da ist kein schlüssiger Beweis zu führen – so einfach ist es nicht –, sondern nur der wird dies im Glauben erfassen, dem Gott sich offenbart hat durch sein Wort und seinen Geist. Aus der Gestalt der sichtbaren Welt kann man weder für noch gegen den Glauben an einen Schöpfer den Beweis erbringen. Auch nicht gegen! Und wenn gegen den Glauben an den Schöpfer von der Ewigkeit des Stoffes geredet wird, daß immer alles dagewesen sei, so ist das ein Reden ins Leere hinein von Leuten, die tun, als wüßten sie etwas über Dinge, von denen sie schlechterdings nichts wissen können und über die auch die Erkenntnis der Welt keine Auskunft gibt. Der Unglaube, der den Schöpfer leugnet, ist eben auch ein Glaube und kein Wissen, und er mutet seinen Gläubigen viel schwerere Dinge zu glauben zu als die

Offenbarung Gottes; denn bei ihm fehlt das innere Überführtsein von der Wahrheit dessen, was er behauptet.

Wer aber den lebendigen Gott gefunden hat, weil dieser sich ihm in seiner Gnade und Liebe an seinem Herzen und Gewissen offenbarte, in dem sträubt sich nichts mehr gegen die Aussage der Schrift: »Am Anfang schuf Gott Himmel und Erde.« – »Durch den Glauben merken wir, daß die Welt durch Gottes Wort fertig ist, daß alles, was man sieht, aus nichts geworden ist« (Hebr. 11, 3).

Wir sollen darum auch nicht versuchen, solchen, die noch nicht im Glauben stehen, die Botschaft von der Schöpfung der Welt durch den lebendigen Gott »klarzumachen«, sondern wir wollen sie hineinführen in die ganze Offenbarung Gottes und dadurch in seine Gemeinschaft. Haben sie Gott gefunden und seine Herrlichkeit erkannt, dann ruht auch ihr Herz in der Erkenntnis des Glaubens: »Am Anfang schuf Gott Himmel und Erde.«

Am Anfang (II)

1. Mose 1, 1

Wir haben es immer mit Gott zu tun

»Am Anfang schuf Gott Himmel und Erde.« In diesem Wort ruht der Glaube des Glaubenden; denn der Glaube zieht, von Gottes Wort gelehrt, alsdann die fröhliche Linie weiter aus: »Der Himmel und Erde samt allem, was darinnen ist, aus nichts erschaffen hat, ist mein Gott und mein Vater.«

Er hat Himmel und Erde geschaffen. Die unendliche Welt der Himmelskörper, denen gegenüber die Erde ist wie ein Tröpflein am Eimer, ist ebenso aus seiner Hand hervorgegangen wie die kleine Erde. Es ist nichts, das ohne ihn wäre, nichts, das sich ohne ihn regen und bewegen könnte.

Da geht uns wohl der Atem aus. Da hören alle Begriffe auf. Aber da fängt das gestroste Glauben an. Er hat auch die kleine Erde, die doch so groß für uns ist, und auf ihr den kleinen Menschen geschaffen. Und diesem Menschen hat er sich vor allen Geschöpfen offenbart, daß das kleine Menschenherz sich berge in diesem seinem großen, ewigen Gott.

Da kommt die Ruhe über ein Leben: Die Himmel sind in Gottes Hand, die Erde und alles, was darinnen ist. Die Elemente und Gewalten, gegen die der Mensch so ohnmächtig ist: »Der Wind und die Wellen tun, was er will. Still, nur still!« Der alles geschaffen hat, erhält und regiert es auch noch alles »nach seinem ewigen Rat und Vorsehung«. »Es kann mir nichts geschehen, als was er hat ersehen und was mir selig ist.« – »Am Anfang schuf Gott Himmel und Erde.« Also haben wir es in dieser Welt, was Himmel und Erde angeht, immer – überall – nur – mit Gott zu tun. Er steht hinter allem, er wirkt in allem, er führt durch alles hindurch.

Trostloses Heidentum, wo die Menschen vom Zufall sprechen und sich abhängig wissen von einem tückischen Geschick, das »von ungefähr« heute so, morgen anders mein Leben trifft und schlägt. Tiefer Friede in aller Not umweht den, der die väterliche Hand Gottes erkannt hat und im Glauben erfaßt: »Was unser Gott geschaffen hat, das will er auch erhalten. Darüber will er früh und spat mit seiner Gnade walten.« Muß unser Herz nicht erbeben und jubeln zugleich, wenn wir alle unsere Gottesdienste beginnen mit dem Wort: »Unsere Hilfe steht im Namen des Herrn, der Himmel und Erde gemacht hat!«

Was ist die Zeit?

»Am Anfang schuf Gott Himmel und Erde.« Am Anfang! Es gab also einen Anfang. Es war nicht immer schon alles da. Es gibt keinen ewigen Kreislauf der Welt, wie man sagt. Gott schuf am Anfang Himmel und Erde. Da fing es an, was wir die Zeit nennen. Hier gehen uns wieder die Worte und Begriffe aus, und die klügsten Leute wissen heute noch nicht, was die »Zeit« ist. Wenn wir vom »Anfang« reden, so wandeln wir ja an der Grenze dieser Welt und unseres Erkennens. Da verlieren die Worte dieser irdischen Welt jeden Sinn; denn es kann ja nichts vor der Zeit gewesen sein. Dann wäre es ja wieder Zeit.

Aber wenn hier vom »Anfang« gesprochen wird, so liegt darin, daß in der Zeit immerwährende Bewegung ist. In dem Wort »Anfang« liegt, daß darauf ein Fortgang folgt.

Das heißt für uns zunächst: Man kann die Zeit nie umkehren. Es geht immer weiter. Sie läuft und läuft, wie die Körner einer Sanduhr rinnen. Sie drängt und schiebt und wälzt alles mit sich, was in dieser Welt ist, auch uns Menschen. Wir alle müssen mit der Zeit mit. Immer weiter, immer weiter!

Wie glühendes Feuer bricht die Zeit aus der »Zukunft« herein. Und im Augenblick, wo wir sie durchleben, erstarrt sie zur kalten Lava und steht unbeweglich. Ewig still steht die Vergangenheit, die noch vor einem Herzschlag »Zukunft« und dann »Gegenwart« war. Jeder Augenblick ist nur einmal Gegenwart, dann ist er vorüber. Vorüber, unwiederbringlich, unwiderruflich, läßt sich nicht wieder rückgängig machen. »Soeben war noch alles möglich. Jetzt sind die Würfel gefallen, die Akten geschlossen.« Ruck um Ruck, in unserem Bewußtsein fast wie in einzelne Stücke zerhackt – wir Älteren denken noch an die Stunden und Minuten vor der Mobilmachung 1914! –, zieht die Zeit an uns vorüber, mit uns vorüber. Nichts kann man wieder gutmachen, nichts zurücknehmen, nichts ungeschehen machen, nichts noch in Ordnung bringen.

Wenn wir von der Zeit reden, dürfen wir nicht mit räumlichen Bildern vorgehen und uns betrachten wie Pilger, die eine unendlich lange Landstraße Meilenstein für Meilenstein durchwandern. Auf einer Straße kann man auch einmal zurückgehen, hin- und herwandern. Bei der Zeit heißt es immer: Hin ist hin!

Und was ich in dieser Zeit aus meinem Leben gemacht habe, was durch mich bei Leibesleben geschehen ist, das ist meine Geschichte, das ist der Ertrag meines Lebens. Der steht unabänderlich fest. Daran kann keine Hand je rütteln, je wieder etwas ändern. (Es ist unser Trost, daß es ein Herz gibt, das, wiewohl es nichts daran ändern kann und wird – vergeben kann und will.)

Aber wenn wir hier vom Anfang lesen und den Fortgang in jedem Augenblick an uns erleben und das Ende unwiderstehlich, unaufhaltsam kommen sehen, dann wird es uns bewußt, welche Verantwortung es in sich schließt, wenn Jesus spricht von »dieser deiner Zeit«. »Wenn doch auch du erkenntest zu dieser deiner Zeit, was zu deinem Frieden dient« (Luk. 19, 42).

Anfang, Fortgang, Ende – neuer Anfang

»Am Anfang schuf Gott Himmel und Erde.« Es gibt nicht einen ewigen Kreislauf dieser Welt, sondern es gibt eine Geschichte dieser Welt und der Menschen. Dem Anfang entspricht ein Fortgang, eine Geschichte.

Am Anfang. Damals fing das Geschehen an. Da floß aus Gottes Hand heraus all das Werden und Wachsen, das Kommen und Gehen, und in dem gewaltigen Strom dieser Geschichte, da Welle auf Welle sich drängt, steht ein Fels, an dem sich alle Wellen brechen, ein Wort aus einer ganz anderen Welt: »Ich bin, der ich bin.« Gott hat sich von dieser Welt nicht zurückgezogen, daß sie nun ablaufe wie ein Uhrwerk. Gott, der am Anfang das Werden geschaffen hat, hat nicht aufgehört zu schaffen. Er spricht, er greift ein, er handelt, er tut Wunder.

Er hat dem Menschen durch sein Wort die Welt untertan gemacht und hat, als der Mensch in die Sünde gefallen war, durch ein zweites Wort: »Adam, wo bist du?« ihn wieder gerufen, durch ein Wort der Gnade und des Gerichts zugleich, mit dem er bei ihm anknüpfte zu einem neuen Anfang, dem Anfang einer neuen Geschichte. Das ist die erste Verheißung der Erlösung. Und aus der Menschheit, die sich über die Erde zerstreute, hat er ein Volk erwählt und hat in diesem Volk seine Offenbarung gegeben. »Er hat seine Wege Mose wissen lassen.« Zu ihm sprach er: »Ich bin, der ich bin.« – »Ich werde sein, der ich sein werde.« – »An dem, wie ich handeln werde, werdet ihr erkennen, wer ich bin.« Und nun führt er sein Volk nach seinem Rat anders als alle anderen Völker. Ihm gibt er sein Gesetz und läßt auf tausend Weisen einüben die eine Wahrheit von der absoluten Kluft zwischen dem heiligen Gott und dem Sünder. In diesem Volk führt er seine Gottesgeschichte weiter bis zu Jesus Christus, seinem Sohn, dem Heiland der Welt. Nicht nur am Anfang hat Gott die Welt geschaffen. Gott schafft, Gott spricht immer wieder: Es werde! Gott handelt in der Geschichte der Menschheit. Wir sehen es jetzt wieder in der Erweckung großer Scharen in Rußland, ehe dort eine neue Zukunft sich gestaltet hat. Er führt seine Geschichte durch die Geschichte der Reiche dieser Welt hindurch zu seinem Ziel.

Der Anfang hat einen Fortgang und auch ein Ziel. Dem Anfang entspricht ein Ende. »Am Anfang schuf Gott Himmel und Erde.« Da fing das Geschehen an. Da stehen wir am Quellpunkt der Geschichte, und dem Anfang entspricht das Ende wie die Ernte der Saat. Wie Gott einen Anfang gesetzt hat, so setzt er auch ein Ende.

Die eine Hand hat Gott an den Beginn, um das erste Werden der Erde und der Menschen gelegt, die andere Hand legt er am Ende um das Sterben alles Geschehens. Dann kommt ein Tag, da wird er seine beiden Hände zusammenziehen und wird alles und alle vor seinen Thron rufen, was je gewesen ist und gelebt hat. Aus seiner Hand floß alles Geschehen. Vor ihm muß sich alles Geschehen wieder ausweisen. Der damals sprach, wird dann wieder sprechen. Er sprach am Anfang das erste Wort. Er spricht am Ende das letzte Wort. Das ist das Gericht.

Und er wird uns am Ende nach dem Anfang fragen. Damals hieß es über allem, was er geschaffen hatte: »Siehe da, es war sehr gut.« Und wie wird es am Ende sein?

Die Schöpfung ist zerrissen und unter dem Fluch; alle Glocken sind zersprungen; auf allen Blumen findet sich die Spur der Schlange, die darüber gekrochen ist, weil der Mensch gefallen war schon kurz nach dem Anfang in die Sünde. Himmel und Erde wird Gott vor seinen Thron rufen. Alles, was er am Anfang geschaffen hat. Und sie werden seine Zeugen sein: alles verderbt, alle verloren!

Aber dann wird er weiter sprechen. Dann wird *ein* Name

erschallen. Dann wird geredet werden von der Gottesgeschichte, von der Geschichte, »die da geschehen ist«. Da wird man von Jesus, dem Erretter und Heiland der Menschen reden, der durch sein Kreuz und seine Auferstehung die Menschen von dem Sündenbann gelöst und damit auch die Schöpfung befreit hat von dem Dienst des vergänglichen Wesens und ein Ende bereitet hat dem Seufzen der Kreatur: »Daß alles durch ihn versöhnt würde mit Gott selbst, es sei auf Erden oder im Himmel, damit daß er Frieden machte durch das Blut an seinem Kreuz durch sich selbst« (Kol. 1, 20).

Gott hat einen neuen Anfang gegeben in Jesus Christus, dem Haupt der neuen Menschheit, dem zweiten Adam, dem Erstling einer neuen Schöpfung. Und alle, die ihn im Glauben ergriffen haben, seine Gnadengeschichte als die Heilung ihrer kranken, sündigen Lebensgeschichte angenommen haben, die sind Glieder dieser neuen Schöpfung und gehören zur neuen Menschheit.

Darum ist, wenn wir vom Anfang der Schöpfung durch die Geschichte der Menschheit hindurch auf das Ende schauen, die entscheidende Frage die: ob wir dieser Jesusgeschichte Gottes in unserem Leben begegnet sind, und ob wir sie ergriffen haben als unser Heil. Man kann nur durch Jesus am Ende bestehen und gerettet werden. Man kann nur an Jesus verlorengehen, wenn man den nicht annimmt, der uns von Gott zu unserer Rettung gesandt ist.

Darum hat Gott, der am Anfang das erste Wort sprach, sein letztes Wort dem Sohn übergeben. Durch ihn spricht Gott sein letztes Wort. Zu den einen sagt er: »Ich kenne euch nicht« – dann ist die Sache entschieden, und das Ende ist da –, »gehet hin!« und zu den anderen: »Kommet her, ihr Gesegneten meines Vaters, ererbet das Reich!«

Dann wird Gott noch einmal sprechen: »Es werde!« Und er wird einen neuen Himmel und eine neue Erde schaffen, und »wir werden bei dem Herrn sein alle Zeit.« Gott schafft einen neuen seligen Anfang. In allen Schilderungen der zukünftigen Welt in der Schrift sehen wir die Gläubigen am Anfang stehen. Wir hören die Ouvertüre; wir schauen den Anfang der Herrlichkeit, und es ist noch gar nicht abzusehen, wie der Fortgang sein und was noch alles kommen wird an Herrlichkeit. Aber eins ist gewiß: Die Welt und ihre Geschichte haben einen Anfang und ein Ende. In Gott ist kein Anfang und Ende. Und für die, die aus dieser Welt und ihrer

Geschichte sich hineingerettet haben durch Christus in den lebendigen Gott, die sein Reich ererben, für die wird es kein Ende der Gottesherrlichkeit geben in Ewigkeit.

Adam, wo bist du?

1. Mose 3

I. »Sollte Gott gesagt haben?« (1)

Der Meisterschuß des Satans

In der wahrhaft ergreifenden Geschichte vom Sündenfall (1. Mose 3) sehen wir sogleich im ersten Vers, daß der böse Feind seinen gesammelten und geschlossenen Angriff lenkt auf das eine dünne Band, in dem die Verbindung zwischen Gott und dem Menschen liegt, auf das Wort Gottes. »Sollte Gott gesagt haben?« Diese erste Frage der Schlange zeigt uns, wohin der Stoß des Feindes gerichtet ist.

Dies kann uns ein Wegweiser sein zum Verständnis der ganzen Geschichte, und wir wollen unseren Text, den man nach vielen Seiten hin ausfragen kann, um ihn unerschöpflich zu finden, heute betrachten mit dem Blick darauf, wie Gottes Wort in dieser Geschichte wirkt und wie es ihm geht. Wenn der Feind seinen Angriff auf das Wort Gottes richtet, das der Herr zum Menschen gesprochen hat, dann wird das wohl die eine Macht sein, durch die der Mensch an Gott gebunden ist und auf der die Gemeinschaft zwischen Gott und Mensch beruht. Und so ist es auch.

Der Mensch muß vor der Welt, die Gott geschaffen hatte, wie vor einem großen Rätsel gestanden haben. Er sah sich selbst, er beobachtete die Natur um sich her und die Tierwelt und fragte nach dem Sinn alles Seienden. Er schaute die Sterne zu seinen Häupten und suchte ihre krause Schrift am Himmel zu verstehen und konnte sie doch nicht deuten. Er lauschte in alle Weiten dieser Erde hinaus, ohne daß ihm irgendwoher eine Antwort gekommen wäre auf seine Fragen.

Und Fragen müssen in seiner Brust gelebt haben, dieselben Fragen, die später die Heiden, die von Gott nichts wußten und die, freilich anders als Adam, unter dem Fluch der Sünde und des Todes standen, bei der Betrachtung der Welt, ihrer Schönheit und ihrer Not, veranlaßt haben, sich ihre Götter zu erdichten und ihre

Religion zu erdenken mit all ihren Gebräuchen, Schrecken, Sehnsüchten und Hoffnungen.

Aber das, was Adams Fragen zur Ruhe brachte, war nicht eine Religion, die er sich erfand, sondern Gottes Offenbarung. Gott sprach zu ihm. Der lebendige und ewige Gott erschloß sich ihm in menschlicher Weise, und zwar durch das Wort. Gott sprach zu dem Menschen. Er zeigte ihm seine Aufgaben und schenkte ihm seine Welt, in der er sich seines Lebens freuen sollte. Gott offenbarte sich selbst, so daß der Mensch nun seinen Gott kannte; seinen Gott, das ewige Ich, zu dem er, der kleine Mensch, du sagen sollte, und mit dem er Gemeinschaft haben durfte; das reiche Herz, an das er sein Herz werfen konnte; den Herrn, dem er sich hingeben und dem er dienen wollte.

Und bei diesem gnädigen Herüberkommen Gottes zu dem Menschen war das Band der Verbindung Gottes Wort, die Tatsache, daß Gott zu dem Menschen sprach und sich ihm erschloß. Der Mensch konnte von sich aus nicht in Gott eindringen. Gott offenbarte sich ihm.

Darum legte der Teufel, der große Gegner des Herrn in der Höhe, als er Gott die Krone seiner Schöpfung verderben sollte, sein gesammeltes Feuer auf diese dünne Verbindungslinie in der aufwiegelnden und Zweifel weckenden Frage: »Sollte Gott gesagt haben?«

Er konnte Gott in seinem Himmel nicht antasten. So machte er seinen Angriff auf den Menschen, das Ebenbild Gottes, den Herrn seiner Schöpfung. Brachte er den Menschen unter seine Botmäßigkeit, so war auch Gottes Ehre und Herrlichkeit in dieser Welt in Frage gestellt, weil dadurch Verwirrung kommen mußte in die ganze Schöpfung Gottes. Wollte er aber den Menschen verderben, so mußte er ihn trennen von Gott, innerlich die Verbindung zu durchschneiden suchen, die den Menschen hielt in der Gemeinschaft Gottes. Und deshalb die Frage: »Sollte Gott gesagt haben . . .?«

Dem bösen Feind ist sein Plan geglückt. Er hat die Menschen irregemacht an dem Wort ihres Gottes und damit sie losgerissen von dem Herrn; freilich hat Gott diesen Plan durchkreuzt und durch sein neues Wort: »Adam, wo bist du?«, durch sein Weiterreden mit den gefallenen Menschen in Gericht und Gnade doch aus dem Fall ein Wiederaufstehen geschenkt und ihnen Erlösung aus der Sünde bereitet.

Aber was dort, ehe Gott sich um den gefallenen Adam kümmerte, umherging, der Mensch, losgerissen von seinem Gott, in dumpfem Bewußtsein des kommenden Verderbens, vor Gott sich fürchtend und sich versteckend, unstet und flüchtig, wo er früher als Herr gewaltet hatte, hinter den Bäumen und im Schatten, wo er zuvor in der Sonne stand, das war das Werk des Meisterschusses des Satans. Er hatte das Verhältnis zwischen Gott und dem Menschen ins Herz getroffen und dieser Verbindung die Lebensader durchschnitten, als er den Menschen irremachte an Gottes Wort.

Ohne Gottes Wort – ohne Antwort

Das ist noch heute die Art der Kriegführung des bösen Feindes, daß er die Menschen loslöst von Gott, indem er sie irremacht an seinem Wort. Ist Gottes Wort dem Menschen ein leerer Schall geworden, ist sein Herz nicht verankert in der Offenbarung des lebendigen Herrn in der Höhe, dann ist er in dieser Welt wie ein Schiff, das ohne Steuer im Sturm umhertreibt.

Gottes Wort gibt Antwort auf die tiefsten Fragen des Woher und Wohin, des Warum und Wozu. Wer aber dieses Wort ablehnt oder verachtet, der muß sich auf dem Markt der Weltanschauungen und Menschenmeinungen jeweils mit der wechselnden Mode eine neue Religion und ein neues Lebensideal kaufen und wird haltlos und ziellos von den Zeitströmungen hin- und hergeworfen. Warum wir auf der Welt sind und wohin die Reise geht, ja, wenn das die Menschen wüßten! Daß sie es nicht wissen, das ist in ernsten, ehrlichen Stunden ihre größte Qual. »Was soll all der Schmerz, die Lust?«

Und wer kann mir sagen, was denn nun wirklich schwarz ist und was weiß, was gut und was böse? Und wer gibt mir eine Erklärung für all das Leid und Elend dieser Zeit, wer öffnet mir die Augen für den Sinn der Weltgeschichte oder auch nur der Geschichte meines Lebens? Gottes Wort hat Antworten auf diese Fragen. Aber wer diese Antworten nicht hören will, der hängt völlig in der Luft, der treibt mit dem Strom, und bald wird man ihn auch mit den Wölfen heulen hören. Er lebt dahin und stirbt dahin! Wohin?

Auch da keine Antwort. Nur dieselbe dumpfe Furcht, die dort über Adam lag, daß er des Todes sterben wird, eine furchtbare

Furcht, aus der nicht einmal die Frucht eines gesegneten Aufwachens kommen kann; denn ohne Gott weiß niemand die Deutung dieser unerklärlichen, rätselhaften Friedelosigkeit zu sagen, daß wir durch Furcht des Todes im ganzen Leben Knechte sind.

Woher all dieses Leid dieser notvollen Menschen? Der Feind hat die Verbindung durchschnitten zwischen ihnen und dem lebendigen Gott. Sie kennen das Licht der Offenbarung Gottes nicht. Gottes Wort ist da, aber sie wollen es nicht hören. Wie soll es anders als dunkel sein in der Dunkelheit? Wie kann etwas anderes herrschen als Todeseinsamkeit und Grabesstille da, wo man die Stimme des Redenden nicht hören mag?

Gott ist kein finsterer Tyrann

»Sollte Gott gesagt haben?« Mit dieser Frage hat der Feind den Menschen irregemacht an Gottes Wort. Wie ist ihm das gelungen? Wenn wir fragen, welches das Verhalten des Menschen dem Wort Gottes gegenüber sein sollte, so tun wir gut, von Adam, dem Vater des Unglaubens und des Ungehorsams, hinüberzuschauen zu dem, den die Schrift den Vater des Glaubensgehorsams nennt, zu Abraham. Er vertraute dem Wort des Herrn, und er gehorchte dem Wort des Herrn. Als Gott ihn rief, da folgte er und vertraute dem, den er nicht sah, als sähe er ihn, zog aus seinem Vaterland und aus seiner Freundschaft und wußte nicht, wo er hinkäme. Er gehorchte, ohne zu fragen. Und als der Herr ihn auf die schwerste Probe stellte, daß er seinen Sohn opfern sollte, da mochte er wohl zitternd emporgeschaut haben zu diesem rätselhaften Wort seines Gottes. Aber mußte er wählen zwischen seinem Gott und seinem Sohn, so wählte er seinen Gott. Und mußte er seinen Sohn in den Tod geben, so stand ihm über dem allen Gottes alte Verheißung fest. Und er dachte: »Gott kann auch wohl von den Toten erwecken.« Er vertraute, und er gehorchte.

Daß bei Adam dieses Vertrauen und Gehorchen ins Schwanken kam und vernichtet wurde, das hat der Feind getan.

Sollte Gott gesagt haben: »Ihr sollt nicht essen von allerlei Bäumen im Garten?« Mit dieser Frage suchte er in der Frau Zweifel zu wecken. »Auf Zweifel reimt sich nichts als Teufel«, sagt Goethe im Faust. Es ist der Satan, der da, wo Vertrauen sein sollte, diese

Höllensaat gesät hat; und er wendet dabei ein Mittel an, das bis auf den heutigen Tag von ihm mit viel traurigem Erfolg gebraucht wird: Er nimmt etwas von Gottes Wort hinweg und fügt etwas zu Gottes Wort hinzu. Er fälscht Gottes Wort.

Er nimmt etwas von Gottes Wort hinweg. Gott hatte gesagt: »Du sollst essen von allerlei Bäumen im Garten; aber von dem Baum mitten im Garten sollst du nicht essen.« Den ersten Teil des Wortes, in dem Gottes ganze reiche Liebe den Menschen umfing: »Du sollst essen von allerlei Bäumen im Garten«, läßt der Versucher fort und fügt nun auf der anderen Seite in teuflischer Verdrehungskunst und in lügnerischer Übertreibung etwas hinzu und stellt es so dar, als habe Gott gesagt, die Menschen sollten von allerlei Bäumen im Garten nicht essen, während Gott doch nur einen Baum ihnen vorenthalten hatte.

Mit beidem, indem er das eine fortläßt und das andere hinzufügt, erreicht Satan seine Absicht. Er redet der Eva ein: »Gott ist euch nicht wohlgesinnt, im Gegenteil, Gott mißgönnt euch vieles. Er ist ein grausamer Herr, der die Menschen in einen Wald von Bäumen setzt und ihnen verbietet, davon zu essen.« Mit wenigen Zügen ist der Versucher schon an seinem eigentlichen Ziel, im Herzen des Menschen das Mißtrauen gegen Gott als einen finsteren Tyrannen zu wecken, und das erreicht er durch Fälschung des Wortes Gottes.

Ist es nicht heute noch ebenso? Der böse Feind stellt den Menschen das ganze Werk der Erlösung Gottes dar als ein freudloses Wort von einem harten Gesetz. Und nun wissen sie zu erzählen, was alles der tun muß, und was alles der nicht darf, und auf was alles der zu verzichten hat, der Gottes eigen sein will. Den Gott der unerschöpflichen Liebe stellen sie dar wie einen Sklavenhalter, der mit der Peitsche seine Hörigen jagt und quält, und eigentlich ist nach ihrer Meinung die christliche Religion ein beständiges Markten Gottes mit den Menschen, daß er ihnen von ihrer Lebensfreude soviel abziehe wie eben möglich.

Das ist Satans Betrug von jener ersten Stunde an, da er die Menschen an Gott irrewerden ließ. Und dieser Betrug gelingt ihm so erschreckend leicht in unseren Tagen, weil die Menschen Gottes Wort nicht kennen und sich um Gottes Wort nicht kümmern. Wie viele würden es für eine Irreführung halten, wenn ich ihnen sage, daß Gottes erstes »Du sollst« an den Menschen hieß: »Du sollst essen!« Und doch steht es so da, eine Aufforderung zur Freude, zum fröhlichen Genuß alles dessen, was ein göttliches Vaterherz seinem Kind ersinnen konnte. Ein erstes Anschlagen der herrlichen Glocke, die auch in Jesu Worten so wundersam läutet: »Ich bin gekommen, daß sie das Leben und volle Genüge haben sollen!«

Das alles mit dem griesgrämigen Christentum, das nur vom Verzichten redet und immer versagten Freuden nachtrauert, das ist die Lüge. Die Wahrheit aber ist das Rühmen der Kinder Gottes, daß sich »Leib und Seele freuen in dem lebendigen Gott«, daß sie, in den Stürmen des Lebens in Gottes Frieden geborgen, ihr Lied singen auch unter den Wolken, die über den Himmel ziehen. Sie sind geborgen, weil sie im Vertrauen und Gehorsam ruhen in der Hand des treuesten Vaters. Das ist die Wahrheit: »Prediget von den Gerechten, daß sie es gut haben.« Das ist die Wahrheit: »Es soll meine Lust sein, daß ich ihnen Gutes tue« und: »Sie sollen sich wundern und entsetzen über all dem Guten, das ich ihnen tue.« Das ist die Wahrheit: »Wie hat der Herr die Leute so lieb!« Das andere ist Lüge, und der Vater der Lüge ist von jener Stunde an geschäftig, das Wort Gottes zu entstellen und zu verzerren, um den Menschen Gott verdächtig zu machen und Mißtrauen gegen Gott zu säen.

Adam, wo bist du?

1. Mose 3 V1

I. »Sollte Gott gesagt haben?« (2)

Über Gottes Gebot hinaus

Die erste Frucht, die der Verführer bei dem Weibe, an das er seine Verführung herantrug, erzielte, war diese: Sie fängt an zu schwanken, und auch sie fälscht Gottes Wort.

Nicht, als ob sie dem Satan alsbald nachgegeben hätte, nein, sie betont ihren Gehorsam und ihr Vertrauen Gott gegenüber: »Wir essen von den Früchten der Bäume im Garten.« Und doch zittert durch ihre weitere Rede schon ein leises Schwanken, da, wo sie zu dem Verbot des Herrn: »Esset nicht davon« hinzufügt, Gott habe gesagt: »Rühret es auch nicht an!« Auch sie übertreibt. Statt sich schlicht an das Wort Gottes zu halten, sucht sie es noch zu verschärfen. Sie will es noch genauer nehmen, als Gott es genommen haben will, und macht sich ein Gesetz über das einfache Verbot Gottes hinaus: »Esset nicht davon! – Rühret's auch nicht an!«

Wie manche sind diesen selben Weg gegangen! Sie waren überentschieden im Gehorsam gegen jedes Gebot und konnten nicht Worte finden scharf genug, um Gottes Gehorsam aufzurichten. Und sie konnten darüber doch nicht verbergen, daß sie damit gerade verrieten, wie schwankend sie innerlich schon geworden waren. Der einfache Glaube und das stille, gehorchende Herz braucht keine Verschärfung der Gebote Gottes. Es ist seine Lust, seines Gottes Willen zu tun; aber wo ein leises Abweichen sich schon einzuschleichen beginnt, da haben die Menschen immer wieder sich zu halten gesucht, indem sie nun nach der anderen Seite zu weit ausschlugen und zu Gottes Geboten noch ihre Forderungen und Vorschriften hinzufügten: Das nur sei der wahre Gottesgehorsam, wenn man über Gottes einfaches Gebot es noch hinaustriebe.

So entstand Möncherei und Werkerei. Da haben die einen das Leben verlassen, in das sie Gott stellte, und die anderen verboten, ehelich zu werden, oder sie trieben die Leute zu Unnatur und Gesetzlichkeit auf diesem Gebiet. Die einen kasteien ihren Leib, und die anderen gehen durch Gottes leuchtenden Sonnenschein hindurch mit dem finsteren Gruß: »Memento mori (denk auch immer ans Sterben)!« Und wer zählt alle die Überforderungen des Gewissens und die gesetzlichen Schranken, in die man die Menschen hat einzwängen und sperren wollen, damit sie Gottes Wort halten möchten? Und das hat auch nur dazu gedient, daß die Menschen, wenn sich dies alles überschlug und sie an der Kraft ihres Willens zuschanden wurden, Gott entfremdet waren und fern von seiner Liebe.

Das hat der Feind getan, dem es ebenso lieb ist, wenn Menschen durch übertriebenen Gesetzeseifer, wie wenn sie durch Leichtfertigkeit und Liederlichkeit von ihrem Gott getrennt werden. Und deshalb fälscht er Gottes Wort und legt anderen solche Verfälschungen ins Herz. Den einen stellt er Gott als streng und grausam hin, den anderen als zu lax und lau, so daß sie sein Gebot noch überbieten müßten. Statt sich in der Einfalt des Glaubens an das klare Wort Gottes zu halten, leiden die Menschen so oder so am Glauben Schiffbruch und sinken ins Verderben.

Gottes Wort wird beiseite geschoben

Lag darin, daß Eva als Gottes Verbot behauptete: »Rühret es auch nicht an«, nicht ein Anzeichen, daß sie mit dem Gedanken gespielt hatte oder in diesem Augenblick spielte, die Frucht des Baumes wenigstens einmal anzurühren, wenn sie auch nie davon essen wollte? Wie wäre sie sonst auf dieses Wort gekommen? Es ist, als ob sie sich innerlich selbst zurückscheuchen wolle von einem verbotenen Wege. Da bedurfte es nur noch einer kräftigen Lüge des Verführers, und das schon so schwankende Weib war völlig in seiner Gewalt. Das zeigt sich darin, daß es Gottes Wort beseiteschiebt und es nun heißt: »Das Weib schaute an.«

Die Schlange hatte die Folgen der Sünde geleugnet: »Ihr werdet mitnichten des Todes sterben!« Dieses Wort hatte Wurzel geschlagen, und wir sehen bei Eva, was bei unzähligen Menschen späterhin der Anfang des Sündenweges war: Sie nimmt die Warnungen und Drohungen, die Gott ausgesprochen hatte, nicht mehr ernst. Da ist sie in den Weg eingebogen, auf dem uns an einer Wendung die Salzsäule von Lots Weib begegnet, die auch Gottes Warnung nicht ernst nahm; auf dem wir nach Sodom gelangen, der Stadt, in der die Menschen untergingen, denen Gottes Drohungen lächerlich gewesen waren; auf dem auch Petrus damals wanderte, als er des Meisters treues Wort in den Wind schlug und dann mitten in des Satans Sieb hineinlief.

Und auch heute ist dies ein erschreckend gefährliches Mittel des bösen Feindes, durch das er die Menschen sicher macht auf dem Weg der Sünde, daß er sie die Warnungen und Drohungen des Wortes Gottes nicht ernst nehmen läßt: »Ihr werdet mitnichten des Todes sterben!« Ja, man wagt kaum noch, von Gericht und von Verlorengehen zu predigen. Wir aber wollen nicht müde werden, die Botschaft von der Liebe Gottes so zu verkündigen, wie wir sie gehört haben aus dem Munde der ewigen Liebe selbst, die dabei den dunklen Hintergrund nie verschwiegen hat, daß die Verächter und Übertreter geworfen werden in die äußerste Finsternis: »Da wird sein Heulen und Zähneklappen.« Es steht geschrieben: »Welches Tages du davon issest, wirst du des Todes sterben.« Auch das Gericht wollen wir klar verkündigen, damit doch niemand Gottes Wort beiseiteschiebe, um zum Sündigen die Bahn freizuhaben.

So hat es Eva gemacht. »Das Weib schaute an.« Bis dahin war der Ort, da der Baum der Erkenntnis des Guten und Bösen stand, ein Ort heiliger Schauer und frommer Scheu gewesen. Gottes Wort war um diesen Baum her. Durch des Herrn Spruch war er ihnen verboten. Jetzt, wo ihr Gottes Wort entkräftet und ihr Gottes Strafandrohung fraglich wurde, war ihr auf einmal diese Scheu genommen. Sie schaute an.

Wenn das Herz nicht im schlichten Gehorsam gegen Gottes Wort bleibt, dann wird der ganze Mensch zuchtlos nach Leib und Seele. Dann stehen die Sinne offen, daß die Sünde durch Augen und Ohren ins Herz hineinsteigt wie die Diebe durchs Fenster. Dann regen sich die Begierden, die früher von der Furcht Gottes gezügelt wurden, und die Blicke fahren frech und ungehemmt umher, tasten alles ab, schauen in alles hinein. Dann bricht die Lust des Fleisches hervor und beherrscht die Menschen.

Durch diesen Blick, den Eva tat, als sie Gottes Wort beiseitegeschoben hatte, war der Sünde Tor und Tür geöffnet. Die Sünde ruht vor der Tür unseres Herzens. Der Riegel an der Herzenstür ist Gottes Wort: »Du sollst nicht!« Wird dieser Riegel zurückgeschoben, so wie Eva Gottes Wort beiseiteschob, dann ist die weitere

Sündengeschichte nicht mehr aufzuhalten. Dann brechen die Dämme, und die Flut dringt herein. Dann kann Eva nicht mehr Halt gebieten, wo sie will. Ein Gedanke drängt den anderen, eine Lockung übertönt die andere. »Sie schaute an und nahm und aß und gab, und er aß.« Dann geht es erstaunlich schnell auf dem Weg der Sünde; dann, wenn Gottes Wort beiseitegeschoben wird. Dann ist der Mensch, von Gott getrennt, in des Satans Gewalt und unter dem Einfluß seiner Verführerworte.

Gottes Wort eilt uns nach

Gottes Gnade hat des Satans Plan durchkreuzt, sagte ich vorhin. Er hat den Menschen nicht gehen lassen in seiner Sünde, sondern weiter zu ihm gesprochen, und in diesem Reden Gottes war Gottes Gnade. Laßt mich jetzt nur noch eins zur Sprache bringen, indem ich darauf hinweise, wie Gottes Wort die Sünde aufdeckt und dem Menschen ans Licht verhilft! In die Ausreden des Gott fliehenden Menschen hinein, in sein Sich-Verstecken und -Entschuldigen dringt mit heller Klarheit das Wort Gottes, die Frage: »Hast du nicht gegessen?« Zu diesem Bekenntnis, daß er von der verbotenen Frucht gegessen habe, bringt den Menschen nicht sein Gewissen. Auch in der Not des unruhigen Gewissens redet der Mensch darum herum und sucht sich dem letzten Zugriff des Herrn zu entziehen. Das Wort: »Ich habe gegessen« fällt nicht. Da sagt Gott dem Menschen seine Sünde auf den Kopf zu und nennt sie mit Namen: »Du hast gegessen!« Alles andere ist Nebensache. Auf dieses Wort kommt es an: »gegessen«.

Der Mensch würde von sich aus dieses Wort nie aussprechen. Nur dieses Wort nicht! Nie! Dann gäbe er sich ja auf, dann wäre er ja verloren. Darum macht er Ausflüchte und redet von anderem. Der Mensch kann auch seine Sünde gar nicht mit Namen nennen. Das wäre ja schon der Anfang der Bekehrung, die Loslösung von der Sünde. Die kann nur Gott geben. Nicht einmal Buße tun kann der Mensch aus sich selbst. Buße ist eine Gabe Gottes, Buße ist eine Frucht des Wortes Gottes. Gott schenkt sie, indem sein Wort Sünde Sünde nennt und mit unerbittlicher Klarheit dem, der hören und sehen will, seine Sünde offenbart und seinen Schaden aufdeckt.

Gott will auch heute dieses Werk tun durch sein Wort. Und über der Sündenfallgeschichte, in der Gottes Wort so von dem Teufel und dem Menschen mißhandelt worden ist, und in der die Sünde der Menschen sich vollendete dadurch, daß diese Gottes Wort von sich stießen, wollen wir doch dies mit freudigem Zeugnis rühmen. O, ein treues Wort Gottes, das uns immer wieder nacheilt und das uns durchaus nicht will verlorengehen lassen. Es macht sich auch unter uns zu schaffen, Menschen von ihrer Sünde zu überführen. Gott, der dort mit seinem Wort unter die Bäume griff und den flüchtenden Adam herausholte, Gott, der in heiligem Ernst nichts von seinem Wort abhandeln ließ: »Ich hatte dir doch geboten, du solltest nicht davon essen«, er greift auch nach uns, er trifft mit seinem Wort auch unter uns jeden ins Herz, den es angeht. Und zu dem überführenden Wort des heiligen Gottes, das jeden verstummen läßt, der aus der Wahrheit ist, kann ich nur hinzufügen, was das fleischgewordene Wort Gottes, Jesus, ihm hinzufügte: »Wer Ohren hat zu hören, der höre!«

Adam, wo bist du?

1. Mose 3

II. »Hast du nicht gegessen?« (1)

Der Mensch ist der Angeklagte

In dem Wort, das Gott den gefallenen Menschen zuruft: »Adam, wo bist du?« liegt schon im Kern der Inhalt aller Gottesbotschaft an die Menschen enthalten.

Es ist der Ruf der Gnade, der den Menschen nicht gehen läßt in seiner Sünde, sondern ihn, während er ihn seiner Schuld überführt, doch wieder zu sich zurückruft.

Es ist zugleich der Griff des Gesetzes nach dem Schuldigen, der Ruf des Gerichts, der durch das ganze Wort Gottes hindurchklingt: »Adam, wo bist du?« Auf diese Seite wollen wir zunächst den Nachdruck legen.

Es ist nicht so, als ob die Bibel erfüllt wäre von der Frage: »Gott, wo bist du?«, als ob das Suchen und Tasten, das Forschen und Dichten von Menschen uns berichtet würde, die, so wie die Heiden in ihren Religionen, nach Gott suchten und ihre Gottheit sich vorzustellen und darzustellen trachteten.

Nein, nicht: »Gott, wo bist du?« – »Adam, wo bist du?« Dieser Ruf hallt durch die ganze Heilige Schrift. Nicht der Mensch sucht Gott, sondern Gott sucht den Menschen, der von ihm abgefallen ist durch seine Sünde. Die Bibel redet nicht vom Gottsuchen der Menschen – darüber gibt es der Bücher viele –, sondern vom Suchen Gottes, das dem Verlorenen nachgeht. Darüber gibt es nur dieses eine Buch, durch das Gott den Sünder sucht.

Die Menschen freilich lieben es anders darzustellen. Das Herz, das Gottes Ruf ausweichen will, wendet einen ganz gewöhnlichen Gaunertrick an. Ähnlich wie der verfolgte Verbrecher, wenn er sich dem Zugriff der Häscher nicht mehr entziehen kann, mit dem Ruf: »Haltet den Dieb!« die Aufmerksamkeit von sich abzulenken und auf andere zu richten sucht, so will der Mensch nicht der von Gott gesuchte Übeltäter sein, sondern gibt vor, daß er Gott suche.

Und aus mehr als einer Äußerung solcher Gottsucher klingt es deutlich heraus, daß eigentlich Gott der Angeklagte ist, der wohl allein die Schuld daran trägt, daß die Menschen in der Sünde wandeln und nicht vor seinem Angesicht. Warum verhüllt er sich? Warum tritt er nicht ganz anders mit seiner Allmacht und Herrlichkeit aus der Zurückhaltung heraus und überführt die Menschen von seiner Majestät?

Tatsächlich sind Männer aufgestanden, die glaubten, sie müßten Gott in Schutz nehmen und Apologetik treiben, Verteidigung Gottes. Das Wort ist schon beinahe eine Lästerung. Als ob Gott einer Verteidigung bedürfe! Nein, nicht Gott ist der Angeklagte, sondern: »Adam, wo bist du?« Der Mensch ist der Angeklagte, überall, wo Gottes Wort verkündigt wird.

Es ist auch nicht so, als ob wir irgendwie Gott gegenüber Zuschauer sein könnten, unbeteiligte Beurteiler seiner Botschaft und seines Handelns. Nein, immer und in jedem Punkt, wo wir es mit Gott zu tun haben, sind wir die Angeklagten. Wir! Ihr! Du!

Dem Wort Gottes und seiner Verkündigung gegenüber kann die Haltung des Menschen nicht die sein, daß er sich dafür interessiert oder nicht interessiert. Man hat Interesse für die Kirche und ihre Verkündigung, wie man etwa für ein Kunstwerk Interesse hat, oder man hat keins. Nein, beim Wort Gottes handelt es sich immer um eine Anklage, bei der der Anwalt, das Gesetz, die Todesstrafe beantragt hat und des Richters Spruch gegen den Angeklagten ausfällt. Unsere Aufgabe ist es demnach nicht, Menschen für die Kirche und ihre Arbeit zu interessieren, sondern sie zu retten vom ewigen Verderben.

Darum müssen wir alle erst von unserem Verderben überführt werden. Und nichts kann uns dazu so helfen wie diese Geschichte vom Sündenfall und dieses Wort Gottes, das wie ein Scheinwerfer unser Leben beleuchtet: »Adam, wo bist du?«

Welche Lage dieses Wort beleuchtete, wurde bereits vorher ausgeführt. Der Mensch im Mißtrauen gegen Gott, bei dem er nur noch Neid und Mißgunst voraussetzte, hatte Gottes Wort beiseitegeschoben: Das Weib schaute an. Da war die Geschichte der Sünde nicht mehr aufzuhalten.

Ja, da wurde es eine Geschichte der Sünde; denn der Sünder ist immer aktiv und tätig, die Sünde weiter auszubreiten. »Das ist der Fluch der bösen Tat, daß sie fortzeugend Böses muß gebären.«

»Sie gab ihrem Manne auch davon, und er aß.«

Der Mensch hat eine unüberwindliche Sucht, andere in die Sünde zu verführen. Er will Genossen seiner Sünde haben. Er will nicht allein in der Sünde sein. Auch andere sollen wie er ihr Leben verwirken und unter der Furcht vor dem Gericht stehen. Es ist fast, als wäre es ein teuflischer Trost zur Beruhigung des angstvollen Gewissens, als ob es der Mensch leichter aushalte in seiner Sünde, wenn er andere bei sich hat in derselben Verdammnis. Auch will er sich nicht schämen vor dem Bild der anderen, die sich von der Sünde abwenden, und darum versucht er es mit Lockung und Drohung, mit Spott und Schmeichelei, andere in dieselbe Sünde hineinzuziehen. »Sie gab ihrem Manne auch davon.« O trauriges Bild von uns allen! Wir sind alle Agenten der Sünde und des Teufels.

»Und er aß.« Kurzer Bericht über eine Sache voll ewiger Not, kurzer Bericht und lange, trostlose und traurige Geschichte, kurzer Bericht und große Schuld. Adam war verantwortlich. Gott fragt später: »Hast *du* nicht gegessen?« – »Und er aß.« Der führen und der ein Halt sein sollte, läßt sich verführen und kommt zu Fall.

Sich-Verstecken ist nicht möglich

Wie äußert sich dieser Fall? »Da wurden ihre Augen aufgetan«, und ein unbestimmtes Bewußtsein, zunächst mehr gefühlsmäßig als klar erkannt, von dem, was Schuld ist, und zugleich von dem kommenden Verderben, der erste Vorgeschmack des Todes kam über Adam und Eva.

Aber sie machten es, wie auch heute es jeder Sünder macht. Sie suchten sich zu beruhigen. Weil sie ihre Nacktheit erkannten, machten sie sich Schürzen aus Feigenblättern, wohl um sich voreinander zu verhüllen, ohne Zweifel aber auch irgendwie gleichsam zur Abwehr gegen Gott.

Das war töricht. Aber so töricht ist nichts, daß der Mensch es nicht unternähme, um sich scheinbar zu beruhigen und sich zu täuschen, daß er gesichert sei vor Gott. Wie oft suchen wir uns, wenn das Gewissen erschüttert ist, durch irgendeine nichtssagende Redensart oder gar durch Vergleichung mit anderen, die noch schlimmer zu sein scheinen als wir, zu beruhigen; durch Dinge, die noch törichter sind als der Versuch des Menschen damals, sich durch Feigenblätter vor Gottes Blick zu verbergen!

Und das Gewissen gibt sich zufrieden, wenn es nicht schärfer angefaßt wird. Wir fallen in eine Art trotziger Gleichgültigkeit: Es wird sich schon geben! Wenn man einmal darüber geschlafen hat oder nach zwei, drei Tagen ist alles wieder still und wieder vergessen. Wir fühlen uns wieder geborgen und im übrigen: Man wartet ab.

Adam und Eva hörten auf einmal Gottes Stimme im Garten. Irgendwie hat sich ihnen die Gegenwart Gottes bezeugt. Er ist da! Ja, Gott ist auch noch da! Und er kommt!

Daran ist nichts zu ändern. Und ob die Menschen heute es leugnen wollen – sie mögen mit dem Munde es bestreiten und mit ihrem Verstand sich plagen, Gott wegzuweisen – ihr Gewissen hört die Stimme Gottes im Garten ihres Lebens. Ihr Gewissen gibt ihnen Zeugnis: Er ist da! Er kommt!

Die Stimme Gottes ertönte, und das war genug für Adam und Eva. Sie fühlten alsbald, daß die Feigenblätter, mit denen sie sich so wohlausgerüstet glaubten, wertlos waren.

O, wie verblassen da alle Gründe, die man sich vorher so schön zurechtgelegt hatte, wie versagen da alle hohen Worte, mit denen man Gott leugnete, wie verschlägt es dem Menschen die Rede! Wir haben unsere Sünde mit allzu welken Blättern bedeckt. Wenn Gottes Stimme an unser Gewissen dringt, wenn wir das Geräusch seiner Schritte vernehmen, dann wird der Mensch ohne viele Umstände zwangsgestellt.

Die Menschen im Paradies konnten Gott nicht leugnen, sie fühlten seine nahende Gegenwart. O, nur ihm nicht begegnen! Nur jetzt nicht! Diesem Auge nicht! »Sie versteckten sich vor dem Angesicht Gottes, des Herrn, unter die Bäume im Garten.« Da fingen an die Wege der Flucht des Menschen vor Gott. Wie viele und wie endlose Straßen sind es seither geworden, Straßen, auf denen ein Volk wandert voll Unfall und voll Herzeleid! Wer unter uns kennt nicht die Not seiner Seele, da uns die Welt zu eng wird und wir uns zu verstecken suchen vor dem Angesicht Gottes!?

Goethe sagt einmal: »Wir sind das Geschlecht, das immer aus dem Dunkel in das Helle strebt!« Genau das Gegenteil ist wahr: Wir sind alle von dem Geschlecht, das immer aus dem Hellen in das Dunkle strebt.

Wie arm und elend ist der Mensch, der im Bewußtsein seiner Sünde Gottes Nähe vernimmt! Früher so stolz, ist er jetzt so stumpf, so gedrückt. Noch ist er nicht vor den Richterstuhl gefordert. Noch ist kein Verkläger da. Aber sind nicht die Scham, die ihn überfallen hat, urplötzlich, unbekannt woher, und die Furcht, die ihn auf einmal beseelt, so daß er sich in dem Gefühl seiner Schuld in Schlupfwinkel verkriecht, die er früher weder kannte noch suchte, Beweise seiner Schuld genug?

Die Beredsamkeit der ganzen Welt spricht uns nicht frei von der Schuldhaft, wenn unser Gewissen, von Gottes Gegenwart gefaßt, uns richtet. Oder ist es nicht so? Nun, dann gehe doch aus deinem Versteck hervor! Du hast ja nichts zu fürchten. Du kannst ja erhobenen Hauptes dem Jüngsten Tag entgegensehen, und dir können ja die Posaunen, die vor Gottes Richterstuhl rufen, nur willkommen sein. Die unter uns sollen aufstehen, die das nicht aus Erfahrung kennen: »Sie versteckten sich vor dem Angesicht Gottes.« Nur ihm nicht begegnen!

Und doch, wie töricht ist es, sich vor Gott, dem Allgegenwärtigen, verbergen zu wollen! Nehmt das Bild freundlich auf: Wie die Maus in der Falle umherirrt, wenn der helle Lichtstrahl einer Lampe sie trifft, und einen Ausgang sucht, den sie nie und nimmer wiederfinden wird –, so ist der Mensch, der, in seiner Sünde verhärtet, sich vor Gott verbergen will: »Wo soll ich hingehen vor deinem Geist, und wo soll ich hinfliehen vor deinem Angesicht? Führe ich gen Himmel, so bist du da. Bettete ich mir in die Hölle, siehe, so bist du auch da. Nähme ich Flügel der Morgenröte und bliebe am äußersten Meer, so würde mich doch deine Hand daselbst führen und deine Rechte mich halten. Spräche ich: Finsternis möge mich decken! so muß die Nacht auch Licht um mich sein. Denn auch Finsternis nicht finster ist bei dir, und die Nacht leuchtet wie der Tag, Finsternis ist wie das Licht« (Ps. 139).

Die Nacht leuchtet wie der Tag! Wie gern möchten wir uns ins Dunkel drücken, daß uns Gottes Auge nicht sähe, aber: Die Nacht leuchtet wie der Tag! Und das Dunkel ist vor Gott offenbar wie seine flache Hand. Sie versteckten sich! Vor Scham und Furcht!

Adam, wo bist du?

1. Mose 3

II. »Hast du nicht gegessen?« (2)

Der Mensch, der Gott anklagt

Da kam Gottes Griff. Gott erzwingt sich Gehör. Gott greift unter die Bäume und zieht den jammervollen Menschen ans Licht und ins Gericht. Hatte der Mensch bis dahin sich vor dem Angesicht Gottes unter die Bäume versteckt, so versteckt er sich vor Gottes Stimme hinter Ausflüchte. Er sucht das Bild zu verschieben und redet von Dingen, die auch wahr sind, aber um die es jetzt zunächst gar nicht geht, nämlich, daß er nackt ist. Der Mensch windet sich in Gottes Hand.

Und weil er merkt, wie arm und schwach seine Ausflüchte sind, wird er frech und greift Gott selbst an: Das ist doch nicht seine Schuld, daß er nackt ist. Dessen hat er sich vorher doch nicht geschämt. Indem er diesen seinen Zustand beklagt, ohne eine eigene Verschuldung zuzugeben, klagt er Gott an. Gott ist schuld, daß sich Adam verstecken muß, Gott ist schuld an seinem ganzen Jammer.

Seid ihr diesem Adam nicht schon begegnet unter euren Freunden oder auch in eurem eigenen Herzen, diesem Adam, der Gott den Vorwurf macht: Warum hast du mich so geschaffen? Warum hast du mir diesen Leib gegeben mit seinem heißen Blut? Warum habe ich von Natur diese Art?

Seid ihr diesem Adam nicht schon begegnet, liebe Freunde? Ich rede hier nicht, um mit Vergnügen diese erschütternden Vorgänge auszumalen. Ich rede hier nicht, wie ein Student redet, der die Krankheitsgeschichte eines Krebskranken berichtet, sondern ich rede, wie einer reden muß, der selber Krebs hat. Ich erzähle hier nicht eine Geschichte, sondern ich rede von der Sünde, von meiner und von eurer Sünde.

Das ist der Adam, der Mensch, der Gott anklagt, bis Gott noch fester zugreift und ihm alle seine Ausflüchte und Entschuldigungen aus der Hand schlägt mit der einen Frage: »Hast du nicht gegessen?« Dieses Wort muß jetzt fallen: gegessen! Ja, Gott greift fest zu und läßt bei Adam den Vorwand erst gar nicht zu Wort kommen, als ob er aus Unwissenheit oder Versehen so gehandelt habe: »Ich hatte dir doch geboten, daß du nicht davon essen solltest.« Gott läßt ihn nicht mehr entschlüpfen. Das ist Schuld: Du hast gegessen!

Man sollte meinen, der Mensch würde jetzt alle Umschweife beiseitelassen. Es hat ja keinen Zweck, darum herumzureden. Gott weiß ja alles. Aber da kennt ihr den Menschen schlecht, der sich hochhält, so lange er eben kann, und der sich noch vor Gott behauptet, wenn ihn schon die Flammen der Hölle umlodern. (Vgl. die Einreden der Verfluchten im Jüngsten Gericht, Matth. 25, 24).

Wieder greift Adam Gott mit frecher Stirn an: »Das Weib, das du mir zugesellt hast, gab mir, und ich aß.« – »Du hast es mir zugesellt. Du hast den Fehler gemacht. Du bis schuld.« Immer wieder derselbe lästernde Mund, der eher Gott im Himmel beschmutzen will, als daß er des Menschen Schuld zugibt. Aber indem Adam dieses Wort spricht, ist uns sein ganzes Verderben offenbar. Er schiebt die Schuld auf andere. Ich frage euch noch einmal: Seid ihr diesem Adam nicht schon oft begegnet unter uns und in eurem Herzen, dieser tief einwurzelnden Neigung, immer einen anderen vorzuschieben und einem anderen die Schuld aufzuladen? Bei jedem Unglück, das uns trifft als Folge unserer Schuld, immer wenn wir vor den Scherben eines Glückes oder einer Hoffnung stehen, die wir uns selbst zerstört haben, ist unweigerlich dieses der erste Gedanke: Wer ist daran schuld? Wir sind immer auf der Suche nach dem anderen, der eigentlich unser Elend verschuldet hat. Wir sind immer und unaufhörlich, bei Tag und Nacht, von früh bis spät, von der Jugend an bis ins Alter damit beschäftigt, uns zu entschuldigen und andere zu belasten.

Der Mensch, der andere vorschiebt

Und nun muß ich ein Trauerlied anstimmen über versunkene Herrlichkeit und über verlorene Ehre, darüber, wie grauenvoll und entsetzlich sich die innere Scheidung von Gott alsbald im Wesen des Menschen ausweist und uns angrinst.

Adam schiebt seine Frau vor, daß sie von Gott die Strafe bekommen soll. Hatte Gott ihn nicht vor diesem tiefsten und schändlichsten Sturz bewahren wollen, als er ihm bedeutungsvoll die Frage vorlegte, nicht: »Habt ihr nicht gegessen?«, sondern: »Hast du nicht gegessen?« Ach, der Mensch, der Gottes Wort beiseitegeschoben hat, hört nicht mehr auf Gottes Warnungen, hört auf keine mehr. Er fällt und tut einen tiefen Fall.

Was denkt ihr von einem Schüler, der, wenn die Strafe droht, den Genossen seiner Untat vorschiebt, damit er sich schont und damit dem anderen die Prügel zukommen? Was haltet ihr von einem Mann, der, wenn das gemeinsam verschuldete Unheil über ein Ehepaar hereinbricht, sich zu retten und in Sicherheit zu bringen sucht und seine Frau preisgibt, mag es ihr gehen, wie es will?

Ja, wenn Gott gefragt hätte: »Eva, hast du nicht gegessen?« und Adam hätte sich vor sie gestellt: »Herr, strafe mich; denn ich bin schuld, ich hätte es verhindern müssen!« Aber nein, das kann der Mensch gar nicht mehr. Nichts Edles ist mehr in ihm, der am Morgen wie ein Sonnenjüngling vor uns steht in all der Herrlichkeit seiner männlichen Erscheinung, der seine Frau mit hellem Jubel begrüßt, als Gott sie ihm zuführt. Das war sein Weib! Und er war ihr Mann und ihr Beschützer. Ja, mit dem Mund, Adam, ja, in den Stunden der Erhebung! Aber jetzt, wo die Not kommt, da läßt er seine Frau im Stich und gibt sie preis. O jammervolles Bild! O tiefe, tiefe Schmach! Wie unedel! Wie unmännlich! Wie unritterlich! Wie schändlich!

Und zum drittenmal frage ich euch: Seid ihr diesem Adam nicht oft begegnet unter uns Menschen und in eurem eigenen Herzen? So sind wir Menschen! Jeder gibt den anderen preis, jeder jeden anderen, auch den liebsten, vielleicht nicht mit klaren Worten, vielleicht nicht mit rauhem Stoß, aber innerlich, der Gatte die Gattin, die Gattin den Gatten, die Kinder die Eltern und die Eltern die Kinder, ein Stand den anderen, ein Kollege den anderen, ein Amtsbruder den anderen, und niemand sucht die Schuld bei sich, niemand.

Im Gegenteil, wir sind von Natur Mörder, wenn sich unsere Gedanken und Triebe in Taten bis zum Ende folgerichtig auswirken würden. Adams Sünde schwoll alsbald in seinem Sohn Kain bis zum Mord an, bis zum Mord an seinem Bruder. Eigentlich war aber schon in Adams Verhalten die Mördergesinnung; denn Gott hatte doch die Todesstrafe angedroht. Und ob Adam Eva nicht mit seinen Händen erwürgte oder totschlug, in diese Todesstrafe schob er sie doch hinein und gab sie dem Tode preis, um sich zu retten. O, armer Mensch! »Du sollst Gott lieben über alle Dinge und deinen Nächsten wie dich selbst.« Von Gott abgefallen, gibst du deinen Nächsten preis. Das ist der Fall.

Ja, es ist ein Fall, nicht ein Urzustand, wo der Mensch noch auf tiefer Stufe stand und nicht Gottes Willen tun konnte, nein ein Fall von oben nach unten, ein Sturz, nicht ein allmähliches Abwärtsgleiten, sondern eine Entscheidung. Und das ist die Entscheidung: der Riß los von Gott. Der Mensch hat sich von Gott getrennt. Da ist alles zerbrochen. Das Ebenbild Gottes ist zum Zerrbild geworden. Es ist nichts heil geblieben. »Wir sind von Natur geneigt, Gott und unseren Nächsten zu hassen.« O große, tiefe Not!

Bernhard von Clairvaux sagt: »Wenn solch ein Sturz im Paradies geschehen ist, was wird aus uns werden im Schmutz der Welt?« Ja, was soll aus uns werden? Wo das Wörtchen »vollkommen« stand, da steht das Wörtchen »verdammt«. Wer dieses Wort an seinem Herzen erfahren hat, wer etwas geschmeckt und gefühlt hat von der Hölle, indem er sein Sündenwesen durchschauen lernte, dem kann Gottes Geist auch die andere Seite erklären an diesem Wort: das Nachgehen Gottes, das Suchen seiner Gnade, daß der Gefallene doch wieder gerettet würde. Er hat in seiner göttlichen Erbarmung die Menschen nicht preisgegeben, sondern hat sie also geliebt, daß er seinen eingeborenen Sohn preisgab um ihretwillen.

Aber laßt uns, liebe Freunde, nicht zu schnell über dieses Wort hinweggehen, sondern den Herrn bitten, daß er es uns in alle Tiefen hinein offenbare und enthülle, daß es uns mit seinem Licht umstrahle und mit seinem göttlichen Griff erfasse, dieses Wort seines Gerichts: »Adam, wo bist du?!«

Adam, wo bist du?

1. Mose 3 ,V9

III. »Und Gott der Herr rief Adam« (1)

Alle Erlösung geht von Gott aus

»Adam, wo bist du?« Dieses Wort war der Griff des Gerichts, mit dem der Herr den verlorenen Sünder vor sein Angesicht zog und ihm seine Sünde offenbar machte. Es war zugleich der Ruf der Gnade, die dem Gefallenen nachging auf dem Weg seines Verderbens. Ja, ich muß es so sagen: Es war der Doppelgriff der Gnade und des Gerichts. Ich muß die Gnade zuerst nennen.

An demselben Tage, an dem die Sonne des ersten Paradieses unterging und die Nacht der Sünde sich auf das Menschengeschlecht herabsenkte, ist auch der erste Stern der Gnade Gottes aufgegangen in der Verheißung von dem Schlangentreter. In derselben Stunde, in der unser Verderben vor Gott offenbar wurde, ist auch das Wort der Gnade zu den Menschen gekommen. Ja, aus dem Wort: »Adam, wo bist du?« erkennen wir, wenn wir es recht verstehen, daß die Gnade dem Gericht über die Sünde voranging, weil es Gnade, nichts als Gnade war, daß Gott Gericht übte und die Sünde überhaupt als Sünde ans Licht zog, um den Menschen aus der Sünde zu retten. Auch das Gericht Gottes über die Sünde der Menschen wird von der Gnade regiert. Wir hören hier, wie der erste Akkord angeschlagen wird des Liedes, das hindurchklingt durch die ganze Geschichte Gottes mit den Menschen. Als Gott rief: »Adam, wo bist du?«, da hat er den Weg betreten, der auf den stillen Hügel Golgatha führt, wo Gottes Dürsten nach den Verlorenen und Verirrten, wo die Macht seiner Gnade offenbar wurde in dem Tode seines Sohnes.

Gnade war es, was sich nach Adam ausstreckte in diesem Ruf: »Adam, wo bist du?« Gottes Gnade ist auf die Erlösung des Sünders gerichtet. Von Gottes Gnade geht alle Erlösung des Menschen aus. Nicht die Frage: »Gott, wo bist du?« klingt aus der Geschichte des Sündenfalles heraus, daß der Mensch, der seines Elends innegeworden war, sich nun zurücksehnte und nach der Hilfe Gottes suchte und schrie. Nein, der Plan des bösen Feindes war allzu gut geglückt. Er hatte den Menschen getrennt von seinem Gott, ihm Zweifel und Mißtrauen gegen Gott ins Herz gesenkt und ihn dann in den offenen Aufruhr gegen des Herrn Gebot verführt.

Und nun sehen wir die Menschen umhergehen unter einem dumpfen Druck, im Gefühl ihrer Verlorenheit, in unheimlicher Ahnung des kommenden Gerichtes und des Todes, aber doch ohne klaren Einblick in ihr ganzes Verderben.

Sie waren auf der Flucht vor Gott, von Furcht und Angst umhergetrieben, in das Dunkel sich drängend und doch vom Dunkel geängstigt, von Ungewißheit geplagt, sich aneinander klammernd und sich doch untereinander verklagend. Sie waren miteinander verbunden und doch, wie alle Genossen einer Sünde, vom Augenblick der Sünde an eigentlich innerlich auseinandergerissen, zum ersten Male zwei Parteien, von der jede, wenn es hart auf hart gehen, die andere fallen lassen würde. Der Mann und sein Weib, nein, der Mann und das Weib, das ihm Gott zugesellt hat, so nennt er es jetzt.

Verirrt! Verloren der Weg, erloschen das Licht der Lebensfreude, entschwunden der Friede.

In diese Not und Nacht hinein klang Gottes Ruf: »Adam, wo bist du?« Alle Erlösung geht von Gott aus. Nicht einmal den ersten Anfang einer Rückkehr zu Gott, nicht einmal einen Schrei aus der Tiefe, ein Gebet aus der Not bringen die Menschen aus sich hervor. Ja, sie sind so verloren, daß sie gar nicht wissen, daß sie verloren sind, und versuchen es so darzustellen, als wäre alles beim alten, nur daß sie jetzt ihre Nacktheit erkannt hätten. Da ist der Ruf Gottes: »Adam, wo bist du?« ein Ruf der Gnade. Gott kümmert sich um den Gefallenen, und den, der Gottes erstes Wort beiseitegeschoben und verachtet hat, ruft ein zweites Wort Gottes. Gott geht dem Verlorenen nach, und mit der alles durchdringenden Frage: »Adam, wo bist du?«, durch die der Mensch zwangsgestellt sich von Gott entlarvt sieht, faßt ihn die weiche und milde Hand der nachgehenden Gnade. Du bist verloren! Das liegt in dieser Frage: Du hast dich verlaufen. Aber zugleich liegt darin auch ein Ruf wie das zarte Locken eines Mutterherzens: Verlorenes Kind, komm heim!

In diesem Nachgehen Gottes lag die Erlösung, lag für den Menschen die Möglichkeit der Umkehr. Gott schlug die Tür nicht hinter dem Menschen ein für allemal zu, sondern er hielt sie offen und stellte sie offen für alle Zeiten. »Gott hat keinen Gefallen am Tode des Gottlosen, sondern daß sich der Gottlose bekehre von seinem Wesen und lebe« (Hes. 31, 11). Was dieses Prophetenwort und was das freundliche Rühmen unseres Heilandes von den offenen Vaterarmen, die auf die verlorenen Söhne warten, uns später vor Augen halten, das steht auch schon auf diesem ersten Blatt der Geschichte Gottes mit den Menschen.

Gott hatte die Menschen als seine Kinder in seinen Garten gesetzt. Ach, er hatte es alsbald mit verlorenen Kindern zu tun, und seine Liebe, die nur so kurze Zeit Gelegenheit hatte, den Tag des ungetrübten Glückes des Menschen zu bestrahlen, ist über dem Sturz und Fall der von ihm Geliebten wunderbar emporgestiegen als die Sonne seiner Gnade.

Wir gefallenen Menschen wissen nicht, wie Gottes Liebe denen schmeckt, die ohne Sünde vor ihm stehen. Davon werden einmal seine heiligen Engel ihre Psalmen singen. Wir aber wollen das preisen, was wir, die Sünder, von Gottes Liebe erfahren haben. Wir wollen singen das Lied von seiner Gnade, daß er uns nachgegangen ist, als wir ihn verließen, und daß nur durch sein Erbarmen wir den Weg zurück zu ihm gefunden haben.

Bei der Erlösung des Menschen tut Gott den ersten Schritt. So ist es auch heute noch. Wenn er nicht in seiner Gnade die Menschen ergriffe, würde kein Mensch selig. Mannigfaltig und immer aufs neue wird dieses Zeugnis in seiner Gemeinde laut. »Hättst du dich nicht zuerst an mich gehangen, ich wär von selbst dich wohl nicht suchen gangen; drum suchst du mich und nahmst mich voll Erbarmen in deine Arme.« – »Ihr habt mich nicht erwählt, sondern ich habe euch erwählt« (Joh. 15, 16), hat der Meister gesagt, und wundervoll erklingt nach Jahrzehnten das Echo im Munde seines liebsten Jüngers: »Darin stehet die Liebe: nicht daß wir Gott geliebt haben, sondern daß er uns geliebt hat und gesandt seinen Sohn zur Versöhnung für unsere Sünden« (1. Joh. 4, 10). »Lasset uns ihn lieben, denn er hat uns zuerst geliebt« (1. Joh. 4, 19).

»Gott ist's, der es schafft.« Dieses Wort steht mit großen Buchstaben über allem Werk der Erlösung. Nicht wir sollen Buße tun, damit das Reich Gottes kommt, ruft uns der Meister in seiner ersten Rede zu, sondern: »Das Reich Gottes ist herbeigekommen.« Gott hat sich aufgemacht, daß er sich eurer erbarme. Nun ist es an euch, daß ihr umkehrt und glaubt an das Evangelium. Nicht weil wir uns zu Gott bekehren, liebt er uns, sondern weil er uns in Liebe nachgeht, können wir uns zu Gott bekehren, gibt es eine Möglichkeit der Rückkehr ins Vaterhaus.

Gnade im Gericht

Von diesem Grundton, der durch alles Wort Gottes hindurchklingt, von diesem Loblied über seine Gnade vernehmen wir auch in dieser Sündenfallgeschichte schon mehr als einen Vers.

Gnade ist es, nichts als Gnade, daß Gott den Menschen von seiner Sünde überführt und ihn zur Verantwortung zieht. Die Schlange empfängt ihr Urteil ungehört. In dem, was Gott über die Schlange sagt, ist kein Strahl von Hoffnung, sondern nur Fluch und Gericht enthalten. Die Schlange wird deshalb auch nicht zur Verantwortung aufgefordert.

Welch unaussprechliches Erbarmen liegt darin, daß Gott einen Unterschied macht zwischen dem satanischen Bösen, bei dem von einer Erlösung nicht mehr die Rede sein kann, und dem menschlichen Bösen, das dem Menschen durch Verführung angetan wurde, so daß der Mensch erlösungsfähig ist! Gott wirft nicht alles und alle in dieselbe Verdammnis. Sein Auge schaut klar und scharf, und das Auge seiner Liebe sieht mit Erbarmen auf das Opfer des bösen Feindes.

Weil er den Menschen aus der Knechtschaft des Satans erretten will, darum ruft er: »Adam, wo bist du?«! Darum auch die Fragen an den Mann und das Weib.

Gott wußte alles. Um den Menschen zu finden, hätte es keines Rufens bedurft. Um den Menschen zu verdammen, war kein Verhör und kein Urteilsspruch nötig: In seiner Sünde lag schon seine Verdammnis enthalten, und der Tod war sein Teil, seit er von Gott gewichen war.

Daß Gott mit ihm spricht, ihm seine Schuld aufdeckt, daß Gott sein Urteil begründet und dem Menschen den furchtbaren Zusammenhang zwischen Schuld und Strafe zum Bewußtsein bringt, das alles ist Gnade.

Gott offenbart die Sünde der Menschen in dieser Gnadenzeit

immer nur, um sie zu tilgen, um den Menschen aus ihr zu lösen und zu erlösen.

In diesem ganzen Gespräch müssen wir in Gottes Handeln viel mehr den Arzt erkennen als den Richter, den Arzt, der heilen will, was ohne seine Hilfe untergehen muß. Darum legt er die Wunde so völlig bloß. Darum geht Gottes Gnade mit den Menschen so scharf ins Gericht. Darum erläßt er ihnen nichts an Beschämung und Beugung. Darum faßt er sie so hart an und greift immer fester zu. Darum stellt er mit seiner hellen Frage in alle Winkelzüge des Menschen hinein alsbald das Licht, das ihn entwaffnet: »Hast du nicht gegessen?« – »Nicht ihr, nicht das Weib, du bist der Schuldige!« Darum schlägt er ihm den Einwand, als ob die Lage des Menschen nicht klar gewesen wäre, sofort aus der Hand: »Ich hatte dir geboten, du solltest nicht davon essen.« Darum setzt Gott dieses Wort: »Du hast gegessen«, dieses grausame, furchtbare Wort, das der Mensch um jeden Preis vermeiden wollte, wie ein Schwert so spitz und scharf auf seine Brust. Darum verlegt ihm Gott alle Auswege und entlarvt jede Lüge und geht dem Menschen nach in seine Schlupfwinkel und Verstecke hinein und legt des Menschen Sündengeschwür offen hin an die helle Sonne, so daß kein Zweifel mehr an der Schuld des Menschen möglich ist.

Das ist Gottes Liebe, die aus der Sünde retten will und deshalb alles aufdeckt, Gottes Liebe, die so ganz anders aussieht als mancher Menschen sogenannte Liebe, die zudecken und vertuschen und darüber hinwegsehen will und auf diese Weise einen Gebundenen nie zur Freiheit kommen läßt. Es ist Gnade, wenn Gott uns unsere Sünde nicht hingehen und uns zuschanden werden läßt auf dem Wege unseres Ungehorsams. Es ist Gnade, wenn Gott dem Ungestüm des Mose in den Weg tritt und ihn 40 Jahre in die Wüste schickt, damit er ein Werkzeug seines Erbarmens würde zur Errettung seines Volkes. Es ist Gnade, wenn Gott seinem Propheten Elia, der sich verlaufen und den Mut verloren hatte, auf den Wegen seiner Verzagtheit nachgeht und ihn zurückruft: »Was hast du hier zu tun, Elia?« Es ist Gnade, wenn die Gerichte des Heiligen über sein Volk gehen. »Aus allen Geschlechtern auf Erden habe ich allein euch erwählt«, sagt Gott im Propheten Amos zu Israel. »Darum will ich euch« – nun verschonen? – nein, »darum will ich euch heimsuchen in aller eurer Missetat.« Es ist Gnade, wenn Gottes Gerichtsruf kommt: »Adam, wo bist du?«

Das ist das wunderbar Göttliche: Gott zerbricht und heilt in einem. Er zerschmettert den Sünder mit einem Flammenwort: »Wo bist du, hast du nicht gegessen?«, und ist in diesem Wort doch nur auf sein Heil bedacht. Das ist Gott! So richtet und rettet Gott! In einem!

Wir Menschen können immer nur eins. Wir demütigen mit unserem Zeugnis den anderen und müssen ein anderes Wort suchen oder ein anderes Mal kommen, um wieder aufzurichten. Und es ist oft die Gefahr, daß wir über Gebühr belasten oder wider alles Recht Gottes entlasten.

Gott richtet und rettet in einer göttlichen Weise. Er tut es in einem. Er übt Gnade durch das Gericht. Er faßt die Sünder scharf an, aber nur mit Händen des Erbarmens, auch wenn er sie richtet. Es kann uns wohl den Atem rauben und die Rede verschlagen, wenn wir Gottes Gericht über den Menschen kommen sehen in diesem Kapitel. Aber wie wir auf den innersten Klang in Gottes Stimme lauschen – »Ach, was hör ich, Gnade Gnade! Gnade schallet an mein Ohr.« Das ist Gott.

Wir wollen mit ganzem Ernst den Brüdern zuhören, die mit neuer Vollmacht und gottgeschenkter Kraft die Heiligkeit Gottes vor unsere Augen stellen, den Abstand des Sünders von dem Heiligen in der Höhe. Aber wir wollen darauf achten, daß da nicht auseinandergerissen wird, was innerlichst zusammengehört, und den Finger darauf legen, daß Gott auch, wo er als der Richtende und Zerschlagende den Sünder erfaßt, doch immer mit uns handelt als der Gott unseres Heils. Er ruft den Sünder in sein Gericht, damit er sich seiner erbarme und den völlig Hilflosen, den Elenden, der nicht einmal weiß, wo sein Jammer sitzt und seine Not wohnt, rette durch das Licht seines Wortes. Gnade durch Licht, das er uns schenkt über uns selbst! Das ist Gottes Tat, Gnade durch das Wort seines Gerichtes: »Adam, wo bist du?«

Adam, wo bist du?

1. Mose 3

III. »Und Gott der Herr rief Adam« (2)

Auch die Buße ist Gottes Gabe

Der Mensch ist völlig hilflos in Sachen seines Heils. Der Mensch kann nicht einmal Buße tun aus sich selbst. Sein Gewissen ist erwacht, und Scham und Furcht haben ihn ergriffen. Aber Scham und Furcht führen nicht notwendig zu Buße und Beugung, d. h. zu Gott zurück, sondern sie treiben den Menschen meist zunächst auf die Flucht vor Gott in das Dunkel hinein, in die Gottesferne. Das zeigt uns auch das Bild der ersten Menschen.

Und auch das Gewissen hat in sich nicht das Vermögen, den Menschen mit seiner Sünde zu Gott zu treiben. Die Gedanken, die sich untereinander entschuldigen und verklagen, bringen den Menschen in Unruhe und lassen ihn ankerlos dahintreiben. Oft genug endet die Not des Gewissens in Hoffnungslosigkeit und Verzweiflung darüber, daß der Mensch sich sein Leben und Lebensglück zerstört hat, aber sie endet nicht bei Gott; denn das Gewissen allein kann dem Menschen nicht Klarheit geben über seinen Zustand und über Gottes Urteil. So wie die Uhr nach der Sonne gestellt werden muß, damit wir die Zeit richtig von ihr ablesen können, so muß des Menschen Gewissen von Gott erfaßt werden, daß es nicht mehr jammert über verlorenes Glück und zerstörte Lebensfreude, sondern daß es uns klar zurechtweist darüber, was gut und böse ist, und darüber, daß wir an Gott und an Gott allein gesündigt haben. Wenn uns dieses Licht aufgeht, dann ist der erste Buchstabe vom Wörtlein »Buße« in unserem Herzen gesprochen. Nur durch Gottes Wort, das unser Gewissen erleuchtet, kommt die Buße zustande.

Von sich aus kann der Mensch das eine Wort, auf das jetzt alles ankommt, gar nicht aussprechen, das Wort: »Ich habe gegessen.« Er kann aus eigener Kraft seine Schuld nicht so unerbittlich hart vor sich hinstellen. Er kann die Sünde nicht mit Namen nennen. Damit würde er sich ja schon von ihr lösen. Das wäre schon der Anfang der Bekehrung.

Nein, auch die Buße ist Gottes Gabe. Als Gott zum Menschen sprach: »Du hast gegessen«, da empfing der Mensch die Kraft, ihm nachzusprechen: »Ich aß.« Wundervolle Gnade Gottes, die sich so sorgsam unseres Falles annimmt, die uns das erste Wort der Sprache des neuen Lebens aus Gott, das Bekenntnis unserer Schuld, vorspricht, so daß wir es nachsprechen können, wie es eine Mutter bei ihrem Kinde tut!

Nur so können wir zur Buße kommen; denn wir sehen von Natur unser sündiges Verderben selbst gar nicht ein. Auch daß wir Sünder sind und wie sehr wir Sünder sind, müssen wir Gottes Wort glauben. Darum offenbart Gott uns unsere Sünde, damit wir von der Sünde hinweg zu ihm zurückfinden in Buße und Beugung.

Das heißt rettende Gnade. Und es bleibt bei alledem für den Menschen nichts übrig, nicht einmal der Ruhm, daß er sich aus seiner Sünde aufgerafft und besonnen habe. Nein, auf unserer Seite ist nichts als Ohnmacht und Verlorenheit. Von Gottes Seite allein kommt alle Errettung. Unser Heil ruht allein auf seiner Gnade.

Es muß uns auffallen, daß, während wir in manchen Geschichten der Heiligen Schrift es sehen, wie die von Gott Gebeugten, weil sie sein Wort in Gesetz und Verheißung kennen, ihn um Gnade anflehen und vor ihm weinen, hier kein Wort steht von einer Bitte des Menschen, von Tränen der Buße, von dem Flehen des verlorenen Sohnes, auch nicht einmal später ein Wort, daß er seine Strafe in Reue annimmt. Nicht einmal Seufzer der Reue, nein, nichts, was vor Gott angenehm sein könnte, ist bei dem Menschen zu bemerken. War er anfangs frech und im Aufruhr gegen Gott, so ist er jetzt wie gelähmt und erstarrt über den Zugriff des heiligen Gottes. Völlig verstummt, willenlos, wehrlos, hoffnungslos ist er der Hand des Richters überliefert.

So fällt er in die Hände der Gnade.

Das erste Evangelium vor dem ersten Richterspruch

Und die Gnade, die alles und jedes schafft in dem Werk der Erlösung, führt ihr Werk durch bis ans Ende. Sie leuchtet auch durch all das Leid und Elend, das die Sünde auf die Menschen gebracht hat, und waltet schon im voraus auch über dem Fluch, der auf die Erde gelegt wird.

Der furchtbare Spruch über das Weib und über den Mann wäre zu einer untragbaren Last geworden und hätte ihnen allen Lebensmut und alle Kraft nehmen müssen, wenn nicht in dem Spruch über die Schlange schon vorher von dem Sieg des kommenden Menschensohnes geredet worden wäre. Weil dieser Stern leuchtet in dieser finsteren Nacht, kann der Mensch seinen Weg antreten durch ein Leben der Mühsal und des Leides über eine Erde, die von Gott um seinetwillen verflucht ist. Weil Gnade das erste Wort über der Sünde des Menschen und das erste Wort vor dem Fluch und all dem Leid der Erde ist, durchleuchtet sie auch alle Plage und Not dieser Zeit. Auch das Leid der Welt ist regiert von Gottes Gnade. »Durch Trübsal hier geht der Weg zu dir.« Alle Wege, die uns seine heilige Hand führt, auch durch Nacht und Not hindurch, müssen dem, der sich durch Gottes Wort aus Schuld und Sünde zurückrufen läßt zu seinem Gott, enden in Heil, in Vergebung der Sünden, in den Armen der Gnade, die schon nach uns gegriffen hat, ehe wir nach ihr gefragt haben.

Diese Gnade zeigt sich auch in Gottes Urteilssprüchen, die die Menschen stumm anhörten. Die Schlange empfängt ihr Urteil, ohne verhört zu werden, wie man einen gemeinen Verbrecher einfach beseitigt und in den Tod schickt. Dadurch, daß das Gericht bei der Schlange anfängt und nicht bei dem Menschen, tritt zwischen das Bekenntnis der Sünde des Menschen und die Strafe, die ihn trifft, Gottes wunderbare Gnade, das Wort von dem kommenden Menschensohn, der der Schlange den Kopf zertreten und den Satan überwinden wird. Das ist Gnade im Gericht. Die Strafe kommt über den Menschen, aber die Verheißung des Retters aus dem Fluch steht vor der Verkündigung des Fluches. Gottes Gnade hat das Wort vor Gottes strafender Gerechtigkeit. Das erste Evangelium erklingt in der Bibel vor dem ersten Richterspruch über die Menschen.

Über dieser verzweifelt traurigen Geschichte voll Jammer und Elend erhebt sich Gottes Gnade, wie die Sonne aufgeht in ihrer Macht. Auch diese Sündenfallgeschichte ist Evangelium. Alles Wort Gottes ist Evangelium, ist Frohe Botschaft. Daß Gott mit uns spricht, wenn Gott mit uns spricht, das ist immer Evangelium.

Gnade ist es, daß Gott uns Menschen sein Gesetz gab, um unser Leben vor der Sünde zu sichern und zu bewahren. Heute, wo man die einfachsten Maßstäbe des Gesetzes Gottes anfechten und beiseiteschieben will, merken wir, in welche noch viel schlimmere Satansknechtschaft wir dahingegeben wären, wenn Gott uns nicht das Gesetz gegeben hätte, an dem wir unsere Sünde erkennen können. Gnade war all das Rufen Gottes durch die Jahrhunderte, da ihm sein Herz brach, daß er sich seines Volkes erbarmen mußte und er den ganzen Tag seine Hände ausstreckte nach einem ungehorsamen Volk. Gnade waren auch alle Züchtigungen und Gerichte, die über sein Volk kamen.

Und als die Menschen sich zur Wehr setzten gegen seine Gnade – der Mensch will durchaus nicht anerkennen, daß er der Gnade bedarf – und sich ihm entzogen, je länger, desto stolzer, da ist Gottes Gnade selbst zu Tal gestiegen in seinem Sohn. Da ist das Evangelium in Person zu uns gekommen, die Frohe Botschaft, das Wort Gottes. Da hat Gott, der alles tut im Werk der Erlösung, auch noch das letzte getan: Er nahm unsere Sünde auf sich und hat uns mit sich selbst versöhnt durch das Blut seines Sohnes.

Weithin über die ganze Geschichte der Menschheit greift diese Todestat des Sohnes Gottes: Er sammelt sich eine auserwählte Gemeinde aus dem ganzen menschlichen Geschlecht von Anbeginn der Welt bis ans Ende. Es ist immer dieselbe Gnade, die sich um den Menschen kümmert, im Paradies und noch heute. So wie Gottes Gnade nach Adam griff und das erste verlorene Kind wieder nach Hause rief, so geht sein Rufen und Ziehen auch jetzt durch die Welt, und wir können es nicht nur hören, wir können es auch sehen; denn uns ist die Frohe Botschaft von seiner Gnade vor die Augen geschrieben mit dem Blut des Sohnes Gottes. Was damals anfing, als Gott rief: »Adam, wo bist du?«, das kam zu seiner Vollendung, als der Sohn Gottes den Siegesschrei ausstieß: »Es ist vollbracht!«

Was sollen wir tun? Laßt Gnade Gnade sein, liebe Brüder, und glaubt an die Frohe Botschaft! Es gibt kein anderes Heil, unser Schade ist so verzweifelt böse, aber Gottes Gnade greift durch alle Not hindurch nach unserem Herzen. Das sollen wir tun: uns seinen Heiland gefallen lassen und Jesus annehmen, in dem Gott heute noch nach einem jeden ruft: »Adam, wo bist du?« Das sollen wir tun: all unseres Lebens Fall und Sturz, Schuld und Leid hineinwerfen in den Abgrund göttlicher Erbarmung. Wo die Sünde mächtig geworden ist, da ist doch die Gnade viel mächtiger geworden.

Soll ich meines Bruders Hüter sein?

1. Mose 4, 9. 10

Der Hüter wurde der Mörder

Es ist ein frech hervorfahrendes Wort, das Kain Gott auf die Frage: »Wo ist dein Bruder Abel?« erwidert, worin er fast versucht, Gott das Wort im Munde herumzudrehen. Einen Aufseher fragt man nach Dingen und Menschen, die man vermißt. »Ich soll wohl meines Bruders Hüter sein?« Er meint, damit eine Ausflucht vor Gott gefunden zu haben. Aber er beweist gerade durch dieses Wort »Hüter«, das er weit von sich weist, daß ihm ganz genau klar ist, was er eigentlich hätte sein müssen: der Hüter und Beschirmer seines Bruders.

Kain trifft, wie wir so oft, wenn wir eine scheinbar viel zu hohe Forderung als unberechtigt und übertrieben zurückweisen – ich soll nach deiner Meinung wohl gar »dies oder das« tun –, den Nagel auf den Kopf. Das Gewissen formuliert dann, gerade wenn der Mensch sich gegen solche Ansprüche wehrt, das richtige Wort ganz klar und unwidersprechlich deutlich. Ja, Kain sollte seines Bruders Hüter sein. Hüter, das ist das einzig richtige Wort. Und sein Mörder ist er geworden.

Liebe üben – unsere Aufgabe

Dieses Wort von des Bruders Hüter ist uns ein Wegweiser, wenn wir nach der Stellung fragen, die wir zu unseren Nächsten, zu unseren Brüdern einnehmen sollen. Es ist nicht ein Wort ins Allgemeine hinaus, sondern geht jeden einzelnen an. In all dem Zank und Streit, in all der Härte und Schärfe um uns her »laß die barmherzige Auffassung aller Dinge deine Lebensauffassung sein!« Man kann all das, was uns oft so empörend erscheint und so aufreizend vor Augen tritt, auch von einer barmherzigen Seite aus ansehen, indem man versucht, den andern aus seinen Verhältnissen, aus seiner Geschichte und seinem Werdegang zu verstehen, und sich bemüht, nicht nur seinen Mund reden, sondern sein Herz schlagen zu hören. Glaube mir, sein Herz ist kein anderes als dein Herz. Und wieviel linderndes Öl der Liebe und des Einanderverstehens könnten wir in die kreischende Maschine unseres öffentlichen und privaten Lebens hineingießen, wenn wir ein jeder daran dächten: Ich soll meines Bruders Hüter sein!

Das ist Gottes Wille, daß ein jeder bei allen Entscheidungen, die er fällt, in seinem familiären, beruflichen, geschäftlichen, im wirtschaftlichen und öffentlichen Leben, immer wieder diesen Unterton mitklingen hört: Ich soll meines Bruders Hüter sein!

Gerade von uns Christen erwarten die Menschen Hilfe. Sie erwarten von uns viel Unbilliges. Wir sollen als Kirche die wirtschaftlichen Fragen lösen und die sozialen Verhältnisse ändern. Das ist nicht unsere Aufgabe und geht weit über unsere Kraft. Aber, liebe Brüder, Liebe! Liebe üben, das ist unsere Aufgabe, und das steht in unserer Macht. Das ist es, was von uns erwartet wird. An der Liebe soll man den Christen erkennen. Wir wollen Herz hineintragen in die kalte Welt voll Haß und Selbstsucht um uns her.

Wo ist dein Bruder Abel? Hast du danach schon einmal gefragt? Wo wohnt dein Bruder Abel? Bist du schon einmal die Treppe hinaufgeklettert in seinen kleinen, vielleicht so dunklen und feuchten Bau? Wie wohnt dein Bruder Abel? Das mußt du wissen und dich darum kümmern! Ist er unverstanden? Ist er allein? Ist er alt? Zerbricht seine Ehe?

Worauf hofft dein Bruder Abel? Welcher Lichtblick steht ihm vor Augen? Oder hat er überhaupt keinen Lichtblick mehr, überhaupt keine Zukunft mehr, nur Dunkel, nur Hoffnungslosigkeit, auch wenn er vielleicht materiell im Wohlstand lebt?

Können wir schlafen?

Du weißt es nicht? Glaubst du, daß das vor Gott eine genügende Antwort sei? In einem Krankenhaus strich eine Schwester einem jungen, kranken Mädchen leise über die Stirn: »Schlafen Sie doch, Kindchen!« Da antwortete die Kranke: »Wie kann ich schlafen, wenn neben mir jemand stirbt?« Die Kranke im Nachbarbett kämpfte ihren letzten Kampf. Wie gut können wir noch schlafen, wo neben uns viele, viele sterben und untergehen und hoffnungslos einer dunklen Zukunft ins Auge sehen!

Liebe Freunde, ich habe kein Recht und auch nicht die Absicht, überschwere Lasten auf unsere Schultern zu legen. Wir können nicht aller Welt Not im gleichen Maße auf uns nehmen. Für einen jeden wird es sich ja auch darum handeln, sich von Gott zeigen zu lassen, wer in diesem Sinne sein Bruder ist. Wir haben auch nicht die Aufgabe, uns zu ermahnen, allen Freuden und Erholungen, allem Schmuck des Lebens zu entsagen, damit wir anderer Brüder Not stillen. Nein, Gott ist kein Gott der Unnatürlichkeit und der Verkrampftheit, auch nicht ein Gott, dem gesetzliches Wesen und halberzwungene Gaben gefallen. Aber die Not um uns her, vor allem die seelische Not, die Not der Sinnlosigkeit, der Gottesferne ist so groß, daß man mit heiligem Ernst darauf hinweisen muß, daß doch ja niemand mehr schlafe, sondern alle aufwachen und etwas tun, daß ein jeder an seinem Teil etwas tut, damit der Brüder Last gemildert und ihr Leid gelindert werde. Keiner darf mehr leben, als wäre er allein auf der Welt. Wir müssen Rücksicht aufeinander nehmen. Wir sollen auch die Hüter sein der Seelen unserer Brüder, daß sie nicht verbittert werden. War das dein Weg unter deinen Mitmenschen bisher nach dem Gesetz Christi: »Einer trage des andern Last?« Oder liegt auch auf deinem Leben in dieser Hinsicht schwere Schuld?

»Was hast du getan?« so fragt Gott Kain. Nichts getan? Nun, man kann morden, ohne einen Schlag zu tun, indem man einen Menschen langsam ins Grab hineinärgert.

Aber vielleicht könnte man noch mehr fragen: Was hast du nicht getan? Was hast du unterlassen, um als deines Bruders Hüter ihm zu helfen? In der Geschichte vom Jüngsten Gericht sehen wir, wie ernst es der Herr nimmt mit dem, was wir nicht getan haben diesen seinen geringsten Brüdern. Das haben wir ihm nicht getan!

Der Blick auf das Gericht wird uns auch darüber Klarheit geben, daß hier alles ganz persönlich ist und einem jeden alles mit vollem Ernst ins Gewissen geschoben wird. Niemand kann dem andern sagen, wie weit er gehen muß, wieviel er für sich und wieviel er für andere verwenden muß von seiner Zeit, seiner Kraft, seinem Geld. Du sollst nicht deines Bruders Richter sein. Jeder steht und fällt seinem Herrn. Du sollst auch nicht deines Bruders Vormund sein. Wir sind zur Freiheit berufen, und nur Gottes Geist kann uns die Weite und die Schranken unseres Lebens zeigen, wie sie nach göttlichem Maßstab sich gestalten sollten. Ich stehe in allem nicht vor Menschen und werde nicht von Menschen gerichtet, sondern ich stehe vor dem Herrn. Aber der Herr gerade sagt: »Du sollst deines Bruders Hüter sein!«

Der e i n e Bruder

Aber werden wir dabei nicht viele Enttäuschungen erleben, viel Undank, oft betrogen werden? Ganz gewiß. Und darum kann ich eigentlich dies alles auch nur denen sagen, die die Quelle der Kraft kennen, um dennoch, trotz aller Rückschläge und aller Enttäuschungen, Liebe zu üben.

Dies ist die Quelle: der Bruder! Jesus, der eine Bruder, der zu uns kam und unser Bruder wurde, der Enttäuschungen und Rückschläge erlebte, Haß und Feindschaft erntete. Aber da hat er nicht im Zorn seine Feinde zertreten – da hat er sich durch ihre Feindschaft hindurchgeliebt. Er schämte sich nicht, diese Menschen, die ihn so behandelten, seine Brüder zu heißen, sondern hat als unser Stellvertreter, als unser Bruder, die Sünden der Sünder auf sich genommen und für seine Brüder sein Blut vergossen. Er kam, um seiner Brüder Hüter zu sein: die schlugen ihn ans Kreuz. Aber wie Abels Blut zum Himmel von der Erde schreit um Rache, besser, sagt der Hebräerbrief, redet Jesu Blut vor Gott zur Versöhnung der Sünder und vom Himmel zur Erde hinab von Gnade und von Vergebung (Hebr. 12, 24).

Der Bruder! Er hat eine große Veränderung in dieser Welt hervorgebracht. Seither gibt es Menschen, die die andern als ihre Brüder kennen. Wer diesen Bruder als den Hüter seiner Seele gefunden und sein Erbarmen erfahren hat, der wird mit freudigem Herzen hingehen und seine Brüder suchen, dem wird kein Weg zu mühsam, kein Preis zu teuer sein, daß er sich kümmere um die Seelen seiner Brüder, daß sie auch zu diesem ihrem erstgeborenen Bruder kommen und seine Heilandstat erfahren möchten.

Der Bruder muß mit!

Und durch den einen Bruder sind wir dann untereinander verbunden, daß unter seinen Jüngern einer des andern Hüter ist, auch im

Blick auf die äußere Not. Wir können nicht teilnahmlos sein gegen des Bruders Schwierigkeiten, Krankheiten, Geldnöte, Verlegenheiten. Wir müssen ihn stützen, wo wir stützen können, und vor allen Dingen ihm innerlich dazu helfen, daß ihm »das Licht wieder aufgehe in der Finsternis von dem Gnädigen, Barmherzigen und Gerechten«.

Und wenn in unserem Kreis einer ist, der immer wieder strauchelt, der sich so leicht von Jesu Schar abbringen läßt und verliert, den wir vermissen seit einiger Zeit bei der Verkündigung des Wortes Gottes und in der Gemeinschaft der Brüder – wir dürfen ihn nicht gehen lassen. Wir sollen unseres Bruders Hüter sein. Fragt nach ihm, grüßt ihn, besucht ihn und sagt ihm, daß wir auf ihn rechnen und nicht ohne ihn unsere Straße ziehen wollen! Wir wollen zusammen gehen. Wir sind doch wie in einem fremden Land. Da dürfen wir keinen sich vereinzeln und verlieren lassen. Wir sind doch zu vergleichen einer Expedition in die Gebiete des ewigen Eises oder in heiße Wüstenländer. Wenn von zwölf, die hinauszogen, einer schwach wird bei langer Wanderung, werden dann die andern ihn liegenlassen? Nein, sie werden ihn stützen, abwechselnd ihn tragen, ihn heben, ihn fahren; aber sie werden ihn nicht liegenlassen. Er muß mitkommen. Und wenn er der unscheinbarste und ungelehrteste, der geringste der ganzen Expedition ist, er muß mit! Sie müssen zusammen das Ziel erreichen. Jeder ist des Bruders Hüter.

So soll es auch unter uns sein in der Gemeinde. Es gilt, treu zu sein als Hüter der Brüder. Und wenn es uns zuviel werden will, und wenn alle ermüden möchten, und wenn stets aufs neue die Frage aufsteigt: »Soll ich denn immer meines Bruders Hüter sein? Soll ich all die Zeit, die Kraft, das Geld opfern?« Ja, Brüder, tausendmal ja, denn das ist Gottes Ziel: »Er ist mächtig, euch zu erbauen und zu geben das Erbe unter allen, die geheiligt werden« (Apg. 20, 32). Unter allen! Der Herr wartet auf sie alle. Keiner soll zurückbleiben, den er berufen hat. Alle sollen in seiner heiligen Stadt angelangen, die sein eigen sind. Niemand soll auf dem Wege umkommen. Unseres Bruders Hüter! Ja, es bleibt bei unserem Lied: »Nimm Schritt für Schritt zu Gott den Bruder mit!«

Schau nicht nach unten, schau nach oben!

1. Mose 6–8

Mauere im Glauben die Fenster zu!

In der Geschichte von der Arche Noah ist im einzelnen vieles recht schwer zu verstehen. Aber der Mann, der dort durch Gehorsam gegen Gottes Befehl im Glauben sein Leben rettete und der Vater einer neuen Menschheit wurde, steht vor uns als ein Mann des Glaubens. Noah war durch die Flut ganz abgeschlossen von allem und allen, isoliert durch die gewaltige Not, die über die Welt hereingebrochen war.

Geht es uns nicht in ganz gleicher Weise, daß wir im tiefsten Grund, sobald wirkliche Not über uns hereinbricht, völlig einsam sind? Der liebste Mensch kann uns die schweren Lasten nicht abnehmen, die letzte Antwort nicht geben. Wir sind ganz allein. Die Not isoliert uns von allen um uns her. Da kommt die Versuchung, daß wir unseren Blick in die falsche Richtung wenden, daß wir nach unten schauen. Von Noah lesen wir, daß er (6, 16) ein Fenster, die Öffnung für Luft und Licht, irgendwie nach oben hin angebracht hatte. So fiel sein Blick nicht auf die grauenvollen Bilder der untergehenden Welt. Er erfuhr über das Steigen und Sinken des Gewässers auf Erden nur durch die von ihm ausgesandten geflügelten Boten. Sein Blick wurde emporgelenkt zu seinem Gott, und sein Beispiel ruft uns zu: Schau nicht nach unten, schau nach oben!

In allem Dunkel dieser Welt ist uns der Blick nach oben frei gelassen. Gott, der Herr, regiert. Wir haben es immer und überall nur mit Gott zu tun. Gott baut sein Reich auch unter der Not der Zeit. Ja, oft muß gerade das Leid ihm erst den Weg bereiten und die Türen öffnen und den Acker pflügen, damit seine Saat zu den Menschen kommt und dort Aufnahme findet. Er führt durch diese Nacht, in der wir jetzt stehen, und durch alle Nächte dieser Erde hindurch seinen großen Tag herauf, auf den sein Volk wartet. Er geht seinen ewigen Gang auch durch all die Wolken, die über dieser Erde lagern.

Er führt auch unser Leben. Ob wir es jetzt nicht beantworten können, warum uns solche Lasten auferlegt werden, wir werden es hernach verstehen. Wenn wir ihm hinten nachsehen, werden auch wir seinen Namen nennen: »Herr, Herr Gott, barmherzig und gnädig, geduldig und von großer Gnade und Treue« (2. Mose 34, 6)! Ob wir es uns ganz anders dachten, als wir jugendfroh hinauszogen, ob wir unser Leben und unseren Weg ganz anders wünschten, wir werden es doch bekennen müssen: »Es muß uns sein zum Ziel gesegnet.« – »Denen, die Gott lieben, müssen alle Dinge zum Besten dienen« (Röm. 8, 28). Schau nicht nach unten, schau nach oben!

Freilich, denen, die Gott lieben! Das alles kann nur der glauben, den Gottes Hand gefaßt hat, und dem sein ewiges Heil wichtiger ist als alles zeitliche Glück. Unser natürliches Herz fährt in Trotz und Wut hinein gegen den Herrn in der Höhe. Ach, wie viele unter uns verzehren sich selbst und verbrennen innerlich in diesem finsteren Feuer! In Zweifel und Verzweiflung rennen sie gegen Gottes Führung an in düsterem Hadern gegen seinen Willen. Sie reiben sich wund an den engen Schranken, die Gott ihrem Leben jetzt gezogen hat, und denken nicht daran, daß es »Seile der Liebe« sein sollen, mit denen Gott uns von rechts und links abziehen und auf dem schmalen Weg erhalten will. Aber diese Absicht Gottes erkennt nur der, der dem Wort gehorsam ist: Schau nicht nach unten, schau nach oben!

Immer wieder wird wie mit dämonischer Macht unser Blick nach unten gezogen. Wir sehen auf die Verwirrung unseres wirtschaftlichen und geschäftlichen Lebens. Wir hören auf die trüben und traurigen Prophezeiungen der Männer, die etwas von der Sache verstehen müssen. Und darüber wird unser Herz beschwert, und uns entsinkt der Mut. »Auch ich komme nicht durch«, so stimmt das bange Herz mit ein.

Schau nicht nach unten! Mauere im Glauben die Fenster zu, deren Ausblick zur Not hinführt und zu all der grausigen Flut, die dich bedroht! Wende deine Augen ab von den schlimmen, finsteren Bildern, die die Sorge dir vor Augen malt! Sieh nicht auf die Wellen, die großen Wellen, die heranrollen, wie Petrus es tat – da sank er –, sondern schau nach oben! Wenn alles bricht – wenn alle Brücken zur Zukunft und alle Pfeiler deiner Hoffnung brechen, wenn ein Herz dir die Treue bricht, vielleicht das Herz deines Kindes oder deines Freundes, wenn Beziehungen und Geschäftsverbindungen brechen, die klug angeknüpft waren, wenn Zusagen und Verträge gebrochen werden –, »wenn alles bricht, Gott verläßt uns nicht. Größer als der Helfer ist die Not ja nicht.«

»Er wird meinen Fuß aus dem Netz ziehen«

In der Zeit besonderer Not sollten sich Gottes Kinder unterscheiden von den Kindern dieser Welt, die sich nicht genug tun können, immer wieder nur von der Dunkelheiten des Lebens zu reden. Sie sollten nach oben schauen, mehr als sonst ihr Herz füllen mit allen Verheißungen unseres Gottes, sie hineinbuchstabieren in ihre Not, so daß auf diese Weise Gottes Wort uns wie das Brot in jede augenblickliche Bedrängnis hineingebrochen wird. Sie sollten öfter als sonst das Angesicht suchen, von dem uns seine Barmherzigkeit entgegenleuchtet, lauter als sonst, jedenfalls herzlicher im völligen Vertrauen Gottes Lieder singen, damit wir in einer Welt voller Sorgen und voll Murrens nicht das Lob Gottes in unserem Herzen und auf unseren Lippen ersticken, das ihm gebührt, sondern das rühmen, was er je und je an seinem Volk getan hat. »Denkt an die Wunder, die er tat, und was sein Mund versprochen hat!« – »Wer je nach dem Erbarmer fragt, des Herz sei froh und unverzagt!« – »Du warst stets in Angst und Grauen mein Vertrauen und mein Turm, Gott Israels.«

Schau nicht nach unten, schau nach oben! Der Blick hinauf zu Gottes Höhen wird uns den Weg hier unten erleichtern. »Meine Augen sehen stets auf den Herrn, denn er wird meinen Fuß aus dem Netz ziehen«, sagt Psalm 25. Wohin richten wir meist zunächst unseren Blick? Nach unten auf das Netz, das unseren Fuß bedroht oder schon umschlingt, auf das Netz, dessen Maschen wir schon wer weiß wie oft gezählt haben und voller Angst betrachten. Dann berechnen und überlegen wir, wie wir uns aus diesem Netz befreien können. Darüber mühen und quälen wir uns ab mit immer neuen Anstrengungen, das Netz zu zerreißen. Wir klagen und weinen über allen vergeblichen Versuchen, freizukommen.

Es ist hoffnungslos. Das Netz ist zu stark. Hier ist Gottes Wort: »Meine Augen sehen stets auf den Herrn. Er wird meinen Fuß aus dem Netz ziehen.« Professor van Oosterzee sagt zu dieser Stelle: »An den Füßen wird Gott das Nötige schon tun, wenn unser Auge nur allezeit aufschaut zu ihm!« Unseren Weg durch dieses Erdenland wird Gott uns schon ebnen; mit dem Netz, das unsere Füße bedroht, wird Gott schon fertig werden, wenn wir ihm nur die Bahn freigeben und unsere Rettung nicht suchen im Ringen und Mühen, sondern im gläubigen Aufblick zu ihm, der allein uns helfen kann. Schau nicht nach unten, schau nach oben!

Schau nicht nach unten, nicht auf die Menschen! Wie viele gehen unter uns umher mit verfinstertem Gemüt, weil sie immer an das denken, was Menschen ihnen Unrecht getan haben! Und dieses Lied summt und brummt nun in ihrer Seele von früh bis spät, bei Tag und Nacht. Sie schauen nach unten, auf die Menschen, die ihnen Unrecht getan haben. Und darüber werden sie bitter, und ihr ganzes Leben wird verfinstert und verdunkelt.

Liebe Freunde, schaut nicht nach unten, schaut nach oben, zu dem empor, von dessen Gnade ihr euer ewiges Heil erwartet und erbittet! Laßt euch über dem Anblick dieser grundlosen Barmherzigkeit das Herz säubern von all den giftigen und galligen Gedanken, die euch so entsetzlich unglücklich machen und euch keinen frohen Tag mehr erleben lassen! Laßt himmlische und göttliche Luft, die Luft der Gnade, einziehen da, wo bisher der Ärger und die Entrüstung an eurer Kraft fraßen! Lernt vergeben, wie euch vergeben ist! Schaut nach oben!

Schaut nicht nach unten auf die Menschen, als könntet ihr von ihnen die Hilfe erwarten in dieser Not! Von den Menschen die Hilfe? Nein, der Gedanke konnte Noah nicht kommen. Die Not war viel zu groß und schwer. Die Sintflut und dagegen die Menschen? Er war ja auch selbst ein wandelndes Beispiel dafür, daß Menschenhilfe nichts nütze ist. »Noah«, so hatte ihn sein Vater genannt (das heißt: Ruhe, Trost) und hatte dabei gesagt: »Er wird uns trösten in unserer Mühe und Arbeit auf der Erde, die der Herr verflucht hat.«

Ach, wie wenig hat sich dieser Vater Lamech träumen lassen von dem Jammer, den das Kind, auf das er seine Hoffnung setzte, schauen werde! Ach, wie kurzsichtig war er doch, daß er von dem schwachen Geschöpf erwartete, was nur der allmächtige Schöpfer geben kann! Dieser soll dich trösten? Er wird selbst mehr Trost nötig haben als alle seine Väter. Er wird bald die fluchbeladene Erde durch sein Wort verurteilen müssen und sie dann vor seinen Augen untergehen sehen.

Nein, schau nicht nach unten auf die Menschen, als ob dir von da die Hilfe kommen könnte! Da werden wir bitter enttäuscht. Was Noah sich sagen mußte, das müssen auch wir uns sagen: Uns hilft nur Gott, oder uns ist nicht zu helfen! Wenn alle Menschenauskunft dir unter den Händen zerrinnt, wenn alle Türen sich dir schließen, wenn alle Hände dich loslassen, alle Lichter dir verlöschen, dann »denke daran, was der Allmächtige kann!« Schau nach oben! »Wir haben einen Gott, der da hilft, und den Herrn Herrn, der vom Tode errettet« (Ps. 68, 21).

Da gedachte Gott an Noah

1. Mose 8, 1

Glauben wir wirklich an den lebendigen Gott?

»Schau nicht nach unten, schau nach oben!« So rief uns Noah zu. Dort oben schlägt ein Herz, das an dich denkt. »Da gedachte Gott an Noah.« Da! Vorher nicht? Hatte Gott vorher Noah vergessen? Fast schien es so. Und fast scheint es uns auch oft so, als hätte Gott unser vergessen. Er läßt uns warten. »Hat denn Gott vergessen, gnädig zu sein? Hat denn die Verheißung ein Ende« (Ps. 77)? Es scheint so. Aber zu seiner Zeit kommt Gottes »da«. Wenn die Stunde noch nicht gekommen ist, so wollen wir ihn nicht kränken mit Mißtrauen, sondern auf ihn harren, harren bis in die vierte Nachtwache wie die Jünger auf dem wildbewegten Meer: Da kam der Herr. Harren bis ins hunderste Jahr: Da löste Gott seine Verheißung an Abraham ein. Harren wie Petrus bis in die Nacht vor dem Tag, da er hingerichtet werden sollte: Da sandte Gott ihm den Befreier. Laßt uns nach oben schauen, auf Gottes Uhr, und darauf lauschen, wann dort oben die große Glocke anschlägt für uns!

Gott gedachte an Noah. Es schaut nicht nur ein Auge von unten nach oben, es schaut auch ein Auge von oben nach unten. Das Herz in der Höhe gedenkt an das Herz in der Tiefe, das auf den Herrn hofft und vertraut. Da kommen wir freilich an die entscheidende Frage: »Glaubt ihr das wirklich? Glaubt ihr, die ihr dies lest, wirklich an einen persönlichen Gott?« Es handelt sich hier um die ungeheuerlichste Katastrophe der ganzen Geschichte dieser Erde, um die Sintflut. Wie kam sie zu Ende? Nun, wenn wir alle Gegebenheiten der Natur und ihrer Bewegung damals kennen würden, so würden wir ohne Zweifel die naturwissenschaftliche Erklärung haben; denn natürlich ging es dabei zu nach dem Gesetz von Ursache und Wirkung.

Aber hier wird es so persönlich wie möglich ausgedrückt. Das war die Ur-Sache: Gott gedachte an Noah. Nicht das Schicksal wandte sich, sondern Gott gedachte an Noah. Das ist freilich etwas ganz erschütternd Gewaltiges, wenn ein Mensch glaubt an den lebendigen Gott. Das hebt seine ganze Welt aus den Angeln. Ich meine nicht, daß er ein Wort, das Wort »Gott« ausspricht, wenn er nicht mehr weiterkann: Gott tut dies und das. Ich meine nicht, daß er eine Hilfskonstruktion erdenkt, die das Unerklärliche dann mit einem Namen verhüllt und die Verlegenheit etwas verdeckt, aber eigentlich nur die Fragen zurückstellt und ungelöst in den Hintergrund schiebt.

Ich frage: Glauben wir an den lebendigen Gott? Halten wir uns an den Unsichtbaren, als sähen wir ihn? Rechnen wir damit, daß tatsächlich über all diesem Sichtbaren, unheimlich Gewaltigen, das diese Welt erfüllt, ein Wille steht, der alles beherrscht; ein Herz klopft, das sich um den Kleinsten und das Kleinste kümmert; ein Ohr lauscht, das keinen Seufzer des jüngsten Kindes unbeachtet läßt; ein Auge wacht, das in jedes Dunkel dringt und die Seinen anstrahlt wie der helle Mittag? Sind das nur fromme, freundlich klingende Worte, oder glauben wir das wirklich?

Viele in unserer Christenheit haben den Thronverzicht schon lange ausgesprochen. Sie wollen nicht Kinder des Königs sein. Sie sagen: »Es gibt keinen Gott.« Dabei kommen sie sich recht wichtig vor, so wie ein Bursche, der, kaum aus der Schule entlassen, seinen alten, ehrwürdigen Lehrer nicht mehr grüßt, sondern die Mütze auf dem Kopf behält. Er fühlt sich gar nicht wohl dabei, aber er kommt sich groß und wichtig vor. So auch manche, die das tieftraurige Wort aussprechen: »Es gibt keinen Gott.« Sie haben bei dem furchtbaren Anprall der Stöße dieses Lebens, bei der grausam nüchternen, oft so sinnlos scheinenden Wirklichkeit unseres Daseins den Mut verloren oder noch nie gefunden, an den lebendigen Gott zu glauben. Sie haben ihn nie gekannt und suchen ihn nun auch nicht mehr.

Sie wissen und ahnen nicht, wie leer dadurch die Welt für sie geworden ist, leer gerade an der Stelle, wo in der tiefsten Not und bei den letzten, entscheidenden Fragen der Mensch etwas sucht, was ihm Halt geben soll, nein, der Mensch einen sucht, zu dem er »du« sagen, dem er sich ans Herz werfen kann. Sie ahnen nicht, wie leer die Welt wird, wenn das Leben gebetslos geworden ist. Zu wem soll man denn dann beten? Zum Universum? Zu dem Riesenuhrwerk dieser gewaltigen Welt? Ach, eine Uhr hat kein Herz; ihr kann man sich nicht anvertrauen. Sie läuft ab, und dann ist Schluß. Wie arm, wie arm, wie leer und hohl und kalt!

Wie freudig dagegen die Botschaft: »Gott gedachte an Noah!« Alle wahre Hilfe entspringt am Herzen Gottes, fließt aus seiner Gnade. Nicht etwas hilft, sondern er hilft. Wer das nicht glauben kann, mit dem kann man nicht rechten und rechnen. Dem kann man nur den Frieden bezeugen, den das Herz genießt, das in all dem Wirrwarr dieser Zeit und in allem Herzeleid ruht in Gott allein. Dem kann man auch den Weg zeigen zu diesem Gott. Hier finden wir den Weg: »Da gedachte Gott an Noah.« Da machte sich Gott auf die Straße, die hinführt zu dem Bogen des Friedens. Da betrat Gott den Weg der Gnade.

Es ist, als ob wir hier durch einen Spalt der sichtbaren Welt hineinsehen könnten in Gottes Herz. Gott wandte seinen Zorn: »Ich will hinfort nicht mehr schlagen alles, was da lebt, wie ich getan habe« (s. V. 21). Das Gericht wendet sich in Gnade. Gott will nicht mehr verderben, sondern retten, nicht mehr strafen, sondern vergeben. Bruch zwischen Herz und Herz: das war die Sünde. Da wandelte sich die Welt. Daher die Flut damals und seither alle Gerichtsfluten, die über die Menschen dahingehen. Griff von Herz zu Herz: das war die Gnade, das barmherzige Gedenken an die in den Tod Gesunkenen. Da wandelte sich die Welt. »Da fiel das Gewässer auf Erden.«

Gott wendet sich auf den Weg, der zu dem Bogen des Friedens führt, auf den Weg, der endet unter dem Kreuz seines Sohnes. Er will nicht das Gericht an den Menschen vollziehen. Er kann nicht mehr sehen der Menschen Sterben, das furchtbare Sterben eines tausendfachen Todes, den die Menschen durch ihre Sünde auf sich geladen haben. Da gab Gott sich in ihren Tod hinein. Das Gericht nahm er auf sich, daß wir die Frucht seiner Gnade genießen sollen. Er hat den Rat seiner Erlösung hinausgeführt in dem auserwählten Volk, indem er seinen Sohn sandte zur Versöhnung für aller Welt Sünden. Damals fing es an, Karfreitag und Ostern wurde es vollbracht, das Erbarmen Gottes, das, was Gott denkt über eine Sünderwelt: Gedanken des Friedens und nicht des Leides. Seither leuchtet uns die Herrlichkeit Gottes auf dem Angesicht Jesu Christi.

Da geht der Weg zu Gott, liebe Freunde. Und dies ist der Ruf an alle, die aus ihrer innersten Not herausmöchten, die selig werden wollen, ich meine ohne Umschweif und Redensart selig werden wollen: Euch hilft nicht dies und das, euch hilft nur Gott, oder euch ist nicht zu helfen! Aber er hat euch diese Hilfe geschenkt in Christus. Ihr könnt es geschrieben lesen mit dem Blut seines Sohnes: »Also hat Gott die Welt geliebt.« Also hat Gott an die Welt gedacht, so, daß, als der eine von uns, der erste, aus den Fluten des Todes sich hinüberrettete in die Arche seiner Gnade: »Jesus, gedenke an mich!«, er ihm anworten konnte: »Mann, ich habe an dich gedacht, heute wirst du mit mir im Paradiese sein« (Luk. 23, 43). Das ist der Ruf der Gnade, daß wir Gottes barmherzige Hand ergreifen, daß wir Jesus als unseren Heiland annehmen sollen und unter dem Kreuz den Anker unserer Seele werfen.

Dann haben wir in unserem Heiland unseren Gott, den lebendigen Gott, gefunden, der all unser Leben regiert. Sind wir getröstet über unsere Sündennot, so können wir auch getrost sein in unserer Sorgennot, wenn uns die Wasser der Trübsal umspülen wie Noah. In Jesus wissen wir uns gegriffen von Gott, gehalten in treuen Händen über dem Abgrund der Tiefe, geborgen in ewigen Armen. Da ist unsere Ruhe. Gott selbst ist unser »Noah«, unser Trost in Christus.

Wir schlagen unsere Wohnung nicht auf in den bombensicheren Unterständen, die diese Welt erfindet, auch nicht unter den Blitzableitern, die menschliche Klugheit ersinnt, um sich gegen Einschläge von allen Seiten zu sichern – da kann man nicht klug genug sein, und wie man es macht, so ist es falsch –, wir ziehen heraus aus dieser Welt der Fluten und der Wassertiefen hinüber unter den Bogen des Friedens, auf den Fels der Gnade Gottes. Wir setzen unser Vertrauen auf nichts und niemand mehr in der sichtbaren Welt. »Gott gedachte an Noah.« Er ist uns Gewähr genug für alle Tage unseres Lebens, er gedenkt auch an uns.

Ein Ölblatt des Friedens

Noah ließ eine Taube aus dem Kasten. »Die kam zu ihm zur Abendzeit. Und siehe, ein Ölblatt hatte sie abgebrochen und trug's in ihrem Munde« (V. 11). Es findet ein Verkehr statt von dem Fenster unten zu dem Herzen oben. Wir dürfen unsere Fenster öffnen und unsere Gebete wie geflügelte Boten emporsenden:

»Hüter, ist die Nacht schier hin? Herr, vergiß uns nicht!« Solche Taube des Gebetes wird nie zurückkommen ohne ein Ölblatt des Friedens. Wenn wir nur Augen hätten für Gottes kleine Tröstungen!

Nur ein Ölblatt! Ja, es ist etwas Geringes. Aber was eine unbedeutende Kleinigkeit für das natürliche Auge ist, kann dem geistlichen Auge eine Macht des Trostes sein. Ist es ein Blümlein, ein Sonnenstrahl, ein Vogellied, das uns verkündet: Gott gedenkt auch an uns? Ach, ihr wollt es wohl geringachten, es ist euch lächerlich, darin Gottes Boten zu sehen? Verachtet nicht die kleinen Tröstungen Gottes und lacht nicht über Dinge, über denen anderen die Tränen der Freude aus den Augen brechen, weil sie Gottes Boten erkannt und Gottes Stimme vernommen und Gottes Angesicht gesehen haben und sind genesen!

Oder ist es ein Lied, ein Bibelvers, ein Wandspruch? Mir war's, wie wenn ein Engel Gottes zu mir spräche, als ich mitten in Rußland in einem sehr verunreinigten Haus in einer Stunde tiefer Niedergeschlagenheit als einzigen Schmuck eines Zimmers den deutschen Spruch an der Wand fand: »Gedenk' ich dein, o Ewigkeit, wie klein ist dann die Müh' der Zeit!« Solches ist Engelsspeise, Himmelsbrot, ein Ölblatt des Friedens Gottes.

Wenn wir nur fragen und bitten wollten, an Antwort würde Gott es nicht fehlen lassen! Es findet ein Verkehr statt zwischen dem Fenster dort unten und dem Herzen dort oben.

Nicht immer wird die Antwort uns eine Zusage bringen. Aber ein Nein ist auch eine Antwort. Auch an dem Nein erkenne ich die Stimme meines Vaters. Aber dann spricht er auch ein Ja und gibt uns durch solches Ölblatt die Zusicherung neuen Lebens, so wie Noah ein Zeichen neuen Blühens auf der Erde empfing durch dieses Blatt. Auch wir sollen merken, daß die Gewässer fallen auf Erden, die uns bedroht haben.

Und wenn wir in dieser Welt nicht mehr das alles erleben, was uns Gottes Wort als Hilfe zusagt, so ist uns das Ölblatt seines Friedens, den er uns schon zuteil werden läßt, ein Angeld, eine erste Blüte aus der neuen Welt des ewigen Lebens, aus dem Land der Herrlichkeit. Dann und dort werden wir die Fülle haben. So bleiben wir am Fenster und schauen nicht nach unten, sondern nach oben und strecken unsere Hand aus unserem Kasten zu Gott empor und freuen uns an den Tröstungen unseres Gottes, der unser gedenkt, als an dem Vorgeschmack dessen, was kommen soll. »Mir folgen Heil und Seligkeit im Leben. Einst wird dein Haus mir ewig Ruhe geben.«

Pniel

Jakob am Pniel

1. Mose 32, 4–33

I. Die Wolkenwand

Alte Schuld läßt sich nicht verscheuchen

»Esau zieht dir entgegen mit vierhundert Mann.« Das war die Nachricht, die Jakobs vorausgeschickte Boten ihrem Herrn brachten. »Da fürchtete sich Jakob sehr.« Vierhundert Spieße und Speere waren auf seine Brust gerichtet. Ohne Zweifel kam Esau, um Rache zu nehmen für das bittere, ihm vor langen Jahren angetane Unrecht. Alte Schuld stand riesengroß wieder vor Jakob auf und richtete sich empor, und sie zog ihre Folgen nach sich.

Aber waren die Geschichten nicht längst vergessen? Ach, Jakob hätte gerne nicht mehr an sie gedacht. Aber sie waren nie vergessen, keinen Augeblick seines Lebens. Es ging dem Jakob wie den meisten Menschen: Ein Schatten liegt über ihrem Leben, eine Wolkenwand steht ganz hinten in der Vergangenheit, aber immer noch drohend am Himmel. Sie ist kaum sichtbar. Man fühlt sie mehr, als daß man sie sieht. Aber sie gibt unserem Leben einen Unterton stiller, verborgener Angst: Ein Seufzen unter einer unsichtbaren Last zieht sich durch alle Tage. Eine heimliche, unheimliche Hand ist geschäftig, immer wieder dieses Blatt aus der längst abgeschlossenen Geschichte unserer Jugend hervorzuziehen und obenauf zu legen. »Jakob fürchtete sich sehr.«

Er war im Begriff, in seine Heimat zurückzukehren von der langen Wanderschaft, dem Leben in der Fremde, nach Hause zu ziehen, aus der Geschichte seiner Sünde mit allen ihr folgenden Auswirkungen heraus zurückzukehren zu seinem Gott. Denn ohne Zweifel lebte in ihm auch die Anschauung, daß der Gott seiner Väter ihm besonders nahe sei im Lande der Väter, das ihm vom Herrn verheißen war.

Lange war es in seinem Gemüt stille gewesen von jener alten Geschichte mit Esau; gerade so, wie es auch bei uns oft ein langes Schweigen gibt über Dinge, die doch noch nicht erledigt sind. Aber gerade dann, wenn wir gerne Freude hätten oder gerne ein großes

Unternehmen ausführten, an einem besonderen Abschnitt unseres Lebens, wo wir unsere ganze Kraft brauchen, da steht unser alter Feind wieder da; gerade dann: vierhundert Speere! Die alte Schuld verwirrt uns aufs neue und lähmt unsere Kraft. Sie läßt sich nicht verscheuchen, so wenig wie Esau mit seinen vierhundert Mann. An der Tür der Heimat versperrt er dem Jakob den Weg ins Vaterland zurück. Alte Schuld verwüstet unser Leben immer gerade dann, wenn wir es so recht genießen möchten. Und in die Tage, da heller Jubel uns umklingt, wie dort den Jakob das fröhliche Jauchzen seiner Kinder, die gespannt sich freuen auf das Gelobte Land, mischen sich in uns die dunklen Stimmen, die von alter Schuld reden und von dem kommenden Gericht.

So sind wir Menschen

Jakob traf kluge Maßregeln, indem er seine Heere teilte. Er suchte, so gut es ging, sich aus der Sache herauszuziehen, um, wenn möglich, mit heiler Haut, mit einem blauen Auge davonzukommen. Mußte es Verluste geben, so wollte er doch wenigstens nur die Hälfte verlieren. Der Mensch sucht sich in solcher Lage zu sichern und zu decken. Jakob hat es noch mit den Folgen seiner Sünde zu tun, zunächst nur mit diesen Folgen. Er ist das Bild des Menschen, dessen armes Herz sich müht, sein Leben zurechtzubringen in eigener Kraft und sich den trüben Folgen seiner Sünde zu entziehen.

»Weiter sprach Jakob« (V. 10). Wundervoll dieses Wort »weiter«. Er hat mit allerlei menschlichen Mitteln versucht, sein Gemüt zu beruhigen, sein Leben zu sichern, aber er kann sich damit nicht zufrieden geben, sondern sucht seinen Gott. Wundervoll, daß Jakob bei dem Bisherigen nicht stehenbleibt, sondern daß hier ein »weiter« steht. Er kann und will sich nicht oberflächlich über seine Not stillen lassen. Er geht der Sache je länger je mehr auf den Grund.

Jakob stärkt sich in seinem Gott. Er war ein Mann, in dem die Sünde, die in unser aller Herzen wohnt, recht unverdeckt hervortrat. Er zeigt uns das Bild eines Sünders in einer besonders unsympathischen Gestalt. Da wird offenbar, was in unserem Herzen ist. Immer wieder geht er Zickzackwege und sucht mit schlauen Kniffen »das Glück zu verbessern«, sich selbst voranzuhelfen und mit ungöttlichen, fleischlichen Mitteln die Erfüllung der Verheißung Gottes herbeizuführen, die ihm einmal gegeben war.

Gottes Wort zeichnet diese seine Sündenart sehr klar, aber auch die Tatsache, daß in der Geschichte seines Lebens die Heiligkeit Gottes und die heilsame Gnade seinem sündigen Wesen begegnet ist. Manche sind schnell bereit zu hartem Urteil über den Jakob, und sicher dürfen wir nichts von der Wahrheit abnehmen lassen: Er hat gelogen und betrogen. Nur laßt dabei dies uns vor Augen halten, daß wir damit das Urteil über uns selbst sprechen: So sind wir Menschen! Wer sein eigenes Herz kennt, dem wird es sehr unheimlich und beklommen zumute, wenn manche mit so scharfen und harten Worten über den Jakob und seine Sünde herfallen. Ja, er war schlecht. Aber das heißt für den, der nicht nur in Jakobs Wesen, das ziemlich eindeutig zutage liegt, sondern auch in sein eigenes, innerstens, verborgenes Leben hineinschaut: Ja, wir sind schlecht.

Jakob stärkt sich in seinem Gott. Das ist keine Heuchelei, sondern wahrhaftig und ernst gemeint. Am tiefsten Punkt ist er noch nicht angekommen, daß er sich in der Not seiner Sünde schuldig weiß vor Gott. Aber doch hat er schon ein Verhältnis zum Herrn. In seiner Seele lebt das helle Bewußtsein, daß der Herr in seiner Gnade ihn ergriffen und erwählt, ihm seinen Segen zugesagt hat. Das Erbarmen Gottes steht als ein heller, leuchtender Stern auch über seinen dunklen Wegen, und das Licht strahlt in seine oft verfinsterte Seele. Gott hatte gesagt: »Ich will dir wohltun.«

Gott ist stumm

Gottes Gnade stand in der Vergangenheit über dem Leben des Jakob, und auch von seiner Seite aus hatte er Verbindung mit dem Herrn. Er kannte seinen Gott. Er redete mit Gott. Auf allen Stationen seines Lebens sehen wir die Spuren davon, daß Jakob ein Gebetsleben führte mit seinem Gott. »Ich bin zu gering aller Barmherzigkeit und aller Treue, die du an deinem Knechte getan hast, denn . . .« Er hatte offene Augen für Gottes Durchhilfen und Wohltaten. »Ich hatte nichts . . ., jetzt habe ich.« Er dankt jetzt seinem Gott für seine Wohltaten. Es ist ein für Gott aufgeschlossenes Herz, das so spricht, und das demütig und dankbar aus Gottes Hand dessen Freundlichkeiten hinnimmt.

Und Jakob hält sich im Glauben an seinen Gott: »Du hast gesagt: Ich will dir wohltun.« Darauf kommt Jakob in seinem Gebet zweimal zu sprechen (V. 10 u. 13). Es ist mitten in das dankbare Gebet hineingestreut wie der Schrei des Mannes, der zu Jesus kam: »Ich glaube, Herr, hilf meinem Unglauben.«

Ja, Jakob glaubt dem Herrn, seinem Gott, und aus diesem Glauben heraus lebt er im innersten Grund seines Herzens trotz aller Sünde, die wir bei ihm sehen.

Es ist das alles so lebenswahr. Wohl ist da noch eine alte Sache zu ordnen, eine schlimme, schwere, alte Geschichte; aber doch hängt Jakob schon im Glauben an seinem Gott und kann nicht von ihm lassen. Ach, wie mancher gleicht ihm in dieser Lage! Man lebt schon von Gottes Wort, man hält sich an seine Verheißungen in zaghaftem, zufluchtnehmendem Glauben, obwohl noch eine große Last, die große Last unseres Lebens, nicht abgenommen ist. Jakob ist das Bild der Menschen, die gerne dem Herrn nachfolgen möchten; aber durch all ihr tiefstes Sinnen und Beten geht die Frage: Wer zieht mir den Dorn aus der Wunde, aus der alten Wunde? »Ich möcht' so gerne selig sein und weiß nicht, wie ich's mach'!« Schwer ruht der Fluch der alten Tat auf solchem Leben, und doch strecken sich alle Kräfte des erschütterten und gedemütigten Herzens aus nach dem lebendigen Gott. Jakob kommt allmählich erst ans volle Licht. Der Herr führt ihn langsam, aber bestimmt der entscheidenden Stelle zu.

Herzbeweglich bittet er den Herrn: »Errette mich von der Hand meines Bruders, von der Hand Esaus« (V. 12)! Er flüchtet sich in der Not des Lebens unter die Flügel Gottes. Der Name »Esau« ist für ihn die Geschichte seiner Sünde: »Ich habe es mir selbst zuzuschreiben, ich habe die ganze Sache mir selber eingebrockt.« Aber nun – kein verzweifeltes, stumpfes und dumpfes Sichergeben in sein Schicksal! Nein, ein Schrei in die Höhe: »Herr, hilf mir und rette mich! Mach du alles wieder gut, was ich mir in meinem Leben selbst verdorben und zerstört habe! Laß mich nicht versinken!« An diesem Schrei aus der Not zieht Gott ihn näher zu sich und in den tiefsten Kampf hinein.

Gott gibt ihm keine Antwort. Das ist schwer. Schwer ist die Not, aus der der Psalmist emporschreit: »Herr, schweige doch nicht also und sei doch nicht so stille« (Ps. 83, 2). Das Unerträglichste für ein Herz, das Gott sucht, ist dieses Schweigen Gottes. Gott hat ernste

Dinge mit Jakob vor. Jetzt kommt die Tiefe in sein Leben. Der Himmel bezieht sich dunkel. Früher sprach Gott mit ihm, trotz all seiner Sünde hat Gott ihm immer wieder in Gnaden das Wort der Verheißung bestätigt. Jetzt ist Gott stumm. Eine unheimliche Tatsache; das steigert die Angst.

Der Herr entzieht sich dem, den er dahin bringen will, daß er ihn nun wirklich im tiefsten Grunde sucht, und ihn allein. Da will sich Gott ihm schenken für immer. Gott kann es nicht mehr zulassen, daß der Mensch so einfach über die Dinge hinwegdenkt, hinwegbetet und sich tröstet. Jetzt kommt die entscheidende Not. Es soll nicht mehr zu einer äußerlichen, vorläufigen Lösung kommen, sondern zu gründlicher Heilung. Daß der Herr jetzt stumm ist, ist nicht ein Zeichen seiner Ungnade, sondern seiner Gnade. Wohl dem, der solches Schweigen Gottes recht versteht und nicht in stumpfe Gleichgültigkeit verfällt, sondern mit wachem Herzen auf Gottes Wort wartet!

Der todeinsame Mensch

Zum zweiten Male sehen wir Jakob geschäftig, mit klugen Maßregeln die Zusammenkunft mit seinem Bruder vorzubereiten (V. 14). Das unruhige Herz will nicht stille werden. Er sucht Esau freundlich zu stimmen und sendet ihm überreiche Geschenke zu. Er will wieder gutmachen, was er einst gefehlt hat, und seinen Bruder versöhnen: »Vielleicht wird er mich annehmen« (V. 21). Darin liegt ein klares Bekenntnis seiner Schuld, und sicher ist es nur recht und billig, daß er etwas von dem Schaden, den er seinem Bruder angetan hat, durch dieses Geschenk wieder gutmachen will. Wie tief muß sich Jakob dabei demütigen! Er nennt Esau seinen Herrn, und sich nennt er Esaus Knecht. Wie tief muß man sich vor Menschen beugen, wenn man sich nicht vor Gott über seiner Sünde demütigen will! Als er hernach mit Gott im reinen ist, da ist auch die Sache mit Esau geordnet.

Es kommt eine schlaflose Nacht. Jakob, umgetrieben durch die Not seiner Sünde, ist das Bild der Unruhe und Unstetigkeit. Mitten in der Nacht weckt er sein ganzes Volk, seine Frauen und Kinder und zieht über die Furt des Jabbok. Mitten in der Nacht. Es läßt ihm keine Ruhe, es treibt ihn hin und her. Ein wunderlicher Mann!

Was hat er nur? Ein Mensch in seiner Sündennot ist für andere immer wunderlich. Ein Herz, in dem Gottes Pfeile stecken, ist anderen oft sehr unverständlich. Als den Petrus der große Schrekken angekommen ist beim Fischzug, da fällt er Jesus zu den Knien. Ein sonderbares Benehmen, wenn man mitten in einem großen Fischzug steht; unverständlich für alle, die nicht wissen, was in seiner Seele vorgeht.

Endlich trennt sich Jakob auch von seiner Familie. Er bleibt allein. Schließlich muß der Mensch doch ganz allein sein. Unter den Menschen wird er nicht verstanden. Er kann sich mit keinem aussprechen. Er ist todeinsam. Die Sündennot isoliert den Menschen. Da kann ihm niemand beistehen. Jakob wird ja auch wohl dadurch besonders einsam gewesen sein, daß er wahrscheinlich seinen Angehörigen nichts von seiner alten Schuld erzählt hat. So muß er nun auch den Kampf, der sich daraus ergibt, allein durchkämpfen.

Einsamkeit ist nötig, damit du merkst, daß du nie einsam bist, daß dein Gott dir begegnen will. Der Herr wartete schon lange darauf, daß Jakob einmal Zeit für ihn haben sollte. Endlich reißt sich Jakob von allen Menschen los und »blieb allein« (V. 25). Jetzt kann es zur Entscheidung kommen. Beim Eintritt ins Gelobte Land der Verheißung tritt ihm Gott entgegen als der Richtende und Heilige. Jakob ist nicht würdig, in das Land einzugehen. Soll er doch lieber wieder umkehren? Soll er lieber draußen bleiben im Land der Fremdlingschaft? Nein, er bleibt standhaft. Jetzt muß es endlich in Ordnung kommen! Dem heiligen Gott, der ihn mit hartem Griff anfaßt, will er nicht wieder entfliehen. Es geht durch heißen Kampf, in dem seine Unwürdigkeit ihm klar vor Augen tritt, aber in dem er sich an die Verheißung Gottes klammert und im Glauben die ewige Hand der Gnade ergreift.

Pniel — Jakob

1. Mose 32, 4–33

II. Sonnenaufgang

Die Religion der Kluft und des Vorhangs

»Er blieb allein. Da rang ein Mann mit ihm.« Wer ist der Mann? Jedenfalls ist es irgendwie Gott, der es hier mit Jakob zu tun hat, denn hernach wird ihm gesagt: »Du hast mit Gott gekämpft.« Hosea 12, 5 sagt: »Er kämpfte mit dem Engel.« Wie zart zurückhaltend ist hier wiederum die Schilderung des Wortes Gottes! Nichts wird ausgemalt wie in den heidnischen Göttergeschichten, nicht ein einziger Zug der Anschaulichkeit wird uns geschenkt. Alles geht hier nur um die innere Seite des Kampfes. Jakob hat es jetzt mit Gott zu tun. Bisher war er sehr mit den Folgen seiner Sünde beschäftigt, jetzt geht es um seine Sünde selbst. Gott tritt ihm als Feind entgegen, die Gerechtigkeit Gottes stellt sich ihm in den Weg. Er muß erkennen: Gott will mich nicht. Da fängt der tiefste Kampf erst an. Jakob hat es nur mit Gott zu tun, mit Gott und seiner Sünde, nicht mehr mit den Folgen der Sünde, die bisher ihn geängstigt haben.

»Da rang ein Mann mit ihm« (V. 25). Wir sehen hier hinein in die Wurzeln der Offenbarung, die später heller und deutlicher verkündigt wird durch Mose und seine Gesetzgebung und durch die Propheten. Wir haben im Alten Testament die Religion der absoluten Kluft. Durch nichts und niemand darf die Heiligkeit Gottes herabgemindert werden. Hier finden wir keine Götter, die ihren Günstlingen zuliebe auch das Recht beugen. Und durch nichts und niemand darf die menschliche Schuld beschönigt und das Urteil über sie gemildert werden. Nein, Gott ist der Heilige, und durch eine unüberbrückbare Kluft ist der Sünder von ihm getrennt. Gott will ihn nicht, Gott kann ihn nicht wollen.

Wir haben im Alten Testament die Religion des Vorhangs. Im Tempel hing vor dem Allerheiligsten der gewaltige Vorhang. Kein Volk in der Welt war Gott so nahe wie Israel. Er zeltete unter ihm. Und kein Volk in der Welt war Gott so fern wie Israel. Dieses Volk wußte, daß niemand zu ihm kommen kann. »Eure Untugenden scheiden euch und euren Gott voneinander« (Jes. 59, 2).

Das ist auch der Grundton, der durch den Kampf des Jakob mit dem Mann hindurchklingt. Gottes Gerechtigkeit und Heiligkeit steht gegen den Sünder. Da ist von der einen Sünde, der großen Schande, die er an Esau begangen hat, nicht im besonderen die Rede. Allmählich verblaßt in diesem hellen Licht Gottes die einzelne Sünde. Die Tat gegen Esau war der starke Erwecker der Angst in Jakobs Herz gewesen und wird von Gott benutzt, an dieser Stelle sein Herz zu greifen. Aber nun ist sein ganzes Verderben ihm offenbar, seine sündige Art.

Es kommt nicht darauf an, daß wir uns besonders schlimmer Sündentaten und Schanden bewußt sind. Ach, vielleicht waren wir nahe genug dabei, und ein Sündenfall, bei dem Gott die Tat gnädig verhütet hat, ist im Herzen schon geschehen. Aber ob wir auch nicht durch besondere Einzelheiten in unserem Gewissen gequält werden, wenn Gott uns mit seinem heiligen Licht erfaßt, dann wacht die Erkenntnis auf: Es ist alles, alles Sünde. Nicht daß ich dies und das getan habe, sondern daß ich so bin, wie ich bin, das macht mich schuldig vor Gott.

Sieg über Gott und Menschen

Die Offenbarung der absoluten Kluft zwischen dem Heiligen und dem Sünder! Und doch werfen wir schon einen Blick auf die Brücke, die die Gnade über die Kluft geschlagen hat. Der Mann besiegt den Jakob nicht. Die Gerechtigkeit Gottes ist gebunden durch seine Barmherzigkeit, durch die Zusage der Gnade: »Ich will dir wohltun.« Je heftiger Jakob kämpft und sich an diese Gnade hält, desto näher kommt er seinem Feind als seinem allerbesten Freund. Das ist schon Gnade, daß der Mann, der mit ihm ringt, ihn nicht einfach zerschmettert und von sich schleudert, sondern mit ihm spricht. Es ist nicht die Gerechtigkeit Gottes, die zerschmettert, die dem Jakob begegnet, sondern das Herz des heiligen Gottes, der hier die Sünde verdammt, aber dem Sünder Gnade gewährt. Er gibt ihm einen Grund, auf dem er stehen kann in seinem Gebet.

»Laß mich gehen, denn die Morgenröte bricht an« (V. 27), so spricht der Mann zu Jakob. Dieses Wort ist das Wort der Gnade.

Damit will Gott den Glauben hervorlocken. Wenn er sagt: »Laß mich«, dann kann man ihn ja auch halten. Dann gibt es doch noch einen Zuweg zu diesem Herzen Gottes, das in Heiligkeit sich von dem Sünder wendet. Da klingt mitten im Gericht noch ein wunderbares Wort der Gnade; der Gnade, die Liebe Gottes ist, die sich dahin wendet, wo Zorn verdienet war. »Laß mich gehen . . .«

Jakob erspäht in seiner Not den kleinen, aber felsenstarken Grund für sein Gebet. Wenn Gott sagt: »Laß mich«, dann kann ich ihn halten: »Ich lasse dich nicht, du segnest mich denn.« Das ist die Gewalt, die das Himmelreich leidet, wenn ein Herz in seiner verzweifelten Not auf der Flucht vor Gott keinen anderen Ausweg weiß, als sich hineinzuwerfen in die Arme Gottes. Das ist der Griff, mit dem man das ewige Leben ergreifen muß. Das ist der Sturm, der Verzweiflungsschrei, von dem Hosea sagt: »Er weinte und bat ihn« (12, 5).

»Laß mich«, so hatte Gott gesagt, und hatte sich damit, wenn man so sagen darf, in die Hand des Sünders begeben, daß er ihn fasse und mit seinen eigenen Verheißungen binde. Und Jakob, in dessen Herz die Zusage klang: »Ich will dir wohltun«, er schreit in Verzweiflung und Jubel zugleich: »Ich lasse dich nicht, du segnest mich denn.« Da hat er Gott »besiegt«. Gott will sich so gerne »besiegen« lassen! Da hat er, dem leisen, zarten Wink der Gnade folgend, sein Leben hineingetragen und gelegt in die Hand dieser Gnade. »Ich lasse dich nicht, du segnest mich denn!« Alles, was er begehrt, faßt er in dieses Wort zusammen: »Du segnest mich denn.« Darin liegt das Flehen um die Vergebung, darin liegt die zuversichtliche Bitte: »Herr, stelle wieder her, was ich verdorben habe!«, und zugleich sucht Jakob Gottes Hilfe vor der Not, die der kommende Tag bringen wird.

Er hatte Gott besiegt und auch Menschen. Wenn einer seine Sache mit Gott in Ordnung gebracht hat, braucht er sich vor den Menschen nicht mehr zu fürchten. Hernach war sein Bruder ganz friedlich und freundlich zu ihm. Auch Sachen, die wir mit Menschen haben, werden vor Gottes Angesicht erledigt. Solange wir es nur mit Menschen zu tun haben und uns vor ihnen abmühen, ist es vergebens. Es muß vor Gott geordnet werden. Wir haben es nur mit Gott zu tun, daß nur zwischen ihm und uns nichts steht. Dann mag kommen, was da will, auch die Folgen meiner Sünde können mich dann nicht trennen von meinem Gott.

Und immer wieder werden wir es erfahren, daß dann Gott unsere Dinge auch vor den Menschen klärt. Er spricht mit Esau. Er hat einst mit Laban gesprochen: »Hüte dich, daß du mit Jakob nicht anders als freundlich redest« (Kap. 31, 29)! Er hat dem Daniel »gegeben«, daß der oberste Kämmerer ihm günstig und gnädig ward (Dan. 1, 9). Da dürfen wir die Sorge fahren lassen.

Das war die erste Frage, die Jakob an den Engel richtete: »Sage doch, wie heißest du?« In dem Namen Gottes wollte er die Lösung und Deutung seines Erlebnisses finden. Eine Erklärung begehrte er. Er wollte Gott genauer kennenlernen, der ihm hier so nahegetreten war. Aber er mußte erfahren, daß er keine Antwort erhielt.

Oft gibt uns Gott keinen Aufschluß über seine Führungen, warum dieses so und jenes anders kommt. Wir können uns wohl keinen Reim machen auf seine Ratschlüsse, die unser Leben regieren, und fragen: »Herr, wie heißest du? Wer bist du?« Und er gibt uns keine Antwort. Es werden Siegel bleiben an verschlossenen Büchern Gottes, die wir nicht lösen können, und an denen wir herumrätseln, solange wir leben, bis einst – »das Lamm, das alle Sünde trägt, das löst auch alle Siegel.«

Antwort gibt Gott dem Jakob nicht, aber »er segnet ihn daselbst.« Wir werden nicht über alles Licht bekommen, aber sollen in allem gesegnet werden. Unsere Fragen will Gott uns nicht alle lösen, aber unsere Fesseln will er brechen. Er nimmt nicht die Binde von unseren Augen, daß wir alles verstehen und deuten können, aber er will jeden Bann brechen, der auf unserem Leben liegt, und in jeder Stunde, an jeder Stelle unseres Weges dürfen wir es ihm zutrauen: »Daselbst« will er uns segnen.

Alles ist Werk der Gnade Gottes

Die Frage des Jakob: »Wie heißest du?« war hervorgerufen durch den Mann, der nach Jakobs Namen gefragt hatte und ihm nun den neuen Namen »Israel« gab. Da wurde, als Jakob in die Gnade Gottes sich flüchtete, aus dem Fersenhalter, aus dem Ränkeschmied – Israel, der Gotteskämpfer, der im Glauben an die Gnade gesiegt hatte über die Gerechtigkeit, die gegen ihn stand. Da erhielt Jakob seinen neuen Namen. Durch Gottes Gnade wurde in seinem Leben alles neu. Nicht als ob in Zukunft sein Leben nicht mehr das Leben eines Sünders gewesen wäre, aber von dieser Stelle an sehen wir in Jakobs Geschichten doch nicht mehr seine alte Art hervorbrechen, sondern nun begannen die Leidenswege (Joseph-Geschichten!), durch die dieser Mann ausgestaltet wurde zur Ehre Gottes und ein Zeugnis wurde auch in Ägyptenland. Durch seine Flucht in die Gnade Gottes war in seinem Leben grundsätzlich auf allen Gebieten alles entschieden.

Das Ringen mit der Leibeskraft war das Sinnbild der Verkehrtheit seines ganzen bisherigen Lebens, in dem er stets bemüht war, durch fleischliche Mittel die Erfüllung der Verheißungen Gottes zu erreichen. Er glaubte so in seinem Leben durchzukommen, so wie er ging und stand und dem Mann entgegentrat, der mit ihm rang. Jakob hat es, wenn man so sagen darf, der göttlichen Erziehungskunst schwer genug gemacht, über ihn Meister zu werden. Aber in dem Kampf mit Gott wurde ihm das Gelenk seiner Hüfte verrenkt und die Stärke seiner Naturkraft zerbrochen. Früher war es seine Stärke, daß er sich »zu helfen wußte«. Seine »Spannader auf der Hüfte« war stark. Er konnte schnell laufen und viele übervorteilen.

Jetzt kann er das nicht mehr. Das Gelenk seiner Hüfte ist ihm verrenkt. Er kann nicht mehr, wie er es konnte, mit Mitteln und Mittelchen sich seinen Weg ebnen, sondern dies ist jetzt sein Gang: Gebet und Glauben und sich klammern an den Herrn. Durch Naturkraft läßt sich Gott nichts abtrotzen. Da wurde dem Jakob seine Hüfte verrenkt und er gelähmt, so daß er hinken mußte.

Diese Kraft, die allen anderen Erziehungswegen Gottes widerstanden hatte, wurde überwunden, als Gottes Heiligkeit und Gottes Erbarmen zugleich ihm begegneten. Jakob mag oft seine sündige Art verwünscht und verurteilt haben. Wir mögen unter unseren bösen Gewohnheiten und Trieben selber leiden und mit ganz guter und heilsamer Übung dagegen kämpfen – getötet wird der alte Mensch in seinen Kräften und Betätigungen durch nichts anderes als durch die Begegnung mit der Heiligkeit und der Gnade Gottes.

Was dem Gesetz nicht gelingt, wozu gute Vorsätze uns nie führen, was alles beste Wollen in uns nicht erreicht, nämlich daß wir im innersten Grund die Sünde loslassen und hassen lernen, das bringt die Gnade zustande, wenn sie einen Menschen demütigt und aufrichtet. Die beiden Kämpfe liegen in einem zusammen: Es ist derselbe Streit, aus dem Urteil über unsere Sünden uns flüchten in die Begnadigung des Erbarmens Gottes. Das ist das erste, das steht im Vordergrund. Aber indem wir diesen Weg gehen, wird uns vor Gottes Angesicht unsere Sünde überaus sündig und unser Herz mit Abscheu gegen sie erfüllt, und über dem unergründlichen Erbarmen der vergebenden Liebe Gottes wacht in uns der heilige Entschluß auf: »Es ist genug des Sündenwegs« (1. Petr. 4, 3). – Rechtfertigung und Wiedergeburt, Bekehrung und Erneuerung im Geist, Annahme an Kindes Statt und Gabe der Kindesart, es ist alles, alles die Tat und Gabe der Gnade Gottes.

Hell strahlte über Jakob die Gnade. »Pniel«, »Angesicht Gottes« nannte er die Stätte; die Stätte, die er nie vergessen würde, die Stätte seiner Begegnung mit Gott, seines Kämpfens und Siegens. Hast du auch solch eine »Stätte«? Ruht auch dein Herz in dem Frieden Gottes, in dem Bewußtsein, daß du von ihm angenommen wurdest? »Ich habe Gott von Angesicht gesehen, und meine Seele ist genesen« (V. 31). Meine Seele ist am Leben geblieben.

Eigentlich konnte niemand leben, der Gott sah, der der Heiligkeit des Herrn begegnete. Jakob war an dieser Heiligkeit Gottes aber nicht gestorben, er war am Leben geblieben durch die Gnade. Das Leben war ihm neu geschenkt. Das ist der wunderbare Inhalt des Wortes »Pniel«: Gott will nicht den Tod des Sünders. Er will, daß der Sünder die Herrlichkeit Gottes schaue auf dem Angesichte Jesu Christi, an dem Kreuz des Sohnes Gottes, in dem Gericht und Gnade uns begegnet; vor dem wir sterben müssen im Verdammungsurteil aufrichtiger Buße und unsere Seele genesen kann über dem Anblick seiner Gnade.

Sonne und Hinken

Nun hatte Jakob Sonne über seinem Leben und – hinkte an seiner Hüfte. »Als er an Pniel vorüberkam, ging ihm die Sonne auf; und er hinkte an seiner Hüfte« (V. 32). Beides! Er hinkte. Er hatte den »Knick« in seinem Leben, den die Menschen haben, denen Gott einmal zu stark geworden ist, und die sich aus dem Zusammenbruch ihres alten Lebens in Gottes Gnade geflüchtet haben. Das sind Gottes Kinder, die Leute mit einem Knick; sie hinken, sie haben ihre Narben, auf die andere, die nicht gebeugt und nicht niedergerungen sind von Gott, immer wieder hinweisen. Uns selbst ist es heilsam, immer wieder daran erinnert zu werden: Wir können nicht mehr so voran wie früher. Gott macht uns manches unmöglich, manches Mittel, manche Auskunft, manche Wege, die wir früher bedenkenlos gegangen sind. Wir hinken an unserer Hüfte, wir können nicht mehr so schnell voran und können mit manchen, die auch Christen sein wollen, in ihren Praktiken nicht mit. Uns ist da etwas zerbrochen worden, das möchten wir nie in unserem Leben wieder aufbauen. Und durch alle unsere Tage soll die Erinnerung an das Zerschlagen, das von Gott her uns traf, hindurchgehen wie eine stille, tiefe, übermächtige Melodie: »Beim Grundgefühl der Sünden ein tief gebeugt Empfinden. Kein Sündetun, ach Gott verhüt's!«

Wir hinken: »An mir und meinem Leben ist nichts auf dieser Erd'«, aber uns ging die Sonne auf: »Was Christus mir gegeben, das ist der Liebe wert.« Beides haben die Kinder Gottes: Sonne und Hinken. Ja, Hinken, aber auch Sonne. Und beides stimmt zusammen und klingt ineinander im Leben der Menschen, die wissen, was Gnade ist. Wie wenig Verständnis findet man oft für dieses Wort von der Gnade! Weil man etwas von der Sonne gesehen hat und zugleich das Hinken so empfindlich in seinem Leben spürt, die Hemmung, die wir auf dem Weg Gottes immer wieder durch unsere sündliche Art erfahren, so ist man geneigt, die ganze Frage des Christenlebens in ein Halbdunkel hineinzutauchen: »Eigentlich« kann doch keiner sagen, daß er Sonnenschein habe, denn er hinkt ja noch.

Unendlich schwer können sich gerade oft unsere jungen Männer der Gnade getrösten, weil sie über ihre Sünde nicht Herr werden können. Wollen sie getrost im Sonnenschein weiter wandeln, so weist eine Stimme sie auf ihre sündige Art hin, auf ihre immer erneuten Niederlagen, da geht ihnen die Sonne unter. Ach, wenn sie doch wüßten, was Gnade ist! Sie meinen, sie könnten sich mutiger und getroster auf den Weg machen, wenn sie merken würden, daß ihre eigene Art gebessert worden wäre. Sie suchen ihren Trost in sich selbst und möchten, daß sie in Gnaden sind, daraus feststellen, daß ihre sündige Art gemindert und gebändigt wäre.

Aber im Blick auf uns selbst ist es hoffnungslos. Und dann kommt dieses mißverständliche Gerede: »Ich darf doch nicht von Sonne in meinem Leben sprechen. Ich bin noch so wenig ›fertig‹ mit meiner Sünde.« Wie lauter Bescheidenheit klingt es, daß man sich so der Gnade nicht fröhlich getrösten dürfe, weil man es so ernst nehme mit seiner Sünde, und es ist doch nichts anderes als heimlicher Stolz und verborgenes Selbstgefallen oder jedenfalls erschreckliche Unklarheit. Wir verleugnen die Gnade, wenn wir uns dieser Sonne nicht freuen wollen, solange wir noch die sündlichen Regungen in unserem Fleisch feststellen.

Jawohl, wir sind nicht »fertig«, und es ist Mißverständnis oder Verleumdung, wenn man uns nachsagt, wir behaupteten, mit unserer Sünde fertig zu sein. Wir werden nie fertig werden, und im Tod vielleicht wird unsere Sünde uns am sündigsten vor Augen stehen, aber, Gott gebe es, seine Gnadensonne uns hell und klar strahlen.

Das ist das Leben der Gotteskinder. Sie hinken an ihrer Hüfte und wissen täglich zu sagen von immer noch anklebender Sünde und von vielen schmerzlichen Niederlagen, aber ihr Auge ist gerichtet auf die Gnade. Es ist ihnen die Sonne aufgegangen, die Sonne des Erbarmens Gottes, das nicht Heilige, sondern Sünder an sein Herz zieht; die Sonne der Gnade, die trotz unseres hoffnungslosen Sündenwesens und über all unser tägliches Versagen hinüber uns leuchtet, und in der der Glaube, gedemütigt und getrost, seine Straße zieht, indem er sich dennoch, dennoch an Gottes Verheißung hält: »Du hast gesagt: Ich will dir wohltun.« Er schreitet nicht stolz einher, sondern gebeugt. Er kriecht aber nicht verzagt am Boden, sondern zieht getrost seinen Weg und summt sein Pilgerlied:

»Ich danke dir, daß dein Versühnen
uns tägliche Vergebung schenkt;
und daß dir auch die Blumen grünen,
dir voller Scham ihr Haupt gesenkt.«

In Gottes Hand

2. Mose 2, 15–25

I.

In Gottes Zucht

Nach seiner Gewalttat an dem Ägypter war Mose vor Pharao, der ihm nach dem Leben stellte, geflüchtet, im Herzen die blutende Wunde über den Undank, die Feigheit und den Knechtssinn seines Volkes. Er floh in die Wüste Midian, von seinen Brüdern verraten, von seinen früheren Freunden verachtet und gehaßt, von jedermann verlassen, vom Hof verstoßen, den Zorn des Pharao über seinem schuldigen Haupte. Und doch war er auch auf diesen Wegen der Flucht in Gottes Hand.

Er war in Gottes Zucht. Von seinem späteren Auszug aus Ägypten heißt es Hebräer 11, 27: »Durch den Glauben verließ Mose Ägypten und fürchtete nicht des Königs Grimm; denn er hielt sich an den, den er nicht sah, als sähe er ihn.« Warum stand er nicht auch jetzt, 40 Jahre früher, in solchem Glauben, getrost und froh im Vertrauen auf den unsichtbaren Gott? Er war nicht auf Gottes Weg. Die rasche Hand des schnell erregten Gemütes hatte sich hinreißen lassen: Da erschlug er den Ägypter. Das war nicht Gottes Weg, sondern ein Weg seines eigenen, sündigen Herzens. Darum konnte er auch nicht seine Straße ziehen in der Ruhe des Glaubens.

Auf dem selbsterwählten Weg eigener, sündiger Pläne wird unser Fuß flüchtig und unser Herz bebend sein. Wenn wir nicht in Gottes Linien gehen, haben wir keinen Frieden im Herzen. Auch diesen Weg mag Mose mit Gebet begonnen und vielleicht mit noch heißeren Gebeten fortgesetzt haben, als er sah, daß er nicht zum Ziel gelangte. Aber solches Gebet gibt keine Kraft. Wenn wir nicht auf Gottes Wegen gehen, hilft alles Beten nicht. »Warum liegst du also auf deinem Angesicht?«, so fragt Gott den Josua (Jos. 7), als er nach der Niederlage vor Ai sich vor dem Herrn hinwarf bis auf den Abend. »Israel hat sich versündigt. Die Kinder Israel können nicht stehen vor ihren Feinden; denn sie sind im Bann.« Und nun: »Ich werde hinfort nicht mit euch sein, wo ihr nicht den Bann aus euch vertilget.«

In solcher Lage hilft kein Beten. Da heißt Gottes Befehl: »Stehe auf, kehre um, tu den Bann von dir!« Du meintest es gut? Deine guten Meinungen sind blind! Es ergab sich so? Die guten Gelegenheiten sind Lockvögel des Teufels. Gehorsam ist besser denn Heldentat. »Gehe wiederum deines Weges, Elia, durch die Wüste zurück« (1. Kön. 19, 15)! So ruft der Herr seinem verirrten Propheten zu. Und dann gilt es, dort wieder anzuknüpfen, wo vorher der Faden des Gehorsams abgerissen war. Da führt ihn Gott neuen Aufgaben entgegen. Nach seiner tiefen Demütigung lauscht der Prophet Jona auf Gottes Stimme und folgt seinem Ruf. Nun hat er Vollmacht und Frucht in seinem Dienst.

Wie oft geht es uns wie dort dem Mose, daß wir uns selbst durch unsere Sünde in Not und Verlegenheit gebracht haben! Dann sind die Menschen gegen uns, die Verhältnisse wider uns. Was sollen wir tun? Sollen wir unseren Platz einfach verlassen wie Mose? Nein, fortlaufen nützt nichts. Damit ist nichts gebessert. Fliehen sollen wir, ja, aber zum Herrn. Der kann wieder gutmachen, was wir verdorben haben. Er kann Mißverständnisse beseitigen. Er spricht zu Laban: »Hüte dich, daß du mit Jakob nicht anders redest als freundlich« (1. Mose 31, 24)! Er macht aus dem wilden Esau einen milden und versöhnungsbereiten Bruder (1. Mose 33, 4).

Aber der Herr spricht vorher mit uns, wie er mit Jakob über seine Sünde geredet hatte. Wir sind vielleicht erbittert über die andern, die uns so wenig geholfen haben, wie hier Mose über seine Brüder erbittert gewesen sein mag. Da »wirft man die Brocken hin«, bis Gott uns die Augen auftut: Du bist selbst schuld. Wir haben geglaubt, alles erobern zu müssen, und sind begeistert vorangestürmt. Wir haben einige vergebliche Schläge geführt und werden durch Enttäuschungen stutzig und taumeln zurück. Wir fliehen, um uns zu verstecken. Wir machen nicht mehr mit, weil wir über andere murren und klagen. Aber in der Stille vor Gott will er uns die Augen öffnen für uns selbst, für unsere Sünden und Fehler. Da klären sich die Gewässer. Da löst sich der Schlamm vom Strom unseres Lebens und wird als Schlamm offenbar. Und uns bleibt in Gottes Zucht nur das eine Bekenntnis: Ich bin an allem selber schuld.

Moses bisherige Welt am Königshof war in Trümmer gesunken. Auch die Welt seiner Träume, Hoffnungen und Pläne war zerschlagen. Nun war er ein Flüchtling in der Wüste. Und all diese Not war gekommen, weil er nicht einfach in seinen natürlichen Zusammenhängen in Ägypten geblieben war, sondern im Glauben dem Ruf des unsichtbaren Gottes gehorcht und die Schmach seines Volkes erwählt hatte. Wieviel ruhiger, wieviel bequemer wäre sein Leben gewesen, wieviel glänzender nach der Außenseite, wenn er, ohne auf die Stimme des Glaubens zu hören, es sich freundlich eingerichtet hätte in dieser Welt! Das war doch ein Glück für ihn. Er war doch ein »gemachter Mann«. Der Glaube an den unsichtbaren Gott hatte ihn in all diese Unruhe hineingerissen. Dadurch kam in sein Leben der Kampf, die Mühe, das Leiden, das Ringen mit der Welt ringsum, dadurch auch das Ringen mit sich selbst, mit seiner Sünde, seinem natürlichen Herzen. Seither war diese Schlacht entbrannt zwischen Fleisch und Geist – alles um des Glaubens willen.

Es ist doch, als ob der Glaube in die Wirklichkeiten dieses Lebens nicht hineinpasse, als zerstöre er nur wie ein düsteres Verhängnis all unser Glück und unsere Freude. Freilich, wer es leicht und bequem haben will, der verschließe der Stimme des Geistes Gottes sein Herz! Dann stellt ihm keiner nach, und er hat keine Leiden zu befürchten. Ihm entsteht auch kein Kampf mit seinem eigenen heißen, bösen Herzen und mit seiner Sünde. Wo aber einer den Ruf Gottes vernimmt und ausgeht aus dieser Welt, der kommt damit unter die Zucht Gottes. Da fängt der Kampf des Glaubens an.

Es kommt leider auch mancher Fehltritt auf dem schmalen Weg vor, der uns viel Schmerzen und Herzeleid bereitet. Wir meinen es gut und machen es doch so oft verkehrt und häufen auch in der Nachfolge des Herrn Sünde auf Sünde. Und das ist das Bitterste. Alles andere können wir entbehren, weil Gott uns über alles geht. Aber wenn zwischen ihn und uns unsere Sünde tritt, dann verschmachten wir. Dann vergeht unser Leben in innerem Kummer.

In Gottes Führung

»Sollte ich da nicht wünschen, im alten Leben geblieben zu sein, in dem Frieden, der damals um meine Hütte war?« So fragt das Herz und will fast schwach werden. Aber wenn uns dann im innersten Grund wieder eine Berührung mit dem Herrn geschenkt wird, dann heißt es: »Nein, tausendfach nein! Nur nicht wieder zurück in die Welt, in das alte Leben oder richtiger: in den alten Tod!« Und ob uns auch mancher Fehltritt und Irrweg unterläuft und der Herr uns mit Schlägen der Liebe heimsuchen muß, um uns von der Sünde zu lösen, das ist doch viel, viel herrlicher als alle Schätze der Welt. Diese Not ist eine Not voller Gnade. »Unsere Tränen, unser Sehnen trösten mehr als eure Freud«, weil wir »sehen und verstehen die verborgne Herrlichkeit«. Nein, niemals zurück, sondern vorwärts in Gottes Zucht zu Gottes Ziel. Darum in Gottes Führung!

In Gottes Führung? Es kam Mose so vor, als ob er, von dem bösen Gewissen und der Furcht um sein Leben gejagt, aufs Geratewohl nur querfeldein auf der Flucht sei. Und doch, er war Schritt für Schritt, ob er es auch jetzt nicht einsah, in Gottes Führung. Gott führte ihn durch all die Bergesklüfte und die Täler hin und her im scheinbaren Zickzackweg ohne Sinn und Zweck, durch die er 40 Jahre später sein Volk, eine Schar von Hunderttausenden, leiten sollte in die Freiheit hinein. Hätte er es vorausgesehen, welchen Sinn sein Umherirren habe, so wäre er wohl mit getrostem Herzen diese Straße gewandert. Jeder Schritt, den der Herr ihn über diese Berge führte, machte ihn geeigneter, später seinen Brüdern den Weg zu ebnen und zu erleichtern. Durch die Kenntnis der Wüste, die er sich jetzt auf seinen Flüchtlingswegen erwarb, war er später imstande, das Volk heranzuführen zu dem Berg Gottes Horeb, wohin ihn Gott jetzt lenkte, und wo Gott später mit seinem Volk den ewigen Bund schließen wollte.

Sinnlos mochte es ihm erscheinen, dieses Flüchten von Fels zu Fels, von Tal zu Tal, um seinen Häschern zu entgehen. Sinnlos erscheint uns mancher Weg, den Gott uns führt. Aber er hat einen Sinn. Wir sehen ihn nur nicht. Wenn wir es wüßten, zu welchem Dienst uns Gott durch unsere Leidenswege befähigen will, würden wir auch mitten im Leiden getroster sein: Es hat einen Sinn! Ich bin in Gottes Führung. Mose hatte mancherlei Leid zu durchkosten, damit er seinen Brüdern Leid erspare und ihren Mut hochhalten könne in schwerer Zeit der Versuchung in der unwirtlichen Wüste, die ihm nun nach und nach bekannt wurde.

Den Preis muß der zahlen, der ein Führer sein will in Gottes Heer, daß er selbst durch manchen Wüstenweg geleitet wird, um anderen dort später als ein alter, erfahrener Fuhrmann die Wege zeigen zu können, wo es sich am besten fährt, und um durch die eigene Erfahrung von der Führung Gottes auch anderer Herz trösten zu können: Wir sind in Gottes Hand.

In Gottes Hand

2. Mose 2, 15–25

II.

Gesegnete Orte Gottes

Eine kleine, schlichte Begebenheit war der Anlaß, daß Mose auf seiner Flucht aus Ägypten sich schließlich im Lande Midian niederließ. Er hatte sich müde an einem Brunnen niedergesetzt und machte dort die Bekanntschaft der Familie des Priesters in Midian, Reguel oder mit einem anderen Namen Jethro genannt. »Er setzte sich nieder an einem Brunnen« (V. 15), so hat er später erzählt. Als er dort ankam, war es für ihn ein Brunnen wie alle Brunnen. Es wurde ihm *der* Brunnen, der wichtige, für sein weiteres Leben so bedeutungsvolle Brunnen, an dem die Wendung in seinem Flüchtlingsleben eintrat. Daran hat er später mit Bewegung Gottes Führung erkannt, daß er gerade an diesem Brunnen verweilt hatte. Es war der erste Punkt auf seiner Flucht, wo er merkte, daß die Zügel seines Lebens nicht mehr schlaff auf dem Boden schleiften, sondern in einer starken Hand ruhten.

Haben wir auch in unserem Leben solche »Brunnen«? Bestimmte Orte, an die sich die Erinnerung an solche Wendepunkte im inneren oder äußeren Leben anknüpft, wo wir es erfahren: Der Herr gedenkt doch an dich? Orte, wo wir lagerten und wußten nicht mehr aus noch ein? Da ist der Herr uns begegnet und hat uns fest an die Hand genommen. Noch heute steht dort unser Eben-Ezer, ein Stein der Erinnerung an seine Hilfe, ein Stein, bis zu dem wir immer zurückgeworfen wurden in Niederlagen hinein, von dem an der Sieg und die Hilfe in unser Leben kam.

War es in einsamer Kammer? Ein Platz in der Kirche? Eine Stelle im Walde? Eine Furt Jabbok, da Gott in unser Leben trat, und unsere Seele ist genesen? Eine Straße vor Damaskus, wo er uns in unserer Sündenlaufbahn niederwarf und in seine Gnade zog? War es ein Jakobsbrunnen, da Jesus mit uns von unserer Sünde sprach wie dort mit der Samariterin? Eine Wasserstelle draußen vor der

Stadt wie in Philippi, da »man pflegte zu beten«, wo uns der Herr das Herz auftat wie damals der Lydia?

Es ist eigenartig, wie oft ein Bruder, den man nach seinen tiefsten Erlebnissen fragt, Erinnerungen erwähnt an solche Orte, an bestimmte Stunden, so wie Luther von seinem Turmerlebnis spricht, da ihm im Turm seines Klosters das Geheimnis der Rechtfertigung aufgegangen ist. Gesegnete Brunnen und Furten und Wasserstellen und Türme! Gesegnete Orte Gottes, an die wir dankbaren Herzens zurückdenken, weil dort ein Wendepunkt in unserem Leben eintrat durch Gottes starke Hand, die uns ergriff!

Äußerlich mag sich solcher Wendepunkt gar nicht besonders ankündigen wie dort bei Mose. Eine geringfügige Begebenheit leitet Gottes Handeln ein. Dieselbe Ritterlichkeit und das Gerechtigkeitsgefühl, das Mose in Ägypten seine Heimat geraubt hatte, weil er den Unterdrückten verteidigte gegen seinen Quäler, hat ihm hier eine neue Heimat aufgeschlossen durch die Hilfe, die er den Töchtern des Priesters bei der Tränkung ihrer Schafe gegen die Hirten zuteil werden ließ. So fand er, was er jetzt gerade bedurfte: eine friedevolle Einkehr bei Menschen, die gleich ihm von Abraham stammten und an den Gott des Himmels glaubten; ein neues Heim, ein stilles Familienglück, mancherlei Freundlichkeiten, an denen seine aufgeregte und verbitterte Seele sich wieder erholen und gesunden konnte; einen neuen Anfang, der ihn nicht mehr zurücksehen, sondern den neuen Aufgaben seines Gottes entgegenschauen ließ, und dadurch ein gestilltes Herz. Vor seinem Auge wurde es wieder licht, weil er seines Gottes Hand in seinem Leben wiedererkannt hatte. Und wer Gottes Licht entgegengeht, der hat die Schatten hinter sich.

Freilich, auch über Moses stillem Glück lag ein leises Weh. Wie mag es seiner Frau überraschend und wohl auch schmerzlich gewesen sein, als er nach der Geburt seines Sohnes ihn Gersom nannte, denn er sprach: »Ich bin ein Fremdling geworden im fremden Lande!« Auch unter diesen lieben Menschen konnte er doch nicht seine Brüder, sein Volk vergessen und die Verheißung, die Gott seinem Volk gegeben hatte. Aus dem Glauben heraus kam diese Namensnennung. Durch den Glauben war er ein Fremdling im fremden Land, und seine Seele suchte in stillen Stunden in der Ferne Gottes Volk und das Land, das Gott seinem Volk verheißen hatte.

Aber auch dieses Leid brachte für seinen späteren Beruf eine kostbare Frucht. Immer wieder prägte er es im Gesetz seinem Volk ein: »Ihr wisset um der Fremdlinge Herz; denn ihr seid selbst Fremdlinge gewesen.« Etwas von dem hier erlittenen Leid klingt wohl mit durch, wenn Mose in seinen Verordnungen öfter des Fremdlings gedenkt, »der in deinen Toren ist«, und dem Volk es zuruft: »Gott hat die Fremdlinge lieb« (5. Mose 10, 18).

Vielleicht muß auch mancher unter uns solches Leid der Fremdlingschaft deshalb durchmachen, damit er die andern verstehen kann, die in gleicher Einsamkeit nach dem himmlischen Ziel wandern, damit er sie trösten kann mit dem Trost, damit er getröstet wurde von Gott.

Gottes Schule in der Wüste

In Gottes Zucht, in Gottes Führung und in Gottes Schule – so verlief der Weg des Mose. Lange Zeit danach starb der König in Ägypten. Da klang von weitem ein Ton an, als ob die Zeit der Fremdlingschaft ein Ende haben sollte. Aber 40 Jahre hat diese »lange« Zeit gedauert, 40 Jahre warten, immer warten! Da lernte Mose diese schwere Kunst, die wir ihn später auf der Wanderung seines Volkes so ohne Murren üben sehen, wenn Gott sie aufs Warten setzte und mit seiner Hilfe verzog. Es waren 40 Jahre, in denen Mose nach innen wachsen sollte. In der Wüste lehrte ihn Gott vergessen, was ihm früher kostbar und wichtig war, und machte ihm lieb, was ihm vorher im Geräusch der Welt verborgen geblieben war. Der Herr entzog seinen Knecht für eine lange Zeit den Blicken der Menschen, um ihn in seine unmittelbare Leitung und Erziehung zu nehmen; denn auch die Ausbildung am Hof des Pharao und die Weisheit der Ägypter vermochten nicht den Umgang mit Gott zu ersetzen und die Erziehung in Gottes Schule.

Auch der, der in der Schule dieser Welt es weit gebracht hat, muß doch in Gottes Schule erst das ABC lernen. Menschliche Weisheit kann niemand ausrüsten zum Dienst in Gottes Reich. Ein Mensch, den Gott gebrauchen will, muß mit Fähigkeiten begabt sein, wie sie Mose nur in der heiligen Einsamkeit in Gottes Gegenwart erlernte. Freilich, dieser Weg ging der Natur ganz entgegen. Wenn je ein Mensch für seinen künftigen Posten nach menschlicher Weise begabt und ausgerüstet war, so war es Mose. Aber doch schickte gerade diesen Mann Gott 40 Jahre in die Einsamkeit des Hirtenlebens in der Wüste Midian. Da wurde der Stolz gebeugt. Da wurde das Herz erschlossen für Gott und seine Wahrheit. Menschliche Erziehung will die Natur des Menschen bilden und veredeln; und das ist gut so. Die göttliche Erziehung gibt die Natur des Menschen dem Verwelken hin, dem Sterben – denn was vom Fleisch geboren ist, das ist Fleisch –, damit es in der Stille vor Gott, dem Herrn, zur Wiedergeburt des Herzens aus Gottes Geist komme.

In der Stille der Wüste hat Mose auch empfangen, was in keiner menschlichen Schule zu lernen ist: Gottes Offenbarung. Ohne Zweifel hat Mose von seinem Schwiegervater, dem wir ja später auf der Wüstenwanderung begegnen, als einem Mann, der dem Herrn diente und voll weisen Rates und Erkenntnis Gottes war (2. Mose 18), mancherlei gelernt, was ihm weiterhalf. Dazu kam die Stille der Wüste. In der Wüste finden sich keine unechten Farben, keine falschen Töne. Da trägt man keine geborgten Federn. Da zerreißen die leeren Einbildungen. Der Feind der Seele kann den Sand der Wüste nicht vergolden. Da ist alles Wirklichkeit, nüchterne, nackte Wirklichkeit. Da sind keine Menschen, auf deren Gunst man achten könnte. Rangstufen und Lobeserhebungen gibt es dort nicht. Dort beirrt nicht der Tadel der Leute. Das Gold hat keine Macht. Von Herrschsucht kann keine Rede sein. In der Wüste ist der Mensch ganz allein vor dem Herrn, seinem Gott. Niemand und nichts ist da als die Wüste und Gott.

Da offenbart sich Gott dem Herzen, das nach ihm fragt. Nicht der religiöse Genius des Mose, nicht der Nationalgeist Israels haben der Welt die Wahrheit Gottes geschenkt. Nein, da wo nichts war, hat Gott alles gegeben. Mose hat auf Gott gelauscht und Gottes Offenbarungen empfangen. In der Wüste ist er nicht ein Philosoph und auch nicht ein Religionsstifter geworden, sondern Gottes Prophet.

In der Wüste hat er auch das Beten gelernt, das Schreien und Klagen zu Gott. Vom Volk Israel heißt es hier: »Ihr Schreien kam vor Gott« (V. 23). Solches Schreien wird Mose auch in der Wüste gelernt haben, Schreien, das emporsteigt. Der Ausbruch menschlicher Ungeduld im Murren und Klagen kann sich nicht zu Gott erheben, sondern bleibt am Boden kleben. Er verläuft horizontal, waagerecht und versetzt die Welt in Unruhe. Gebet, das zu Gott emporsteigt und vor Gott kommt, verläuft vertikal, senkrecht nach oben, und setzt die Kräfte der ewigen Welt in Bewegung. Es zieht die Hilfe des Herrn herbei.

So wurde Mose in Gottes Schule Gottes betender Knecht. Er war in Gottes Hand.

Gottes Lastträger

2. Mose 5

I. Dem Auftrag gehorsam

Es war eine Stunde der Entscheidung, als Mose und Aaron hineingingen zu Pharao mit der Aufforderung: »So sagt der Herr, der Gott Israels: Laß mein Volk ziehen!« Die beiden Brüder hatten alles gründlich miteinander vorberaten, was sich aus dem Befehl Gottes an Mose für sie ergeben würde (Kap. 4, 28), und waren dann vor die Ältesten des Volkes getreten. »Und das Volk glaubte« (4, 31). Sie neigten sich und beteten an.

Nach diesen Vorbereitungen galt es nun, den entscheidenden Schritt zu tun: Mose und Aaron gingen hinein zu Pharao. Jetzt kam es auf die Tat an, auf den kühnen Vorstoß in dem Palast des Königs. Mancher bleibt immer in der Vorbereitung seiner Taten stecken, vielleicht auch mit viel Gebet. Er merkt es wohl selber nicht, daß die Angst sein Herz beherrscht und alles immer erneute Beraten und auch das Beten schließlich nichts anderes ist als ein Ausweichen vor der Tat. So gewinnt man Zeit. Man wagt noch nicht, etwas zu unternehmen. Über die Sache zu beten, ist dann leichter, als für den Herrn ein Wort einzulegen oder eine Tat zu tun. Mehr als ein junger Mann hat sich, wenn er zu feige war, den Herrn vor einem Altersgenossen zu bekennen, hinter die Ausflucht versteckt: Ich will dann um so treuer für den andern beten.

Ganz sicher wollen wir die Wichtigkeit der Überlegung und vor allem des Gebets vor jeder Tat nicht bestreiten. Aber dann kommt der Augenblick, da muß die Tat gewagt werden. »Sie gingen hinein« (V. 1). Bei solchem Weg mag uns das Herz klopfen vor Bangigkeit. Aber es gilt den entscheidenden Schritt.

Mit gemischten Gefühlen wird Mose die Treppen des prächtigen Palastes des Pharao hinaufgestiegen sein. Hier spielte er vor langen Jahren einmal eine maßgebende Rolle als Heerführer und Ratgeber der Krone Ägyptens. Jetzt kam er wie ein Bittender als Botschafter des lebendigen Gottes zu dem König der Weltmacht.

Mose hatte seine Wahl getroffen. Vor vierzig Jahren hatte er seine äußere Machtstellung als Sohn der Tochter Pharaos aufgegeben und gegen die Schätze Ägyptens eingetauscht die Schmach des Christus, die Verachtung des Volkes, auf dem die Verheißung lag, daß in ihm der Heiland der Welt kommen sollte (Hebr. 11, 23–27). Hatte er Gottes Volk gewählt, so mußte er nun auch die Beschwerden und Lasten dieses Volkes auf sich nehmen und in diesem Augenblick als Bittender vor Pharao treten. Er hatte keine äußere Macht, etwas zu befehlen.

Äußere Macht – das wäre der andere Weg gewesen, daß er, um seinem Volk zu helfen, in Ägypten geblieben wäre und versucht hätte, seine einflußreiche Stellung zugunsten des Volkes seiner Väter auszunutzen. Aber dann wäre er nicht mit klarem Entschluß in dieses Volk hineingetreten, hätte nicht dieses Volkes Los als sein Lebensschicksal gewählt, hätte nicht die klare Entscheidung getroffen auch durch offenes Bekenntnis für den Gott dieses Volkes. Äußerlich war er dann noch bei den andern, bei den Kindern der Welt. Nein, Mose hatte alle Brücken hinter sich abgebrochen und war zu diesem Volke Gottes gegangen als zu seinem Volk. Das war nicht Berechnung, das war Bekenntnis.

Auch heute will mancher in dem gewaltigen Ringen innerhalb der Kirche und der Kirchen unseres Volkes gern in einem Kreis bleiben, zu dem er innerlich nicht gehört, in der Absicht, dadurch für Gottes Volk Gutes herauszuschlagen oder »um Schlimmeres zu verhüten«. Wie stark muß diese Versuchung für Mose gewesen sein! Er hatte wirklich früher einen langen Arm und ein mächtiges Wort in Ägypten gehabt. Eins hatte ihn bestimmt: »durch den Glauben«; so steht über seinem ganzen Weg geschrieben. Durch den Glauben wollte Mose nicht mehr (Hebr. 11, 24). Aus dieser Stellung des Glaubens ergab sich jeder weitere Schritt. Der Glaube kann nur leben in klarer Luft und bei sauberen Entscheidungen. Wo Diplomatie und Taktik und Berechnung das Wort führen, muß der Glaube sterben.

»So sagt der Herr, der Gott Israels: Laß mein Volk ziehen!« Dem Auftrag Gottes gehorsam, sprach Mose dieses kühne Wort zu Pharao. Zum ersten Male erklang im Palast des Königs der Ägypter der Name des Herrn. Pharao selbst wurde wie ein Gott geachtet. Er war der absolute Herrscher, und alles im Lande gehörte ihm. Kein Wunder, daß seine Antwort lautete: »Wer ist der Herr, dessen Stimme ich hören müßte? Ich weiß nichts vom Herrn, will auch Israel nicht lassen ziehen« (V. 2). Das hatte Pharao alsbald gemerkt:

Die Männer tragen keine Bitte vor, sondern sie bringen mir einen Befehl. Soll denn Pharao gehorchen? Wer ist jener »Herr«? Pharao ist doch selbst Gott. Wer ist der andere, der stärker wäre als der König?

Pharao ist das Bild des natürlichen Menschen, der sein eigener Gott ist und sein eigener Herr sein will. Und nun kommen die Boten Gottes und sprechen im Namen des Herrn, daß man ihm gehorchen müsse. Wie? Soll ich nicht mehr mein eigener Herr sein? »Nein!« So sagt Gottes Knecht. Soll ich nicht mehr tun und lassen können, was ich will? »Nein!« spricht Gottes Wort. Da wird in jedem natürlichen Menschen der Widerspruch wach: »Ich weiß nichts von Gott, und ich will auch nicht gehorchen.«

»Ich weiß nichts vom Herrn.« Wie wichtig ist es, daß wir die Botschaft so ausrichten und unseren Gott so bezeugen als den Herrn Himmels und der Erde, als den Heiland, der für uns kam, daß die andern ihn nicht mißverstehen können! Es muß unsere Sorge sein, daß das Wort vom Kreuz, das Wort von der Notwendigkeit der Bekehrung, von der Rechtfertigung durch den Glauben allein, so klar erschalle, daß jeder es weiß, was der Herr will.

Wenn Pharao antwortet: »Ich will nicht gehorchen«, dann ist das bei ihm hier der Anfang der Verstockung. Der König ahnt doch etwas davon, daß da ein Herr ist, der ihm befiehlt. Sonst hätte es ja keinen Sinn, zu sagen: »Ich will nicht.« Vom ersten Augenblick an widersetzt er sich dem Gebot des lebendigen Gottes und geht diesen Weg entschlossen weiter bis zum Ende. Wenn einer, der nicht mehr sagen kann: »Ich weiß nichts vom Herrn«, sondern die Botschaft verstanden hat, uns schließlich antwortet: »Ich will nicht gehorchen«, dann können wir nur entgegnen: »Da siehe du zu!«

Mose und Aaron wiederholen ihren Befehl an Pharao. Sie machen es dem König nunmehr deutlicher, daß sie im Auftrag des Herrn sprechen: »Wir reden nicht in unserem eigenen Namen. Wir müssen so sprechen. Wir haben einen Auftrag. Der Hebräer Gott hat uns gerufen.« Und sie begründen ihr Wort an Pharao mit ihrer Furcht vor Gott. »Wenn wir dem Herrn nicht folgen, dann widerfährt uns Pestilenz oder Schwert« (V. 3).

Es ist wichtig, daß die Menschen bei unserem Wort merken: Wir können gar nicht anders reden als so. Wir kommen mit einem Wort der Strafe, vielleicht des Widerspruchs, mit einem Bußruf oder einem Angebot der Gnade. Aber wir sagen das alles, was wir sagen, nicht in unserem eigenen Namen. Der Herr hat uns gerufen. Und wir können nicht anders als seinen Befehl weitergeben.

Der Schritt muß gewagt werden. Niemand aber wage einen Schritt für den Herrn, wenn nicht hinter ihm die Furcht Gottes steht: Ich muß es tun, sonst widerführe mir Pestilenz oder Schwert! Diese unbedingte Nötigung durch Gottes Geist, daß wir reden müssen von dem, was wir gesehen und gehört haben, was Gottes Geist uns auszusprechen treibt, ist die einzige Kraft, die uns hilft, Widerstand zu leisten, wenn die Schwierigkeiten kommen. Rückgrat im Bekennen hat nur der, der einen Auftrag hat von Gott, so klar, daß er ihn aussprechen muß, weil ihn sonst Schwert oder Pestilenz trifft.

Das gibt uns dann aber auch die Freudigkeit, gerade wenn wir ohne eigenen Willen und ohne jede eigene Kraft nur Gottes Befehl ausführen. Dann haben wir die Verheißung seiner Gegenwart und der Auswirkung seiner göttlichen Kraft. Dem Auftrag gehorsam! In den Schranken seines Auftrages ist ein Mann und ein Werk Gottes unüberwindlich.

Gottes Lastträger

2. Mose 5

II. Unter schwerer Last

Es sind immer dramatische Augenblicke, wenn ein Zusammenstoß unter dem Kampfruf erfolgt: »Hier Christus, hier Cäsar!«, wenn ein an Gottes Wort gebundenes Gewissen in der Kraft des Wortes: »Ich kann nicht anders, ich bin gerufen« gegenübersteht der »Staats-Raison«, dem Interesse eines Staates, den Erfordernissen eines mächtigen Volkes und dem Hochmut eines brutalen Herrschers. So war es in dem Augenblick, als Mose vor Pharao stand und sprach: »So sagt der Herr: Laß mein Volk ziehen, daß es mir ein Fest halte in der Wüste!« Wir können uns die Überraschung, die dem Pharao gekommen sein muß, wohl nicht groß genug vorstellen. Da trat zum erstenmal in der Geschichte dieses Volkes der alten Welt die Forderung der Gewissensfreiheit an den Herrscher heran, die Frage der freien Religionsübung einer Minderheit. Das war für das damalige Empfinden so unerhört, wie es für uns heute selbstverständlich erscheint.

In solchen Augenblicken gibt es keine Überbrückung der Gegensätze, wenn nicht der Staat, dem Gottes Forderung entgegentritt, die Herrschaft Gottes anerkennt. Wenn er über die Gewissen der Menschen herrschen will, dann gibt es Kampf auf Leben und Tod, zunächst Tod der Bekenner Gottes, auf die Dauer Tod des Staates. Die Christen in der Verfolgungszeit der ersten Jahrhunderte erkannten die Pflicht des Gehorsams gegen den Kaiser an, aber nicht die Pflicht, ihn gottesdienstlich zu verehren. Sie waren zu jedem Dienst bereit, aber nicht dazu, ein Körnlein Weihrauch auf dem Altar des Kaisers zu opfern. Lieber wählten sie den Tod.

Auf Leben und Tod ging es auch bei der Audienz des Mose vor Pharao. Mit bitterem Hohn jagte Pharao die beiden Brüder hinaus: »Geht an eure Dienste! In eure Lehmgruben und an eure Ziegelöfen!« So fuhr er die ehrwürdigen 80jährigen Männer an.

Die Ablehnung Gottes hat es meist bei sich, daß die Boten Gottes verspottet werden. Man kann Gott nicht ruhig ablehnen, nicht sachlich beiseiteschieben. Dabei wird der Mensch mit Spott und

Hohn vorgehen, jedenfalls heftig werden, und es zeigt sich das böse Gewissen. Man weiß, daß man eigentlich gehorchen müßte. Tut man es nicht, so ist man im Kampf gegen Gott. Darauf wollen wir immer achten, wenn Menschen uns so hart und vielleicht mit Spott abweisen. Das ist das Zeichen dafür, daß sie getroffen sind und sich nun gegen Gottes Hand wehren. Ja, gegen Gottes Hand, die nach ihnen greift. Denn wenn Mose und Aaron abgewiesen werden, dann wird damit Gott abgewiesen. Laßt uns immer dafür sorgen, daß wir als Gottes Boten zu den Leuten reden! Wer uns aufnimmt, der nimmt nach Jesu Verheißung Gott auf. Welche Weihe und welche Verantwortung legt das auf jedes Wort, das wir sprechen! Denn wer uns abweist, der weist damit Gott ab.

Mose und Aaron gingen hinaus. Unter dem Gelächter des Hofes schritten sie die hohen Stufen am Palast des Pharao hinunter. Man muß sich auch einmal für Gott auslachen lassen können. Das tut uns ja nicht weh. Weh tut uns nur, daß damit Gott ausgelacht wird.

Eine wunderliche Umkehrung der Verhältnisse: Die beiden, die da hinunterschreiten, das sind die königlichen Männer Gottes! Und die da oben lachen und spotten im Palast des Pharao, das sind die Armen und Betrogenen, die Gefangenen des Satans. Johannes der Täufer im tiefen Verlies der Burg des Herodes hatte den Himmel auf Erden durch den Frieden Gottes, der sein Herz umgab. Der zechende König oben in der Burg war umlodert von den Flammen der Hölle eines bösen Gewissens. Umkehrung aller Verhältnisse! Pharao, der stolze Mann auf seinem Thron, hatte Gott abgelehnt und damit den Weg des Todes gewählt. Wenige Monate später erscholl in demselben Palast die Botschaft, daß Pharao im Roten Meer ertrunken war mit seinem ganzen Heer, geschlagen von dem Gott, dessen Namen er an diesem Tage zum erstenmal gehört und dessen Befehl er abgelehnt hatte.

Man muß in Gottes Auftrag auch sehr dunkle Wege gehen, durch manche Stunde, in der alles wie Niederlage aussieht. Alles Sichtbare scheint gegen Gottes Knechte zu sein. Da können die Männer Gottes nur ihr Vertrauen setzen auf den Herrn. Ihre Kraft liegt in der unsichtbaren Welt.

Pharao wandte gegen das Volk die Praktiken an, die zu allen Zeiten in der Hand der Tyrannen das Mittel waren, aufsässige Völker zur Ruhe zu bringen: »Man drücke die Leute mit Arbeit, daß sie zu schaffen haben und sich nicht kehren an falsche Rede«

(V. 9). Wenn sie ordentlich arbeiten müssen, dann werden ihnen die Flausen vergehen. Mit dem Wort von der »falschen Rede« wollte Pharao zugleich bewirken, daß jedermann in Israel es verstehen sollte, was sie dem Mose und Aaron, diesen »Volksbeglückern«, zu verdanken hatten.

Der Kunstgriff der ägyptischen Staatsklugheit gelingt. Das Volk wird gespalten und uneinig. Statt daß es in der Notlage zusammenhält, gehen einige ihre besonderen Wege, die der Unglaube ihnen eingibt. Sie suchen Kompromisse und flehen um Gnade bei ihren Bedrückern. Statt auf den Herrn zu trauen, werfen sich die Amtleute der Kinder Israel weg vor Pharao (V. 15 ff). Der Unglaube ist immer Knechtsgesinnung. Er muß sich vor den Menschen erniedrigen. Glaube ist königliche Stellung, ein Rechnen mit dem Herrn der Welt als mit unserem Vater.

Wie oft geht es uns so, daß in Stunden der Not unser Herz geängstet und unruhig Hilfe sucht auf seinen eigenen Wegen! Wir geben die Stellung des Glaubens auf, die wir eben erst eingenommen haben und begehren Hilfe von Menschen. Dann sind wir verlassen. Die Menschen helfen uns nicht, und wir sind Gott entfremdet durch unseren sündigen Weg. Wie sollen wir wieder zu ihm kommen ins Kämmerlein, nachdem wir ihn mißtrauisch verlassen haben? Da geht es nur durch tiefe Buße zu neuem Frieden in Gott.

Das Volk richtet sich in seinen Amtleuten gegen seine Befreier, nicht gegen seine Bedränger. Die Amtleute nehmen die Sache nunmehr selbst in die Hand und gehen zu Pharao. Das ist ein bitterer Tag für Mose. Man braucht ihn nicht mehr als Vermittler der göttlichen Hilfe. Wie schwer ist es doch, in Gottes Auftrag ein Führer zu sein! Da ist man oft ganz allein. Diesen Preis der Einsamkeit muß jeder zahlen, der irgendwo im Werk des Herrn Verantwortung trägt.

Die Amtleute gehen zu Pharao mit herzbeweglicher Klage. Nicht oft genug können sie sich als »deine Knechte«, »dein Volk« (V. 16) bezeichnen. Warum nennt ihr euch Pharaos Volk? Ihr Männer von Israel, seid ihr nicht das Volk Jehovas, des Herrn der Welt? Seid ihr so tief gesunken, daß ihr euren Adel vergessen habt, die Verheißungen, die über eurem Volk liegen, die große Zukunft des kommenden Messias, eure wichtige Aufgabe für alle Welt? Geht doch zu eurem Gott, ihr Amtleute, und sucht sein Angesicht! Statt dessen werfen sie sich nieder vor ihrem Treiber und wenden sich ab von ihrem Erlöser. Sie halten Fleisch für ihren Arm und wollen durch Pharao Erleichterung erhalten. Wahrlich, sie verdienen seine höhnende Rede: »Müßig seid ihr, ihr seid müßig.«

Wer sich an die Welt wegwirft, der wird nur Hohn und Spott ernten. Auch die Welt achtet es, wenn einer ganz auf den Herrn vertraut. Kommen wir zu ihr um Hilfe, so lacht sie uns aus. Stehen wir ohne Glauben in der Welt, so müssen wir den Menschen nach den Augen sehen und sie mit Bitten bestürmen und werden dennoch zuschanden werden. Wie ärmlich verhalten wir uns oft da, wo wir königlich vor Gott stehen sollten als sein teuer erkauftes Eigentum!

Als die Amtleute von Pharao zurückkommen, begegnen sie Mose und Aaron (V. 20). Beschämt hätten sie sich zu den beiden Männern herzumachen sollen: »Ihr hattet recht; wir hätten euch folgen, unser Vertrauen allein auf den Herrn setzen sollen.« Gemeinsam hätten sie mit Mose und Aaron Gottes Angesicht suchen müssen. Statt dessen schleudern sie den beiden voller Empörung ihre Vorwürfe entgegen: »Ihr habt Pharao das Schwert in seine Hände gegeben, uns zu töten. Der Herr sehe auf euch und richte es. Ihr seid an allem schuld.« Zum zweiten Male wird Mose von seinem Volke verworfen wie vor 40 Jahren.

Warum ließ Gott das zu? Das Volk und auch Mose mußten erst ganz davon überzeugt werden, wie hoffnungslos die Sache stand. Das sollte Mose erkennen, daß er sich nicht auf die Anhänglichkeit des Volkes verlassen dürfe, sondern allein auf den Herrn geworfen sei. Niemand half ihm, keiner stand zu ihm. Durch diese furchtbar schwere Erfahrung mußte er hindurch, damit er später in allen Lagen die rechte Stellung einnahm. Nun wußte es Mose: Dieses Volk kann nicht errettet werden, ein Volk, das sich so wegwirft und seine eigene Sache verlorengibt, ja, seine Erretter abweist. Das ist ein hoffnungsloser Fall. Sollte dennoch Errettung kommen, so mußte es gegen das Volk selbst geschehen nach Gottes Willen und durch Gottes Tat. Das trat jetzt hell zutage. Nicht die Masse brachte die Befreiung, sondern der Mann, und zwar der Mann des Glaubens. Nicht vom Volk, sondern vom Propheten Gottes her kam die Errettung. Sie kam vom Herrn allein.

Gottes Lastträger

2. Mose 5

III. Ein einsamer Kämpfer

Es war eine harte Stunde für Mose, als die Amtleute seines Volkes auf dem Rückweg von ihrem vergeblichen Bittgesuch bei Pharao ihn mit ihren Vorwürfen anfuhren: »Ihr habt unseren Geruch stinkend gemacht vor Pharao und seinen Knechten und habt ihnen das Schwert in ihre Hände gegeben, uns zu töten« (V. 21). Die Männer im Volk, die für seine Führung verantwortlich waren und die alles bisher gehen ließen, wie es ging, wurden nicht bekämpft. Mose, der das Volk aufrüttelte und zur Freiheit führen wollte, wurde als Friedensstörer befeindet: »Ihr seid schuld an der Verschlimmerung unserer Lage. Es war noch erträglich, ehe ihr kamt; aber jetzt ist es nicht auszuhalten.«

Man hat keinen Glauben. Man hat keine Geduld zu warten, wie der Herr es hinausführen wird. Sondern kaum wird die Not härter, so ist aller Glaube vergessen, und die Männer des Glaubens werden beschimpft. Wer in das Reden dieser Welt hinein die Stimme der andern Welt dringen läßt, als Bote Gottes die Menschen beunruhigt, der wird als Störenfried behandelt, wie damals so auch heute. Es klingt ihm entgegen: »Laß mich in Ruhe mit deinem Heiland, mit deinem Ruf zu Gottes Himelreich! Ich will lieber diesen ganzen Erdenjammer ruhig hinnehmen, als noch obendrein den Kampf gegen die Sünde aufnehmen zu müssen. Ich will lieber das Elend Ägyptens geduldig tragen, als noch hinzu den Haß des Pharao reizen.«

Mose ist scheinbar völlig zuschanden geworden. Seine Bemühungen richten offenbar mehr Schaden als Nutzen an. Er wird von seinen eigenen Leuten für unzuverlässig gehalten. Die, für die er sein Leben zu lassen bereit ist, verspotten oder verklagen ihn. Kennen wir nicht auch solche Stunden, da die Stimmen der Niedergeschlagenheit uns quälen? Dann heißt es: »Ich mache alles verkehrt; es will mir nichts gelingen. Der Herr ist offenbar nicht mit mir; sonst müßte es doch ganz anders vorangehen.«

Es ist uns nicht unbekannt, daß wir, wenn wir nach langem

Zögern endlich noch einmal mit dem andern gesprochen haben, ihn zurückzurufen von dem Weg des Verderbens, hernach den Eindruck gewinnen müssen: Es ist nur schlimmer dadurch geworden. Das will uns tief demütigen. Da gilt es, Glauben zu halten. Dem Mann Mose zerbricht alles, seine Selbstachtung: »Ich kann doch eigentlich nichts«; sein Stolz auf seine Führerbegabung: »Ich bringe die Leute nicht hinter mich«; sein Vertrauen auf die Wunder, die Gott seiner Hand geschenkt hat, auf die Begeisterung des Volkes. Es ist ein Sterbensweg. Da gilt es, Glauben zu halten.

»Mose kam wieder zu dem Herrn« (V. 22). Kein Wort erwidert Mose auf die Schmähung der Amtleute. Gott redet mit ihm durch dieses Erlebnis. Er war früher ja auch einmal solche Wege eigener Klugheit gegangen wie die Amtleute. Im jetzigen Fall tun sie ihm sicher unrecht. Vor Gott aber fühlt er sich gestraft. Er hatte früher auch auf sündigen Wegen dem Volk zu helfen versucht.

Der einsame Mann ist doch nicht einsam. Wunderbaren Trost atmet dieses Wort: »Mose kam wieder zu dem Herrn.« Der Mann hat eine Stelle, wohin er mit seinen Rätseln und ungelösten Fragen gehen kann. Er kennt ein Herz, dem er alles sagen darf. Wiederum zu dem Herrn! Wie oft ist er diesen Weg gegangen! Das ist auch für uns die einzige Lösung, der einzige Ausweg, wenn uns alle anderen Wege verschlossen sind: wiederum zu dem Herrn! Sein Angesicht suchen! Mose ist verzagt; aber er betet. Und bei dem Herrn erhält er Klarheit.

»Herr, warum tust du so übel an diesem Volk?« Ein tiefer Schmerz weiht dieses Gebet, der Schmerz um sein Volk. Fragend schaut Mose empor: »Wie soll ich mir diese Wendung des Weges erklären?« Gott wirft es uns nicht vor, wenn wir nur eine Frage haben und keine Antwort wissen, so wie Elia, als das tote Kind der Witwe zu Zarpath vor ihm lag, nur die eine Frage hatte: »Herr, mein Gott, hast du auch der Witwe, bei der ich ein Gast bin, so übel getan, daß du ihren Sohn tötetest« (1. Kön. 17, 20)?

Von diesen Männern Gottes im Alten Bund können wir das Beten lernen. Eine Frage haben Gottes Kinder frei an ihren Vater. Wir dürfen kommen und fragen. So fragt Jakob an der Furt Jabbok den Mann, mit dem er in der Nacht gerungen hatte: »Wie heißest du?« Er will aus dem Namen dessen, der mit ihm kämpfte, den Schlüssel entnehmen für dieses Erlebnis mit seinem Gott: »Wie heißest du?« Die Antwort, die er erhält, ist eigentlich keine

Antwort: »Was fragst du, wie ich heiße?« Aber dann sagt der Bericht: »Und er segnete ihn daselbst.« Wir werden auf viele Fragen, die wir zu Gott emporsenden, keine Antwort erhalten. Das Rätsel bleibt uns vielleicht für immer ungelöst. Aber wir sollen nie ungesegnet von ihm gehen, wenn wir, wie ein Kind dem Vater, ihm unsere Fragen bringen.

Ein priesterliches Gebet ist diese Frage Moses an seinen Gott. Um des Volkes Geschick geht es ihm zunächst: »Herr, warum tust du so übel an diesem Volk?« Er steht als Vertreter für die, die ihn schmähen und verwerfen, vor seinem Gott. Er versetzt sich in die Lage dieser armen Amtleute und dieses geknechteten Volkes. Er fühlt die Not seiner Brüder mit. Die Enttäuschung quält auch ihn, die auf das Volk gefallen ist.

Für das Volk fragt er den Herrn zunächst und dann auch für sich selbst: »Warum hast du mich hergesandt? In deinem Namen habe ich mit Pharao geredet. Du hast mich gerufen und gesandt.« An das Wort seines Gottes hält er sich auch in dieser dunklen Stunde. Gott spielt doch nicht mit einem Menschen. Er sendet ihn doch nicht vergebliche Wege. Mose sucht sich zurechtzufinden in gläubigem Gebet.

In seiner Frage ohne Bitte liegt zugleich ein gewaltiges Flehen: »Seitdem ich zu Pharao hineingegangen bin, mit ihm zu reden in deinem Namen, hat er das Volk noch härter geplagt, und du hast dein Volk nicht errettet.« Er stellt den Tatbestand fest. Der Unglaube würde sagen: »Es ist alles vorbei, alles nur schlimmer geworden.« Mose macht sich auch ganz nüchtern klar, wie die Lage tatsächlich ist: »Du hast dein Volk nicht errettet.« Aber in dieser nüchternen Feststellung liegt zugleich ein starkes Eindringen auf den Herrn: »Die Einlösung deines Wortes steht noch aus.« Er zieht sich nicht verbittert in sich selbst zurück. Das, was äußerlich wie Niederlage aussieht, weckt in ihm nur um so stärker das Harren auf den Herrn.

Die schwere Führung Gottes hat bei ihm ihr Ziel erreicht. Ehe Gott uns füllen kann, muß er uns erst ganz ausleeren, bringt er uns erst ganz hinunter auf den Nullpunkt. Er scheidet wie mit einem zweischneidigen Schwert zwischen den natürlichen Kräften unseres Seelenlebens, mit denen wir uns bisher hochgehalten haben und unser Ziel zu erreichen suchten, und den Kräften seines göttlichen Lebens von oben. Wenn wir den Blick von uns hinwegrichten, dann kann Gott anfangen, in unserem Leben zu wirken. Wenn der Mensch es wagt, herauszugehen aus aller Erfahrung, aus allem Fühlen und Empfinden, von allem Wollen und Planen und mit ganzer Nüchternheit auf den Trümmerhaufen aller bisherigen Bemühungen schaut, dann ist der Weg des Glaubens frei. Dann kann er sich ganz hineinlegen in die Allmacht Gottes.

Von ihm gehalten, schweben wir über dem Abgrund. Von seiner Hand getragen, wandern wir durch lauter Unmöglichkeiten hindurch und erleben dabei das Geheimnis, daß Gott zu uns spricht. Gott gibt uns eine Antwort, die von dieser Stunde der Verzweiflung her durch unser ganzes Leben klingt.

Der Herr sprach zu Mose: »Nun sollst du sehen, was ich Pharao tun werde« (Kap. 6, 1). Menschlicherseits sind alle Fäden zerrissen, alle Hoffnungen zerbrochen. Wenn diese Fäden wieder angeknüpft werden, dann ist es deutlich, daß Gott es ist, der das Volk errettet, nicht das Volk, auch nicht Mose, sondern Gott allein. Gott sorgt dafür, daß alle Ehre auf ihn fällt. Jetzt hat seine Stunde geschlagen. Jetzt, wo Mose nicht ungeduldig zu Gott emporschreit, sondern im Gebet still vor ihm wird, soll er erfahren, was das heißt: »Ich will eine Hilfe schaffen dem, der sich danach sehnt« (Ps. 12, 6). In den Demütigungen unseres Lebens wollen wir unser Herz seinem Kreuzesweg neigen, damit das Lied unseres Glaubens rein erklinge: »Nichts hab' ich zu bringen; alles, Herr, bist du.«

»Nun sollst du sehen . . .«

2. Mose 6, 1

Mose wird an seinem Volk zuschanden

In Entscheidungsstunden unseres Lebens ruht unser Auge auf diesem gewaltigen »Nun«, das Gott Mose entgegenruft. Es war der Wendepunkt in der Geschichte der Befreiung Israels aus der Hand Pharaos. Mose war mit seiner Aufforderung an den König, das Volk ziehen zu lassen, nicht zum Ziel gelangt. Da empfängt er von Gott das Wort: »Nun sollst du sehen, was ich tun werde.« Damit fordert Gott Mose auf, die Sache, die ihn bewegt, völlig aus seiner Hand in Gottes Hand zu legen: »Mose! Räume den ganzen Schauplatz deines Lebens der Allmacht deines Gottes ein! Dann wirst du sehen, was Gott tun wird.« Er wird Pharaos Widerstand zermürben durch die Plagen, die er über ihn schickt, und dann durch eine starke Hand das Volk ausführen. Hinweg von allen menschlichen Möglichkeiten soll Mose mit dem Blick des Glaubens auf den Herrn schauen und ihm die Bahn freigeben für sein Tun.

Wie wirkte Gott diesen Glaubensblick damals in Mose? Wie wirkt er ihn bei uns? So fragen wir, wenn wir am Anfang eines neuen Abschnitts unseres Wanderweges stehen. Das mächtige »Nun«, das Gott zu Mose sprach, war das Ende einer langen Geschichte voller Mühe für Mose, voller Enttäuschungen und Rückschläge. Aber gerade durch die schweren Führungen wurde er innerlich zubereitet, daß ihm der Blick des Glaubens auf Gottes Tun geschenkt wurde. Zuvor wurde er an allem zuschanden, was Menschen tun können.

Er wurde an seinem Volk zuschanden. Es hatte Mühe genug gekostet, das stumpfe Volk, das vor Seufzen und Angst und vor harter Arbeit nicht hören wollte auf Gottes Wort, überhaupt aufzuwecken, daß es seines Gottes Botschaft von der kommenden Befreiung aufnahm. Endlich hatten wenigstens die Ältesten Mose und Aaron zugehört, und es heißt sogar, daß »das Volk glaubte«. »Und da sie hörten, daß der Herr ihr Elend angesehen hätte, neigten sie sich und beteten an« (4, 31).

Aber dann war Mose von Pharao mit Hohn abgewiesen worden mit seiner Forderung, das Volk ziehen zu lassen. Ja, die Bedingungen der Fron wurden erschwert und das Volk gequält wie nie zuvor. Und als die Ältesten, die als Bittsteller zu Pharao gegangen waren, dort spöttisch und schroff weggejagt worden waren und niedergeschlagen und erschüttert heimkehrten, da brach der Aufruhr gegen Mose los: »Ihr, du und Aaron, habt durch euer Auftreten unser Los nur verschlechtert.« – »Ihr habt unseren Geruch stinkend gemacht vor Pharao und seinen Knechten und habt ihnen das Schwert in ihre Hand gegeben, uns zu töten.« Mose wurde, gerade wie vor 40 Jahren, da er mit seiner Gewalttat an dem Ägypter dem Volk zu Hilfe kommen wollte, von seinem eigenen Volk verworfen. Wahrlich, es war schwer, so in seinen besten Absichten verkannt, so als Gottes Bote abgewiesen zu werden gerade von denen, zu denen ihn Gott gesandt hatte, ihnen zu helfen.

Warum ließ Gott diese furchtbar harte Enttäuschung zu? Mose sollte an den Menschen zuschanden und davon überzeugt werden, daß die Sache wirklich hoffnungslos stand. Sie stand hoffnungslos nicht um Pharaos Grausamkeit willen, wie das Volk dachte, sondern um der Herzenshärtigkeit und der glaubenslosen, irdischen Gesinnung des Volkes willen. Das war eine bittere Enttäuschung für den Mann, der für dieses Volk sein Leben herzugeben bereit war. Er mußte erkennen: Dieses Volk kann nicht errettet werden. Vor seinem Treiber und Zwingherrn wirft es sich auf die Knie und winselt um Gnade und nennt sich seine »gehorsamen Knechte« (Kap. 5, 15 u. 16). Und von seinem Erlöser wendet es sich ab. An Gott und seine Macht will es nicht denken, sondern rechnet nur mit den natürlichen Gewalten, die den Augenblick beherrschen, nicht mit Gottes Verheißungen.

Wahrlich, diese Leute hatten den Hohn ihres Bedrängers verdient, mit dem er sie an ihre Ziegelöfen trieb. Die Sache mit diesem Volk war hoffnungslos. Die Ältesten, die alles gehen ließen und sich um die Not des Volkes nicht kümmerten, wurden von dem Volk nicht bekämpft; aber der Mann, der das Volk aufrüttelte und zur Freiheit führen wollte, wurde als Friedensstörer beschimpft und vor Gott verklagt.

Mose wurde an seinem Volk zuschanden. Er sollte es lernen, sich nicht auf die Anhänglichkeit des Volkes zu verlassen, sondern allein auf den Herrn. Schon ehe er in die Not der Wüstenwanderung hineinging, wo er den Knechtsgeist und die fleischliche Gesinnung dieser Männer tausendfach kennenlernen sollte, der Männer, die sich bei der ersten wirklichen Schwierigkeit buchstäblich nach den Fleischtöpfen Ägyptens zurücksehnten, wieder in das Sklavenleben hinein, mußte er von Gott diesen Demütigungsweg geführt werden. Er mußte erkennen, daß auf dieses Volk kein Verlaß war, daß überhaupt verflucht ist, wer Fleisch für seinen Arm hält. Wer sich auf Menschen verläßt, der ist verlassen. So konnte Mose lernen, für spätere noch dunklere Tage ein für allemal die rechte Stellung haben.

Deutlich sollte es zutage treten, daß die Errettung Israels nicht am Volk, sondern an dem berufenen Propheten Gottes ihren Anfang nahm. Nicht die Menge, sondern der Mann brachte die Befreiung für Gottes Volk. Die Masse ist für Gottes Reich eine völlig nebensächliche und unwichtige Größe. Es kommt auf die Männer an, und zwar auf die Männer, die im Glauben an Gott hängen.

Er wird auch an sich selbst zuschanden

Damit sie diesen Glaubensblick lernen, müssen sie aber nicht nur an ihrem Volk, sondern auch an sich selbst zuschanden werden. Als Mose hernach im Gebet zu Gott ging, fragte er: »Herr, warum tust du so übel an diesem Volk?« Und dann fügte er hinzu: »Warum hast du mich hergesandt?« Er verstand Gottes Weg nicht mehr. Alle seine Hoffnungen waren vereitelt, seine Pläne mißglückt. Seine Bemühungen schienen mehr Schaden als Nutzen zu bringen. Pharao plagte das Volk nur noch härter, und Mose wurde von den Seinen verworfen.

Da zerbrach dem Mann Mose alles. Seine Selbstachtung, sein Stolz und seine Führerbegabung wurden ihm zerschlagen: »Ich mache es nur schlimmer statt besser; ich kann es nicht.« Sein Vertrauen auf die Wunder seiner Hand, die Gott ihm geschenkt hatte, verging ihm. Er verlernte es gründlich, auf die Begeisterung des Volkes zu warten oder gar darauf zu bauen. Alles, was sonst ein Volksführer liebt und nötig braucht, das Echo bei seinen Zuhörern, der Widerhall, an dem sich seine Führerfähigkeit erweist, wurde ihm zerbrochen. So wie Elia unter dem Wacholder zu Gott seufzte: »Es ist genug«, so kam über Mose ein tiefes Verzagen, eine Ratlosigkeit, ein Bangen, ein Tasten nach dem rechten Weg, nach Führung von oben.

Es war ein Weg des Sterbens, den Mose gehen mußte, eine Zerbrechung alles dessen, was in ihm sich regte und reckte in männlicher Kraft, die seinem Gott zur Verfügung stehen wollte. Er mußte seine eigenen Pläne aufgeben, sein eigenes Werk lassen, seinem eigenen Ruf entsagen; denn die er retten wollte, verhöhnten ihn. So wirkt Gott in einem Menschen den Glaubensblick, indem er zuerst den Boden des Herzens säubert von alledem, was dem nackten Vertrauen auf den Herrn im Weg steht oder später im Weg sein könnte. Es war ein teurer Preis, den Mose zu zahlen hatte. Aber diesen Preis verlangt Gott von uns, wenn er uns in die selige Stellung des Glaubens und Vertrauens hineinführen soll.

In solchen Stunden der Ratlosigkeit und der Zerschlagung all unseres Eigenen kommt dann die große Entscheidung, ob der Mensch an Gott verzweifelt und ihm den Rücken wendet oder ob er sich zufluchtnehmend zu ihm kehrt und sein Angesicht sucht. Als Mose sich damals mit seinen Rätseln und Fragen vor Gott niederwarf – »Mose kam wieder zu dem Herrn«, wohin sonst sollte der einsame Mann auch gehen? –, da war dies eigentlich die Stunde der großen Wendung. Aus Buße und Ratlosigkeit heraus warf sich ein Herz, das von seinem Gott nicht lassen konnte, nieder vor seinem Herrn mit einem Schrei aus tiefster Not: »Herr, warum? Warum tust du so übel an diesem Volk? Warum hast du mich hergesandt? Du weißt doch, daß dieses Volk ein elendes Volk ist, arm an Glauben und irdisch gesinnt, in der Not des Alltags ertrunken. Und du weißt doch auch, daß ich, der Führer, nichts kann und ebenso unfähig bin wie das Volk.« Es war ein Schrei aus der Tiefe der Not heraus, geweiht von einem tiefen, heiligen Schmerz, daß keiner da war, der Gottes Werk hinausführen und sein Volk befreien konnte. Dem Mose war alles zerschlagen, aller Rat ausgegangen. Er war ganz arm, ganz hoffnungslos.

Da spricht Gott

Aber er erinnert sich und erinnert seinen Gott an dessen Verheißungen: »Du hast mich gesandt. Ich habe in deinem Namen zu Pharao geredet.« An das Wort seines Gottes hält er sich. Gott hat ihm die Errettung seines Volkes versprochen, und als letztes Wort seiner tiefen Klage sagt er dem Herrn: »Und du hast dein Volk nicht errettet.« Die Einlösung deines Wortes steht noch aus.

Die Schwierigkeiten, die sich ihm entgegengestellt haben, sieht Mose nicht an als einen Beweis, daß er von Gottes Weg abgeirrt sei und nicht in Gottes Auftrag sein Werk tue. Nein, seine Berufung ist ihm gewiß. Gottes Wort hat ihn auf diesen Weg gestellt. Aber gerade die Erfahrung: berufen sein und nicht durchdringen, eine große Aufgabe sehen und sie nicht hinausführen können, das Beste wollen und es noch immer schlimmer machen und dazu von seinen Freunden preisgegeben und verspottet werden, das bringt ihn dahin, sein Vertrauen ganz auf den Herrn zu setzen und eine Frage an Gott zu richten. Nicht einmal eine Bitte ist es, denn er weiß nicht, was er bitten soll. Aber es ist eine Frage des Glaubens, der emporblickt zu dem Herrn, und von dem, der das Werk angefangen hat, nun auch die Vollendung erwartet. Das ist der Glaube, der sich mit seiner eigenen Unfähigkeit und Armut und mit der Last des ganzen Volkes auf Gott wirft.

So wirkt Gott in einem Menschen den Blick des Glaubens. Mose ist an die rechte Stelle gegangen. Er muß nicht wie die Ältesten des Volkes von Pharao verspottet abziehen, er erhält Gottes Zusage: »Nun sollst du sehen, was ich tun werde.«

»Gott sprach zu Mose.« Dann kommt Gottes Antwort, wenn ein Mensch sich ganz auf ihn wirft. Dann erleben die Menschen, die diesen letzten Schritt wagen, aus aller Erfahrung und allem Fühlen und Empfinden, aus allem Wollen und Planen herauszutreten, ganz in die Allmacht Gottes hinein, so daß sie, von Gottes Hand gehalten, über dem Abgrund schweben, dann erleben sie das Geheimnis, daß Gott zu ihnen spricht und einem jeden in solcher Stunde seine Antwort gibt. Es ist eine Antwort, eine Verheißung, an die der Glaubende noch denkt, wenn die dunkle Stunde der Erinnerung längst verblaßt ist, und an die er sich hält, wenn neue Not in seinem Leben heraufzieht.

Dann lernen wir unser Ohr abzuwenden von dem Spott Pharaos und von den bitteren Worten der eigenen Freunde, unser Auge hinwegzulenken von alledem, was wir bisher als die Möglichkeiten unseres Lebens gekannt und in unsere Rechnung eingesetzt haben, und hinüberzuschauen voller Erwartung auf das, was Gott, der allmächtige Gott, tun wird, und was alles an Geheimnissen und göttlicher Güte in dem Wort enthalten ist: »Nun wirst du sehen, was ich tun werde.«

Durch eine starke Hand

2. Mose 6, 1

Hinter den Kulissen der Weltgeschichte

»Nun sollst du sehen, was ich Pharao tun werde«, so spricht der Herr zu Mose. Ein mächtiges »Nun« ruft ihm Gott entgegen als Antwort auf das Flehen seines Knechtes, ein »Nun«, bei dem der Glaube aufatmet und schon leise sein erstes Loblied zu singen beginnt.

Nun! Gottes Uhr hat geschlagen. Wenn unsere Möglichkeiten zu Ende sind, dann ist Gottes Anfang gekommen. Dann, aber auch erst dann! Er hat seine Zeit, die sich nicht nach der Ungeduld unserer Erwartungen richtet, nicht nach dem stürmischen Drängen unserer heißesten Gebete, die so gut gemeint und oft so töricht sind, weil sie kein Auge haben für Gottes Führungen und Absichten. Gott hat Zeit. Wir dürfen keine Eile haben und keine Ungeduld. Er hat gesagt: » Ich will eine Hilfe schaffen dem, der sich danach sehnt« (Ps. 12, 6).

Gott erhört unser Gebet, und seine Barmherzigkeit hat kein Ende. Aber Zeit und Weg, wann er seine Wunder tun und wie er helfen will, hat er sich vorbehalten. Je mehr er uns übt im Harren und Warten, desto herrlicher wird es für uns sein, wenn dann sein wunderbares »Nun« über der Not unseres Lebens emporsteigt: »Nun sollst du sehen, was ich tun werde.«

Da sieht der Glaubensblick den lebendigen Gott. »In die Geschichte des Weltvolkes Ägypten flutet hier der Strom eines geheimnisvollen und nur dem Blick des Glaubens offenbaren Waltens der ewigen Arme hinein, die im Kleinen wie im Großen den Ratschluß Gottes vollenden.« Wir könnten wohl neugierig sein, wie ein weltlicher Geschichtsschreiber diese Wendung in der Geschichte Ägyptens darstellen würde, diese wunderliche Sache, daß Pharao mit seiner eisernen, gepanzerten Wehr ins Meer fährt und dort untergeht. Vermutlich würde der Geschichtsschreiber irgendeine Ursache und einen Zusammenhang angeben, der alles natürlich zu erklären scheint.

Der Glaubensblick aber sieht durch den Horizont dieser Welt

und erkennt das, was aus den natürlichen Ursachen sich nicht erklären läßt. Er schaut hinter die Kulissen der Weltgeschichte, die uns sonst die Zusammenhänge verhüllen. Ihm wird die Weltgeschichte wie das eigene Leben transparent, durchsichtig. Er sieht im Hintergrund die Hand Gottes wirken, die Kräfte der unsichtbaren Welt, die, von Gott gesandt, die Geschicke der Völker und der einzelnen beherrschen.

Bei der größten irdischen Katastrophe, der Sintflut, begann zu einer bestimmten Stunde das Wasser zu fallen. Wie kam das? Ohne Zweifel würde der Naturforscher, der alle Gegebenheiten kennen würde, die natürlichen Ursachen nachweisen können. Die Ursachen, aber nicht den Grund! Der Blick des Glaubens liest in Gottes Wort: »Da gedachte Gott an Noah.« So erscheint Geschichte und Natur von Gott aus gesehen. Er hat in allem seine Hand und führt seinen Plan aus. Wenn ein einziger Mensch auf ihn vertraut, das ist ihm so wichtig: »Da fiel das Gewässer auf Erden.«

So gedachte Gott hier an sein Volk und sein ihm gegebenes Wort. Da nahm die Weltgeschichte einen anderen Lauf, als die natürlichen Kräfte und Gegebenheiten es erwarten ließen, und die Herrlichkeit des stolzen Pharao, des Herrschers einer Welt, nahm ein Ende im Roten Meer. Gott schaltete sich deutlicher ein in den Gang der Dinge und ließ das Herz, das ihm vertraute, seine Wunder sehen: »Nun sollst du sehen, was ich tun werde.«

Das ist das majestätische Ich Gottes, das große Ich der Weltgeschichte. Da streift uns der Mantel des heimlichen Königs, dessen Schritt wir meistens überhören. Da spüren wir im Geheimen den Handgriff von Gottes Herrentum. Er ist auch noch da! Er hat doch alle Fäden in seiner Hand. Er spricht am Ende das letzte Wort. Wehe dem, gegen den er ist! Wohl dem, für den Gott eintritt und Himmel und Erde in Bewegung setzt!

Die starke Hand Gottes wirkt so, daß jedermann, auch das blinde Auge, sein Wirken erkennen kann als Gottes Wirken. Das göttliche »Nun« eröffnet eine neue Zeit, da Gott nicht mehr abwartet und zuschaut, sondern etwas tut. Freilich, Gott handelte erst, als hell und klar offenbar geworden war, daß die Menschen mit ihrer Kunst zu Ende waren. Menschlicherseits waren alle Fäden abgerissen, alle Aussichten verbaut, alle Hoffnungen zerbrochen. Die Menschen hatten ihre Kraft erprobt und ihre Ohnmacht festgestellt. Da griff Gott ein: »Nun sollst du sehen.«

Wenn Gott die abgerissenen Fäden wieder anknüpft, dann ist es eben nicht das Volk, das seine Rettung vollbringt, auch nicht Mose, der sie ausführt, sondern Gott und Gott allein. An die Stelle der Bittgesuche an Pharao treten Gottes Wunder. An die Stelle der Reden und Pläne der Menschen tritt Gottes starke Hand. Und ob Pharao sich gegen Gott zur Wehr setzt und über neun Plagen hin sich in seinem verhärteten Herzen gegen Gott zu behaupten sucht, sein Widerstand muß nur dienen zur Verherrlichung des Herrn und seiner starken Hand.

Wir haben es immer und überall nur mit Gott zu tun

»Nun sollst du sehen, was ich tun werde.« Erst nachdem der Mensch gesehen hat, was er kann, daß er eben nichts kann, tritt Gott hervor in seiner Kraft. Gott will klare Scheidung zwischen Menschenanstrengung und seiner Tat. Es soll deutlich werden, daß seine starke Hand jetzt wirkt und Gott das Wort führt, nicht der Mensch. Um unsertwillen ist Gott so auf seine Ehre bedacht, daß wir nicht hernach doch wieder die Hilfe unserem Arm zuschreiben, sondern lernen, unser Vertrauen von allen Kreaturen abzuziehen und auf ihn allein zu setzen.

Und »was er sich vorgenommen und was er haben will, das muß doch endlich kommen zu seinem Zweck und Ziel.« Pharao wird erleben, daß eine starke Hand ihn zwingt, das Volk freizulassen, ja, es sogar noch hinauszutreiben aus seinem Land. Er mag denken, er sei der Handelnde, er treibe die lästigen Ausländer hinweg, und merkt nicht, daß die hohe Hand ihm gebietet und alle seine Schritte beherrscht.

Für Gottes Volk liegt ein tiefer Friede in diesem herrlichen »Nun«. Da kommen wir aus der Mühe und der Plage heraus. In der Ruhe des Glaubens werden wir auch in unserem Leben über dem Trümmerfeld all unserer Pläne sich erheben sehen die starke Hand. Das ist dann eigentlich die einzige Wirklichkeit unseres Lebens. Wir haben es immer überall nur mit Gott zu tun und ruhen aus im Glauben an die Taten seiner starken Hand.

Die Errettung des Volkes Gottes aus Pharaos Hand ist uns ein Gleichnis und Bild der anderen großen Errettung aus der Hand des Fürsten der Finsternis, da Gott uns aus dem »Diensthause« der

Sünde herausführt. Auch da ist es wie hier bei Mose: Erst läßt der Herr uns ganz arm werden in uns selbst, unser Elend und unsere Sünde ganz klar erkennen, daß uns alle Hoffnung ausgeht und wir davon überführt werden, daß wir »geneigt sind zu allem Bösen und untüchtig zu einigem Guten«, ganz unfähig, uns selbst zu erlösen.

Aber wer in diese Tiefe der Buße hinabgeführt worden ist, dem will Gott dann auch sein wunderbares »Nun« schenken: »Nun sollst du sehen, was ich tun werde.« Da zeigt er uns, wie das Unmögliche möglich wird, daß Sünder selig werden, daß da, wo alle Fäden abgerissen waren, doch Gott den Faden wieder angeknüpft hat. Da stehen wir vor dem großen »Nun« Gotttes auf Golgatha, da wir sehen, was Gott getan hat.

Seither muß der Feind die, die an Gottes Heiland, Gottes starke Hand glauben, loslassen und freigeben. Alles, was in dieser Welt der Sünde und der daraus fließenden Not uns bedrängt, alle die Mühe des Lebens, die Tränen des Kummers, das gebrannte Herzeleid einer Zeit, da die Sorge und das Verzagen an jeder Tür anklopft, all diese Bedrängung von außen und innen muß dazu dienen, daß sie uns austreibt aus dem Gefängnis, in dem wir uns so leicht festhalten lassen. Nun wacht unser irdisch gesinntes Herz auf und schlägt ganz anders als bisher die Augen auf für das eigentliche Ziel unseres Lebens, daß wir aus aller Arbeit und Mühe des Alltags, in dem wir fast ersticken, denken an das Gelobte Land, das Land der Herrlichkeit, zu dem uns Gott berufen hat.

Alle Bedränger unseres Lebens müssen wie dort Pharao uns treiben, aus der Weltgebundenheit den Blick zu erheben zu dem lebendigen Gott. Wir wollen uns nicht in der Welt verlieren und mit der Welt verlorengehen. Gerade in der Drangsal unserer Zeit wollen wir uns freuen auf den Tag, da wir bei dem Herrn sein werden und am Eingangstor seiner Herrlichkeit ihn sagen hören: »Nun sollst du sehen, was ich tun werde.«

Von Grund aus edel

Betrachtungen über Daniel 6

1. Ein hoher Geist

Mit einem »Aber« fängt alles an

Als eine der leuchtendsten Gestalten im Alten Bund steht vor uns der Prophet Daniel, ein Mann, der sich zwar in seinem ergreifenden Bußgebet (Kap. 9) mit seinem Volk aufs tiefste vor Gott beugt – »Du, Herr, bist gerecht, wir aber müssen uns schämen« (V. 7) –, von dem aber meines Wissens in der Schrift kein Sündenfall und kein Flecken berichtet wird. »Es war ein hoher Geist in ihm« (V. 4), so faßt die Schrift die Tatsache kurz zusammen, daß er alle Fürsten in Babylon übertraf.

Das Leben der Gläubigen ist die deutlichste Predigt für oder gegen unseren Gott. Unser Wandel ist oft das einzige Zeugnis von Gott, das die Welt liest. Wie schade, wenn dann durch unsere Sünden und unser Versagen ein Schatten fällt auf den Herrn! Gottes Kinder sollten einen hohen Adel in ihrem Wesen tragen. Der neue Mensch hat etwas Sonntägliches an sich, so wie von dem Prälaten Johann Albrecht Bengel gesagt wurde, daß ihm die Ewigkeit auf die Stirn geschrieben war.

In dem Bericht, wie Daniel in die Löwengrube geworfen wurde, steht der Prophet vor uns als ein Mann aus einem Guß. Er war damals ein ehrwürdiger Greis von etwa 80 Jahren. Schon das erste Wort, das wir über sein Leben hören, gibt uns den Schlüssel zum Verständnis alles folgenden: »Aber Daniel setzte sich vor in seinem Herzen, daß er sich mit des Königs Speise und mit dem Wein, den er selbst trank, nicht verunreinigen wollte« (Kap. 1, 8). Eine Lebensgeschichte, die mit einem »Aber« anfängt; ein Mann, dem der Gegensatz gegen die ungöttliche Welt den Stempel aufdrückt. Freilich handelte es sich damals nur um das Essen und Trinken von Speisen, die dem Daniel als einem Juden verboten waren. Mancher möchte das wohl für Kleinigkeiten halten, aber gerade in solchen »Kleinigkeiten« zeigt sich oft der Charakter eines Menschen. Worüber und wie einer lacht und scherzt, womit er sich die Zeit vertreibt, wobei er mittut oder nicht mittut, das läßt uns oft den ganzen Mann durchschauen. Durch ein kleines Loch in der Hecke kann man einen großen Platz übersehen.

Beispiele für »hohen Geist«

Gottes Geist ist der »hohe Geist«, der die Menschen Gottes umwandelt, der in ihr Leben solch eine Wendung, solch ein »Aber« bringt, wenn sie Gottes Eigentum werden. Und dann sehen wir, wie die, die in täglicher Treue im Gehorsam gegen den Geist Gottes wandeln, immer mehr hineingezogen werden in die Art dieses Geistes, immer mehr in ihrem Denken und Fühlen sich akklimatisieren an die göttliche Luft, die aus dem Heiligtum weht.

Es ist ein niedriger Geist, der Geist der Gewinnsucht, der sich »gesund zu machen« sucht, wenn man nur eben die Gelegenheit erhaschen kann. Und es ist ein hoher Geist, der in Abraham wohnte, der um des Friedens willen alle Vorteile aus der Hand gab: »Willst du zur Rechten, so will ich zur Linken«, und der nach der Schlacht der Könige nicht einen reichen Lohn nehmen wollte, sondern auch nicht »einen Faden noch Schuhriemen«. Es widerstand ihm, sich durch seiner Nachbarn Not Vorteil zu verschaffen (1. Mose 13 und 14).

Es ist ein niedriger Geist, der um des Menschen eigene Ehre eifert und Zurücksetzung nicht ertragen kann, und manch einer unter den Knechten Gottes ist noch im Alter nach einem vorbildlichen Leben an dieser Klippe zuschanden geworden. Und es ist ein hoher Geist, der den Samuel erfüllte, als das Volk einen König begehrte und ihn damit gewissermaßen absetzte. Da hören wir kein gereiztes Wort gekränkter Ehrliebe, sondern er trat still und bescheiden beiseite: »Es sei aber ferne von mir, mich also an dem Herrn zu versündigen, daß ich sollte ablassen, für euch zu beten« (1. Sam. 12, 23).

Es ist ein niedriger Geist, wenn ein Mann, der hochgekommen ist, keinen Widerspruch vertragen kann und sich dann an denen zu rächen sucht, die ihm vorher einmal im Wege gestanden haben. Und es ist ein hoher Geist, der den jungen Saul erfüllte, als »etliche lose Leute« ihn gering achteten und ihm kein Geschenk brachten: »Er tat, als hörte er's nicht.« Und als man später nach seinem Sieg diese Spötter zu ihm brachte, um sie zu töten, da sagte der junge edle König in feiner Demut: »Es soll auf diesen Tag niemand sterben; denn der Herr hat heute Heil gegeben in Israel« (1. Sam. 10 u. 11).

Und wie wohltuend berührt uns der hohe Geist, der in Mose wohnte, den wir immer wieder, wenn das Volk ihm ungerechte

Vorwürfe macht oder gar gegen ihn zum Aufruhr sich verleiten läßt, sich wenden sehen zur Hütte des Stifts! Er schweigt gegen die Empörer, er rechtfertigt sich nicht, aber er betet für seine Feinde. Es ist derselbe Geist des Heiligtums in Paulus, der bei den mancherlei Demütigungen, die ihm seine Gegner antun, sich in heiliger Großzügigkeit zu trösten weiß, ja sich sogar noch freuen kann: »Was tut's aber? Daß nur Christus verkündigt werde allerleiweise, es geschehe zum Vorwand oder in Wahrheit, so freue ich mich doch darin und will mich auch freuen« (Phil. 1, 18).

Der hohe Geist Jesu Christi

Wir haben alle von Hause aus den niedrigen Geist des verlorenen Sohnes, der sich in dem einen Wort verkörpert: »Gib mir!« – »Gib mir das Teil der Güter, das mir gehört« (Luk. 15, 12)! Und daneben steht der hohe Geist Jesu Christi: »Ich lasse mein Leben für die Schafe« (Joh. 10, 15). Er gab, er gab immer und so völlig, daß seines Lebens Inhalt darin bestand, daß er sich selbst dahingab für uns in den Tod. Der Umgang mit ihm ist es, der auch seine Knechte verwandelt und sie in seiner Nachfolge mit seinem hohen Geist erfüllt. Auf denen, die ihm nahestehen, liegt etwas von dem Duft des Paradieses, etwas von dem Wohlgeruch Jesu Christi. Und das tut der Welt so wohl. Es ist wie ein Gruß aus einer fernen anderen Welt.

2. Ein weites Herz und ein enges Gewissen

Leben auf einer anderen Höhenlage

Daniel war ein Schriftforscher. Das Wort unseres Gottes ist das gesegnete Mittel, das Gottes Geist benutzt, um seine Knechte umzugestalten in das Bild des Sohnes Gottes. Der Verkehr mit Gottes Wort erfüllt die Jünger Jesu mit seinem hohen Geist.

Christentum bildet. Der ist blind, der das nicht sieht, daß der Umgang mit Gottes Wort die Menschen nicht nur in ihrem Charakter in Gottes Art umwandelt, sondern auch in ihrem ganzen geistigen Leben, im Denken und Sinnen heraushebt aus dem kleinen, alltäglichen, niedrigen Wesen dieser Welt und sie innerlich so erhebt, daß ihr ganzes Leben eine andere Höhenlage erhält.

Es ist der hohe Geist der Ewigkeit, der Gottes Kinder erfüllt, die nicht auf das Sichtbare sehen, sondern auf das Unsichtbare, die an den Ufern der Unendlichkeit zu Hause sind und mit den Händen ihres Geistes immer hinter den Schleier greifen, der dem natürlichen Menschen die Welt Gottes verdeckt.

Der Horizont des Christen hört noch lange nicht auf bei Dingen, die dem natürlichen Menschen längst über den Horizont gehen. Schöpfung und Endgericht sind für ihn nach Gottes Wort nur Meilensteine an dem Wege Gottes und seiner Gnadengedanken, die von Ewigkeit zu Ewigkeit reichen. Der Christ sieht, wenn in der Not der Zeit bei all dem Schwanken und Zittern der Erde auch sein Herz erbeben will, im Geist die starken Hände Gottes, von denen sich die eine um den Morgen des Uranfangs der Welt und die andere um den Abend des Jüngsten Tages legt: Es ist alles in seiner Macht, und es geschieht nichts ohne seinen Willen. Alles fließt aus ihm, und alles muß sich einmal wieder vor ihm ausweisen. Gott allein ist groß. Es muß ihm alles dienen.

Wir kennen ein ewiges Reich

Ja, es muß ihm alles dienen, denn das Ziel der Wege Gottes ist sein ewiges Königreich. Der Geist dieses Reiches Gottes ist der hohe

Geist, der Gottes Knechte erfüllt. Sie sind die einzigen Menschen, die wirklich wissen, wofür sie da sind, wozu sie leben, wohin die Reise geht. Alles Rennen und Laufen der Menschen ist doch letzten Endes nur von kleinen, irdischen Zielen beherrscht oder von menschlichen Stimmen regiert, die sich immer wandeln und heute die Götter verbrennen, die sie gestern angebetet haben; Stimmen, die wie ein im Kreis laufendes Echo den armen ans Irdische gebundenen Geist narren. Gottes Kinder kennen ihr Ziel: die Ehre ihres Herrn und sein ewiges Reich. – Wen das erfüllt, der ist ein Mensch hohen Geistes, ein Mensch mit einem weiten Herzen!

Im Kleinen treu

Daniel war ein Mann voll hohen Geistes. Inmitten der Geschäfte des Königreichs, inmitten des großen Umtriebes seiner vielen Pflichten, und nachts, wenn er mit seinem Geist bei den Sternen weilte und ihrer Bahn folgte, lag etwas Feierliches über dem Manne, etwas Hohes. Das kam von dem Umgang mit seinem Gott und Gottes Wort.

Einmal geschah es ihm, daß er über einem Gesicht, das Gott ihm schenkte, schwach wurde und etliche Tage krank lag. Doch dann heißt es: »Danach stand ich auf und richtete aus des Königs Geschäft und verwunderte mich des Gesichts« (Kap. 8, 27). Daniel war ganz hingenommen von Gottes Wahrheit. Durch seinen ganzen Tag und all sein Werk klang das Verwundern über Gottes Gedanken, aber er war kein Träumer, kein »Reichgottesbummler«, sondern ein Mann, der seinen Posten voll und ganz ausfüllte.

Seine Feinde trachteten danach, »wie sie eine Sache an Daniel fänden« (V. 5). Und wenn man sucht, kann man immer etwas finden, sagt das Sprichwort. »Aber sie konnten keine Sache noch Übeltat finden; denn er war treu, daß man keine Schuld noch Übeltat an ihm finden mochte« (V. 5). Daniel hatte viele Untergebene. Konnte sich niemand über ihn beklagen? Ihm unterstanden manche Verwaltungszweige. Fand sich nirgendwo ein Vorwurf gegen ihn? Ungeheuer viel Geld ging durch seine Hand. Ist nirgendwo etwas hängengeblieben? Nein, er war treu!

In den oft so ermüdenden Dingen des täglichen Kleinlebens, in den Geschäften und Geldsachen, da muß es sich zeigen als die Probe aufs Exempel, ob ein hoher Geist in einem Menschen ist. Nicht in hohen Worten, die tönen und überfließen und triefen von geistgesalbter Sprache, sondern darin zeigt es sich, welcher Geist den Menschen erfüllt, ob er treu ist im Dienst und treu im Kleinen. Der hohe Geist Gottes erweist sich im Wandel eines Menschen gerade in den Kleinigkeiten. Da vergeht aller Schein und aller Firnis des Lebens, da muß der echte Glanz des Gottesadels zutage treten, in den nächsten Pflichten unseres Alltags. Der Knecht, der darum das Pferd so besonders schön striegelte, weil es so geputzt sein sollte, als ob der Heiland heute darauf reiten wollte, der war voll hohen Geistes.

Was würde Jesus dazu sagen? Das muß der Maßstab einer jeden Stunde unseres Tages sein. In Gottes Augen ist nichts klein, weil alles, was uns Menschen angeht, vor ihm, dem Allmächtigen, doch nur so ganz klein ist, und weil alles, worin eines Menschen Herz sich äußert, vor ihm, dem Heiligen und Gnädigen, groß und wichtig ist. Das höchste Lob des ewigen Gottes, das einem Menschen zuteil wird, ist das Wort: »Ei, du frommer und getreuer Knecht, du bist über wenigem getreu gewesen, ich will dich über viel setzen« (Matth. 25, 21). Wie ein großes Ding ist es um einen treuen Haushalter! In ihm ist Gottes hoher Geist, ein weites Herz und – ein enges Gewissen.

3. Das Licht scheint in der Finsternis

Keine Sache außer unserm Gottesdienst?

Die Feinde kamen zu dem Ergebnis: »Wir werden keine Sache an Daniel finden außer seinem Gottesdienst« (V. 6). »Das ist seine schwache Seite«, so denken sie. »Da können wir ihn fassen.« Sie irren sich. Das gerade war die Quelle seiner Kraft. Wenn es doch auch bei uns so wäre, daß man keine Sache an uns finden könnte, außer unserem Gottesdienst! Man hat vieles wider uns und wohl nicht ohne Grund. Unsere Eigenart und Unart, unsere Selbstsucht und Lieblosigkeit, unser Hochmut und Richtgeist, sie geben den Leuten manche Sache in die Hand, die sie gegen uns mit Recht anführen können. Wohl den Leuten, gegen die man nichts findet außer ihrem Gottesdienst! Wenn wir darin ganz sind, in unserem Gottesdienst, dann werden wir viele Feinde haben, aber dann hat es keine Not: Dann steht Gott hinter uns.

Der dunkle Hintergrund

Es war ein dunkler Hintergrund, der das Friedensland des Lebens des Daniel umgab: seine Feinde und Neider. Da sie bei ihm nichts fanden, wodurch sie ihn stürzen konnten, gingen sie mit Lug und Trug zu Werke, gerade wie bei unserem Meister. Sein Gottesdienst soll die Handhabe bieten, um Daniel bei dem König unmöglich zu machen. Es ist ein kluger Anschlag. Des Königs Eitelkeit wird mit hineingezogen, das Ansehen seiner Majestät. Sie wollen gerne 30 Tage lang mehr als sonst kriechen, wenn nur der verhaßte Jude dadurch getroffen wird.

Und bei diesem Vorgehen sind sie alle einig. Gerade wie die Liebe zu Gott, so hat auch der Haß gegen Gott und seine Knechte vereinigende Kraft. Sie umschmeicheln den König mit demütigen Worten. Er soll den Befehl ausgehen lassen, daß in 30 Tagen niemand etwas bitten darf, ohne von ihm, dem König. Wer zuwider handelt, soll zu den Löwen in den Graben geworfen werden. Der

König merkt nichts. »Also unterschrieb sich der König Darius« (V. 10). Diese Unterschrift hat ihm noch viel Leid gebracht. Hüte dich vor den Schmeichlern!

Es ist, als fühle man aus dem Bericht den Jubel der Feinde heraus. Mit angehaltenem Atem haben sie gespannt, ob der König seinen Namen unter das Manifest setzen werde. Nun haben sie gewonnenes Spiel. Sie beglückwünschen sich und reiben sich die Hände. Nach dem Recht der Meder und Perser kann ein königlicher Befehl nie geändert werden. Der König ist nach ihrem Glauben der Offenbarer der Gottheit. Sein Wort kann nie zurückgenommen werden.

Jetzt brauchen sie nur noch das Netz zuzuziehen. Sie haben Aufpasser aufgestellt, auf den Dächern neben Daniels Haus liegen sie auf der Lauer. Sie wollen ihn auf frischer Tat ertappen. Sie haben viel zu tun, emsig laufen sie hin und her.

Das ist der dunkle Hintergrund: das Reich der Lüge und Finsternis. Satans teuflische Geister hetzen und schüren das Feuer. Er weiß: Bekomme ich den einen nicht, bekomme ich die anderen alle. Die Hölle kommt auf jeden Fall auf ihre Rechnung. Das ist der dunkle Hintergrund um Daniel her, und alle die, denen ihr Gewissen Zeugnis gibt, daß auch ihnen Gottes Kinder ein Dorn im Auge sind, daß sie sich ärgen an den stillen Pilgern des Herrn, sollen daraus den Erweis nehmen, daß sie auf seiten der Hölle und der Finsternis stehen.

Zwischen Gott und dem König

Welch ein Gegensatz gegen dieses Rennen und Laufen: Daniel, ein Mann voll Ruhe und Frieden! Dort Hasten und Jagen – hier kein unruhiger Schritt; dort blutiges Feuer in den Augen der Neider – hier heiteres Leuchten des Friedens Gottes; dort viele zusammengeballt, gleichsam den Dolch unter dem Gewand gezückt – hier einer allein, still die Hände gefaltet, das Haupt zu Gott erhoben.

»Als Daniel erfuhr, daß solch Gebot unterschrieben wäre, ging er hinein in sein Haus« (V. 11). Er erfuhr es wohl als einer der ersten, denn es mußte ja durch seine Kanzlei gehen. Und alsbald durchschaute er die Ränke seiner Feinde. Jetzt hieß es: Entweder – Oder! Das stand ihm klar vor der Seele: Er mußte wählen zwischen seinem

Gott und seinem König, mit dem ihn offenbar herzliche Liebe verband. Sein Herz blutete im Gedanken an den betrogenen König, aber die Wahl war ihm nicht schwer.

Sollte er dem Menschen gehorchen und seines Gottes Dienst aufgeben? Was konnte ihm dazu raten?

Dazu riet die Furcht vor der Strafe des Königs. Sollte er nicht klug nachgeben, nur für 30 Tage? Er konnte ja heimlich weiter Gott dienen. Nachher konnte er um so freimütiger wieder seinen Gott bekennen. Sollte er nicht dieses Mal den Mantel nach dem Winde hängen, um seine einflußreiche Stellung nicht zu verlieren, in der er so viel zum Besten des Volkes Gottes tun konnte?

Dazu riet ihm die Todesfurcht. Sie wird ihm mancherlei Entschuldigungen nahegelegt haben. Was war damit geholfen, daß er starb und in seinem Alter durch die Zähne der Löwen unterging? Es mögen die Stimmen der Löwen an jenem Tage, als er heimging, besonders schrecklich geklungen haben.

Aber stärker als die Furcht vor dem König und seiner Strafe und vor dem Tode war die Furcht Gottes. Sollte er sich so am Herrn versündigen und ihn verleugnen? Wie hätte er dann in sein Kämmerlein, in die Stille vor Gott zurückkehren können? Nein, aus Furcht gab Daniel den Dienst seines Gottes nicht auf.

Aber hätte ihn nicht die Dankbarkeit dazu treiben müssen? Darius hatte ihm viel Gutes getan und wollte ihn noch weiter erhöhen. Die beiden alten Männer verstanden sich vortrefflich. Durfte er seinem alten Herrn so wehe tun? Konnte er ihm nicht dieses Opfer bringen, aus Gefälligkeit ihm entgegenkommen, weil nun einmal dieses verhängnisvolle Papier unterschrieben war?

Aber wie hätte Daniel heimkehren können in die Stille vor seinen Gott? Gott hatte ihm noch viel mehr Gutes erwiesen, noch viel mehr Dank von ihm verdient. Er durfte Gott nicht verleugnen.

Verkauft den Frieden Gottes nicht!

Wie oft haben wir in eine Sünde gewilligt aus Menschenfurcht, aus Angst vor Verfolgung und Spott, aus Sorge wegen des Zornes unserer Vorgesetzten! Wie oft haben wir unseren Herrn verleugnet, vielleicht in kleinen Dingen, aus Menschengefälligkeit! »Ich kann es ihm diesmal nicht abschlagen, er hat mir so manchen Gefallen getan. Ich kann mich doch nicht von allem zurückziehen. Es sind doch so freundliche Leute« – und wie die Worte weiter heißen. Man denkt nicht daran, wie man den kränkt, der für uns sein Leben dahingab; was dem wohlgefällig ist, der uns mit solcher Liebe und Geduld getragen hat bis auf diesen Tag.

Immer wieder müssen wir uns die Frage vorlegen: »Wie soll ich denn in mein Kämmerlein zurückkehren, nachdem ich die Sünde begangen, nachdem ich meinen Herrn verleugnet habe?« Wollen wir dem allmächtigen Gott sagen: »Ich tat es, weil ich fürchtete, du könntest mich nicht erretten?« Wollen wir dem Mann am Kreuz antworten: »Ich habe dich verleugnet, weil ich gerade unter deinen Feinden stand; ich dachte, du würdest es mir so übel nicht nehmen, wenn ich auch einmal einen Schlag auf deine Dornenkrone führte?!« Wollen wir dem treuen Heiland vorwerfen: »Ich meinte, deine Liebe allein würde mich auf die Dauer nicht befriedigen und glücklich machen?«

Wie wollen wir im Kämmerlein ankommen und es darin aushalten, wenn er uns schrecklich ist, der doch unsere Zuversicht sein soll in der Not (Jer. 17, 17)? Dann wird unser Kämmerlein nicht mehr die Stätte des Aufatmens sein, sondern schlimmster Beklemmung. Verkauft den Frieden Gottes nicht so leicht! Verkauft ihn nie!

Dem Daniel war sein Entschluß klar: Zu Gott ging sein Weg. Der Genuß des Friedens Gottes ging ihm über alles, selbst über sein Leben. Als er den Erlaß gelesen hatte, stand er auf – er mußte allein sein – und ging hinein in sein Haus: in die Stille.

4. Ein königlicher Gang

In die Stille vor Gott

Wo geht Daniel hin? Wird er beim König protestieren? Das ist nutzlos; es gibt ein Recht der Meder und Perser. Wird er eine Gegenmine legen und alle in die Luft sprengen? Er vermag viel beim König. Er ist der Klügste der Klugen. Nein, Daniel geht nicht zu Menschen, er denkt nicht an menschliche Mittel und Waffen. Er geht hinein in sein Haus.

Ein königlicher Gang! Die anderen rennen und laufen, er schreitet so ruhig dahin. Dahin, wo die Quellen seiner Kraft liegen: in die Stille vor seinem Gott. »Sei stille dem Herrn und warte auf ihn« (Ps. 37, 7). »Wenn ihr stille bliebet, so würde euch geholfen werden« (Jes. 30, 15).

Gedankenvoll steigt Daniel hinauf auf den Söller. Und dann fällt der vornehme, ehrwürdige Greis auf seine Knie vor seinem Gott. Er muß stille werden, die Sache in Gottes Licht stellen, Gottes Angesicht darüber sehen, wie er ihn leiten wird mit seinen Augen. Er macht es wie der König Hiskia (Jes. 37, 14). Wie dieser den Brief des feindlichen Feldherrn ausbreitete vor dem Herrn und darüber betete, so Daniel den Befehl des Königs.

Diese Kunst sollten wir lernen. Auch wir sind umringt von Feinden. Wir protestieren laut gegen ihre Tücke, wir suchen Recht bei den Vorgesetzten, wir besprechen es mit Menschen, wir wollen schlauer sein als die Schlauen und noch klügere Gegenpläne entwerfen. Und was ist das Ergebnis? Wir werden müde und können bald keine Luft mehr bekommen, weil wir selbst in Sünde geraten. Unsere Niederlage ist besiegelt, wenn wir keine andere Hilfe kennen.

Diesen Gang müssen wir lernen: in die Stille hinein. So begegnet man den Gefahren und Nöten des Lebens, daß wir uns wie Mose wenden zu der Hütte des Stifts, zur Gegenwart Gottes. In solchen Lagen wollen wir es üben, zunächst nichts zu sagen, zu schweigen, nichts zu unternehmen. Erst stille werden! Erst hinein ins Kämmerlein, vor Gott!

»Daniel betete, lobte und dankte seinem Gott« (V. 11). Das war der Hebel, mit dem er Widerwärtigkeiten wegzuräumen pflegte. Das war die Art, wie er Kräfte der Bewahrung und des Schutzes anzog, so wie es von Hiskia heißt: »Er betete dawider« (2. Chron. 32, 20).

Daniel betete, und damit brach er im Kämmerlein schon durch die ganze Macht seiner Feinde hindurch, ehe sie ihn nur angerührt hatten. Die Gemeinde machte keinen Aufruhr, schickte keine Bittschrift zu Herodes, als Petrus festgesetzt worden war. »Petrus ward zwar im Gefängnis gehalten; aber die Gemeinde betete ohne Aufhören für ihn zu Gott« (Apg. 12, 5). Da sprangen die Kerkertüren auf, und die bis an die Zähne bewaffneten Kriegsknechte wurden überwunden.

Es war eine Stellung des Friedens, die Daniel einnahm. Er brauchte sich nicht mit Plänen zu plagen, sich nicht müde zu laufen auf mancherlei Wegen und Gängen, er kniete nieder und betete. Das war sein Sieg.

Und darum konnte er loben und danken, schon ehe die Schlacht begann. Sein Kämmerlein war ein rechtes »Lobetal« (2. Chron. 20, 19. 26), da man lobte, ehe man gegen die Feinde ging. Er vertraute seinem Gott, deshalb konnte er nicht bange werden, sondern seine Harfe blieb zum Lobe gestimmt. Heilige Neugier hatte ihn erfüllt, wie der Herr es nun machen werde.

Ja, es mag auch etwas von Freude in ihm gewesen sein über die Ehre, leiden zu dürfen für den Herrn, seinen Gott, so wie des Stephanus Angesicht, als ihn die Steine umschwirrten, leuchtete wie eines Engels Angesicht (Apg. 7); so wie die Apostel fröhlich von des Rats Angesicht gingen, darum, daß sie würdig gewesen waren, um des Namens Jesu willen Schmach zu leiden (Apg. 5, 41). Keine Klage und kein Jammern drang aus Daniels Kämmerlein empor, sondern Lob und Dank. Das ist das Geheimnis des Kämmerleins derer, die im Frieden Gottes wohnen.

5. Sein Kämmerlein

Das Sehnen nach der Stadt Gottes

Wir tun gut, den Bau des Kämmerleins des Daniel genau zu studieren: »Er hatte aber an seinem Söller offene Fenster gegen Jerusalem.« Salomo hatte in seinem Gebet bei der Einweihung des Tempels zu Gott gefleht, daß, wenn etliche aus dem Volk gefangen geführt würden in der Feinde Land und sie dann »beten zu dir nach ihrem Lande hin, das du ihren Vätern gegeben hast, nach der Stadt hin, die du erwählt hast, und nach dem Hause, das ich deinem Namen gebaut habe: so wollest du ihr Gebet und Flehen hören im Himmel und Recht schaffen und deinem Volk gnädig sein« (1. Kön. 8, 48–50). Ein solcher Beter war Daniel. Er kniete nieder zu beten, seinen Blick gerichtet gen Jerusalem.

Was bedeutete das offene Fenster nach Jerusalem? Daniel hatte Sehnsucht nach der Stadt seines Gottes, obwohl diese Stadt zerstört war und er im Lande seiner Fremdlingschaft eine geachtete Stellung innehatte. Aber was lag ihm am Purpur des Königs? Sein Herz weilte in Jerusalem. Er hatte alles, was die Welt ihm geben konnte, Glück und reiche Schätze, und doch war das Heimweh nie erstorben nach seines Gottes Stadt. Sein Herz hing nicht an dieser Welt, aber an seinem Gott hing sein Herz. Alle Macht Babylons, die er besaß, hätte er gerne eingetauscht gegen einen Platz am Altar seines Gottes, das Opfer zu schauen, das für die Sünde seines Volkes emporstieg. Er hätte seinen Palast gerne fahren lassen, wenn er hätte wandern dürfen, arm und leer, aber wandern nach Zion. Oft, wenn er heimkehrte von den rauschenden Festen des Hofes oder von seiner stillen Sternwarte, stand er am offenen Fenster: Dort drüben lag zerfallen Gottes Stadt und Gottes Haus. Dorthin ging sein Sehnen. Er war ein Fürst unter den Fürsten Babylons und doch ein Fremdling in der Hauptstadt der Welt.

Ist's nicht dasselbe mit Gottes Volk heute, daß ein Sehnen nach dem Land der Herrlichkeit sein Herz erfüllt, daß mitten aus dem Strom der Tränen, daß über all dem Eifern und Geifern der Selbstsucht und Sünde sein Herz sich voll Heimweh sehnt nach der

Stadt, wo kein Leid, kein Streit, wo keine Sünde mehr sein wird?

Bei manchen ist dieses Heimweh freilich erstorben. In der Zeit der Trübsal war es wach. Aber dann kam das Glück am Hof des Königs, im Ansehen der Welt, da wurden sie heimisch in Babel und haben ihre Lieder vergessen, die Lieder von Zion. Laßt es, liebe Brüder, nicht also sein! Nicht nur, wenn es uns schwer ergeht, nein, gerade in den Tagen des Sonnenscheins, dann zieht es uns nach Gottes Stadt. Das ist ein Geheimnis der Kinder Gottes, das die Welt nie versteht, so wie das Ziehen des Kranichs, das Wandern der Zugvögel, die eine wärmere Heimat suchen, uns Menschen unerklärlich ist. Wenn das Bewußtsein der anderen ewigen Heimat unter Gottes Volk lebendiger wäre, dann wären wir auch einiger untereinander, so wie die Schwalben sich sammeln, sich immer enger zusammensetzen, ehe sie den großen Zug nach dem Süden antreten.

Und wenn wir uns irgendwo anbauen, dann wollen wir so bauen, daß die Fenster offenstehen nach Jerusalem, daß auch in den Tagen des Glücks ein Ziehen und Sehnen durch unsere Seele geht: »Hier ist sie nicht, die Heimat der Seele ist droben im Licht.« – »Hätt ich Flügel, flög ich über Tal und Hügel heute noch nach Zions Höhn.«

Die Zugehörigkeit zum Volke Gottes

Was bedeuten die offenen Fenster gegen Jerusalem? Daniel hatte sein Volk nicht vergessen, Gottes Volk, das arme, gefangene Volk. Und aus dem Fenster gegen Jerusalem stiegen die Gebete empor, daß Gottes Volk wieder wohnen möchte in Gottes Erbe und könnte wieder Gottes Altar in Gottes Haus pflegen. Wie hat er sich in seinem Bußgebet (Kap. 9) mit gebeugt unter die Sünden seines Volkes und um Vergebung gefleht!

So wollen auch wir bei allem Glück dieser Erde, bei all unserer Arbeit und Vielbeschäftigung doch Gottes Volk im Herzen haben, seine Nöte, seine Bedürfnisse, seine Freuden, seine Sünden. Und das sei unser Trachten, daß noch viele hinzukommen zur Stadt unseres Gottes und zu dem ewigen Altar auf Golgatha.

Die Zugehörigkeit zu Gottes Volk, sie soll uns über alles andere gehen, über jede Ehre dieser Welt. Und wir wollen uns seiner nicht schämen, ob es auch arm ist und gefangen. Wir wollen uns vor der

Schmach Christi und seines Volkes nicht fürchten. Und ob die Gemeinde Jesu viele Flecken und Runzeln hat – Gottes Kranke sind uns doch lieber als der Welt ihre Gesunden (Tersteegen).

Ein Segen für die andern

Was bedeutet das offene Fenster gegen Jerusalem? Dieses offene Fenster Daniels war ein Segen für sein Volk. Es wurde bemerkt nicht nur im Himmel, sondern auch unter seinen Volksgenossen. Es war ein Kanal, durch den Gott Ewigkeitskräfte und himmlischen Segen herabsenden konnte auf sein Volk Israel. So wie Mose in der Wüste, als sein Volk immer wieder vom Herrn abirrte, der einzige war, bei dem Gott anknüpfen konnte, um sein Volk zu segnen, und wie der Glaube dieses einzigen der Kanal für Gottes Kräfte hinein in sein Volk war, so war es auch bei Daniel, der fürbittend für sein Volk einstand.

Was sind wir für die anderen? Ein Fluch? Ein Schaden? Ein Hindernis? Ein Anstoß? Oder ein Segen? Kann Gott bei uns anknüpfen, um andere voranzubringen? Ist unser Glaube, unser Gebetskämmerlein ein Kanal für Gottes Segenskräfte? Wie not tut es, daß Menschen da sind, deren Kämmerlein Kraft und Licht ausströmt auf ihre Umgebung! Das sind die Leute, zu denen die Gebundenen und Elenden sich hingezogen fühlen, die man ruft in der Not, die man gern sieht an Sterbebetten.

Ist unser Haus richtig gebaut, das Haus unseres inneren Lebens? Ich meine die, die solch ein Haus inneren Lebens haben. Sind unsere Fenster offen nach oben zu Gottes Stadt, so wie Noah an der Arche nur ein Fenster hatte, das nach oben ging? Oder haben wir die Fenster offen nach allen Seiten, nach der Welt und ihrer Lust und nach oben kein Fenster?

6. Stunde um Stunde

Es kommt auf das Heute an

Daniels Kämmerlein war die Quelle seiner Kraft. Kraft hatte er nötig. 30 Tage, einen Monat – es mochte ihm vorkommen wie eine endlose Zeit –, solange würde die Probe dauern. Manch einer, der eben angefangen hat, dem Herrn zu folgen, schaut hinaus in die Zukunft. So lebendig steht alle Not und alle Gefahr vor seinen Augen, als müßte er sie heute auf einmal alle auf sich nehmen und durchkämpfen. Da wird sein Herz verzagt. Vor ihm liegen die Wüste und manch steiler Berg, vor ihm unzählige Hindernisse: vielleicht Krankheit, vielleicht Tod der Liebsten, vielleicht Einsamkeit – ach, Einsamkeit kann so weh tun. Der Weg ist lang bis zum himmlischen Vaterhaus. Ob ich wohl treu bleiben werde?

So hat vielleicht auch Daniel gedacht: 30 Tage treu bleiben! Eine lange Zeit! Das ist ja viel schwerer als eine einmalige Anstrengung: dieses dauernde, unverwandte Bleiben bei dem Herrn in langen Tagen der Versuchung.

Da wollen wir von Daniel lernen, was sein Geheimnis war, das doch so ganz natürlich ist: Lange Zeit, unser ganzes Leben hindurch bleiben wir treu, wenn wir heute treu bleiben. – Eine Kranke, die den Arzt fragte, wie lange sie noch auf ihrem Lager liegen müsse, erhielt die Antwort: »Immer nur einen Tag auf einmal.« So wird der Blick zurückgerufen von dem langen Weg, der vor uns liegt, auf den heutigen Tag, wo es uns leidlich geht, und wo es gilt, treu zu sein.

Es ist Gottes Güte, daß er unser Leben eingeteilt hat in Tage und Nächte. Wie ermüdend wäre es (wenn es körperlich auszuhalten wäre), in so langer Aufeinanderfolge dem Herrn immer treu zu bleiben! Da ist es ein Gnadengeschenk Gottes, daß immer wieder Zeiten der Ruhe kommen und uns immer wieder ein neuer Anfang gewährt wird. Wir leben nicht die ganze Zeit unseres Lebens an einem Stück, sondern einzelne Tage, einen nach dem anderen. Das Kind, das die erste Fibel anschaut, sieht sich verloren an all den Buchstaben und wird bange. Lernt es jeden Tag sein Stück, so kommt es leicht hindurch. Der Herr nimmt immer nur ein Stück unseres Lebens mit uns durch, nicht alles auf einmal.

Daniel betete täglich, und zwar des Tages dreimal. Er durchlebte die lange Zeit in Abschnitten, und immer wieder am Anfang eines Abschnitts lag eine stille Stunde vor Gott. Er blieb treu, indem er Tag für Tag, Stunde für Stunde treu blieb.

Es ist ein herrlicher Trost, daß wir immer nur eine kurze Zeit vor uns haben. Wir haben es zu tun mit einem Abschnitt, den wir einigermaßen übersehen, auf den wir uns rüsten können. Von dem Manna mußten die Kinder Israel täglich sammeln, was sie des Tages bedurften. So sollen auch wir vom Herrn täglich im Kämmerlein auf dem Söller aus Gottes Fülle nehmen, was wir bedürfen:

»Für heute Brot,
für heute Licht,
für heute Kraft –
mehr brauch ich nicht.«

Heute brauchen wir nur für heute zu sorgen. Das Morgen gehört meinem Vater, nicht mir. Ich habe nichts mit morgen zu tun, nichts mit der Frage, was morgen kommt, ob ich morgen treu bleibe. Das Heute ist unser, ist uns von Gott übergeben, dafür sind wir verantwortlich.

Der Halm braucht Knoten

Und über dem Heute leuchtet sein Vaterauge. Er hat den Schlüssel meiner Tage, und er schließt morgens meinen Tag auf und schließt ihn abends wieder zu. Nichts kommt an mich, und nichts drängt sich hinein in meinen Tag, was nicht an ihm vorüberkommt und was er nicht hineinläßt. So habe ich es immer bei allem nur mit Gott zu tun.

Welche Erleichterung: Auch diesen Abschnitt, dieses Heute, bis ich abends mein leichtes Zelt eine Tagereise näher der Heimat aufschlage, darf ich durchleben, immer wieder ausgehend von stillen Brunnen der Erquickung im Kämmerlein. Immer wieder am Tage darf ich eine Begegnung haben mit dem Herrn auf dem Söller, dessen Fenster offen sind gegen Jerusalem. Da läßt Gott seinen

Segen milde herabtauen. Da fasse ich Mut: Treu bleiben will ich für heute, bis an diesen Abend, so Gott mir hilft.

So wie die Knoten am Halm immer wieder ein Stück Halm tragen, so ist's mit unseren stillen Stunden des Betens. Der Halm besteht nicht nur aus Knoten, es sind lange Stücke Halm. Wir können nicht immer beten, sondern müssen lange Zeit ruhig weitermachen in unseren Pflichten, aber immer wieder kommen Knoten an den Halm und geben einem neuen Stück Tragkraft und Halt. So ist's im christlichen Leben überhaupt. Gott schenkt hier und da Höhepunkte, da neue Erkenntnisse, neue Demütigungen, neue Offenbarungen Gottes uns gegeben werden, in deren Segen wir eine lange Zeit weiterwandern. So ist's auch im täglichen Leben.

Darin liegt aber auch eine ernste Mahnung. Wir müssen immer wieder die Begegnungen mit dem Herrn suchen. Wir dürfen nicht einmal aussetzen, keinen Teil des Weges gehen ohne Waffenrüstung, ohne Erquickung an Gottes Tisch. Daniel dachte nicht, er könne es auch wohl schon aushalten, wenn er nicht so fleißig Gebetsumgang mit dem Herrn pflegte. Nein, wiewohl es ihm Gefahr brachte, fiel er täglich auf seine Knie. Weil es ihm Gefahr brachte, hat er wohl noch inbrünstiger, vielleicht eingehender, noch länger gebetet als sonst. Wir dürfen nicht einen Tag aussetzen. Achte auf deine Tage, achte auf deine Stunden!

Ein verlorener Tag ist wie ein Glied in der Kette, das zerbrochen ist. Es mag wohl mehr als ein Tag dazu nötig sein, das wieder einzuholen, was wir eingebüßt haben. Wenn wir einen Tag nicht wachen und beten, mag wohl eine Falte in unser Leben kommen, die wieder auszuglätten es vieler Mühe und Zeit bedarf.

Ein verlorener Tag macht es auch schwerer, den darauffolgenden Tag treu zu sein. Es geht von heute ein starker Einfluß auf morgen aus. Wenn wir uns heute gehen lassen und nicht vor Abend im Kämmerlein ernüchtert werden, so geht es morgen im selben Schritt weiter bergab.

Ein verlorener Tag kann verlieren, was wir in Monaten und Jahren erworben haben. Ein Tag in geistlichem Schlaf verbracht läßt uns entgleiten, was wir in viel schwereren Tagen unter viel schlimmeren Anfechtungen treu bewahrt hatten. Habe acht auf jeden Tag! Laßt uns nicht in die Zukunft schwärmen und schweifen, denn während wir es tun, tropft uns das kostbarste Gut aus den Händen: unsere Zeit, unser heutiger Tag! Es gilt, daß unser Heute ein

Segensstein sei im Bau unseres Lebens. Die großen Segnungen unseres Lebens kommen immer an irgendeinem Tag. Warum sollte es nicht heute sein? Darum ist das Heute so wichtig.

7. Das Spalier

Wir bedürfen bestimmter Gebetszeiten

Der Umgang mit dem Herrn bringt immer frischen Zugwind aus der Ewigkeit für das Feuer unseres Glaubens. Er ist das Rückgrat unserer Tage. Aber auch dazu ist Übung notwendig. Ein solches Leben mit Gott kommt nicht von selbst. Hier ist das Gebiet, wo am schärfsten der Kampf zwischen Fleisch und Geist entbrennt. Das Fleisch will gerade dies verhindern: die immerwährende Bereitschaft, die immer erneute Hingabe zu einem Augenblick der Sammlung an den Toren der Ewigkeit. Wir sind zerstreut, und darüber wird das Gebetsleben vernachlässigt. Der böse Feind stellt uns dies als besonders lästig, als am ersten entbehrlich dar. Und wir sind dieser heiligen Übung auch abgeneigt, auch die Kinder Gottes werden immer wieder in sich eine Abneigung finden gegen dieses Stillesein vor Gott, das doch, wenn wir uns erst dazu durchgerungen haben, unsere tiefste und seligste Freude ist.

Darum ist die Zucht des Geistes für unser Leben nötig, und wir bedürfen bestimmter Gebetszeiten. Sollen wir nur dann beten, wenn wir getrieben werden? Soll der Kranke nur dann essen, wenn er Hunger hat? Dann werden wir immer seltener zur Stille uns finden, weil es unserem natürlichen Wesen, unserem Fleisch, entgegen ist.

Wir werden in Gottes Wort aufgefordert: »Betet ohne Unterlaß!« – Das heißt nicht, daß wir die ganze Zeit unseres Lebens in ausdrücklichem Gebet zubringen sollen. Das ist völlig unmöglich, denn wir müssen unsere Gedanken auf unsere täglichen Pflichten lenken und stundenlang rechnen oder überlegen oder beraten. Aber es heißt, daß wir in einer inneren Stellung sein sollen, so vor dem Herrn gegürtet und bereit, daß wir jeden Augenblick in ausdrückliches Gebet übergehen können.

Wollen wir aber so innerlich zusammengefaßt durch unseren Tag gehen, dann ist es wichtig, daß wir bestimmte Zeiten für das Gebet haben, wo wir uns neu aufschürzen und für die kommenden Strecken des Wegs neu anseilen an unseren Führer. Das erscheint vielleicht als eine Nebensache, und es ist doch die Grundlage des ganzen Gebetslebens eines Christen. Nie dürfen wir ohne zwingenden Grund darin eine Änderung eintreten lassen, auch wenn es schwer fällt, der Gewohnheit treu zu bleiben. Wir müssen uns jeden Tag die Stille für unser Gebetsleben erobern.

Gerade die, die sich binden, zu bestimmten Zeiten zu beten, machen am meisten den Eindruck, daß sie ohne Unterlaß beten. Die anderen kommen ganz davon ab. Jesus und die Apostel hatten ihre bestimmten Stunden, in denen sie zu beten pflegten. Wir brauchen für unser inneres Leben ein starkes Spalier. Ein Spalier ist ein Lattengeflecht von sehr eintönig rechteckig und regelmäßig miteinander verbundenen Hölzern, aber es ist nötig, damit die edlen Blumen und kostbaren Früchte sich daran emporranken. So brauchen wir auch für unser Gebetsleben ein Spalier regelmäßiger Gewohnheiten und Gebetszeiten.

Beten am Morgen, am Mittag, am Abend

Daniels Rezept war: Er betete des Tages dreimal. – Wichtig ist die Morgenstunde. Ist der Anbruch heilig, so ist der ganze Tag heilig (Röm. 11, 16). Morgens in der Frühe wurde das Manna gesammelt. Der Tag liegt vor uns wie ein unbeschriebenes Blatt. Herr, schreibe du darauf die ersten Buchstaben! Wie wohltuend, wenn uns morgens ein Gruß vom Vater kommt und die Verheißung uns begegnet: »Ich bin dein, auch heute!« Dann steigt unsere Hingabe empor: »Ja, auch heute. Herr, ich bin dein, ganz dein! Es ist nur ein Tag, aber ein ganzer langer Tag. Ich nehme ihn als einen Tag, an dem ich zu dir kommen darf, an dem ich dir dienen, dir treu bleiben darf, Stunde für Stunde.«

Morgens muß das Instrument unseres Herzens richtig gestimmt werden für das Lied des Tages. Da dürfen wir im voraus alle Gefahren, alle Versuchungen, Freuden und Aufgaben, die auf uns warten, dem Herrn übergeben und Gottes Kraft für den Tag anziehen. Sollen wir nicht, wenn wir in der Frühe erwachen und die Sorgen wie große Wasserwogen auf uns zurauschen, lieber zuerst den Blick auf unseren Herrn richten und das Gebet der Emmausjünger für uns so wandeln: »Herr bleibe bei uns, denn es will Tag werden?«

Mittags. – »Die zweite Stunde nachmitags, das ist die müde Stunde; es geht das Zittern ihres Schlags wie Lähmung in die Runde« (Eduard Mörike). Die Mittagsmüdigkeit legt sich auf Körper und Geist. Es ist schon lange her seit dem Morgen und mancher Meltau auf die am Morgen so frische Blüte gefallen, das Pilgerherz vielleicht durch Ärger oder Heftigkeit aus der Stille hinweggerissen.

Es ist noch lange bis zum Abend. Gott will uns nicht nur einen Morgengruß senden. So ist es bei so vielen Jüngern des Herrn. Ja, morgens wurden sie erquickt, aber den größten Teil des Tages wandeln sie innerlich im Schatten, vielleicht im Schatten einer Sünde.

Da sollen wir mittags wieder zu unserem Herrn flüchten. Es ist ihm nicht zu viel, einen ganzen langen Tag hindurch immer wieder aufs neue zu segnen. Da laßt uns mittags nachschauen und dafür sorgen, daß der Faden des inneren Erlebens mit dem Herrn nicht abbricht, und daß wir in den zweiten Teil des Tages mit ebenso frohem Gesang ziehen wie am Morgen!

Petrus stieg in Joppe auf den Söller in der kurzen Stunde, während man ihm sein Mittagessen anrichtete. Da hielt er Einkehr bei seinem Gott. Und in dem Stückchen Zeit, das er so leicht hätte mißachten können, wurde ihm Klarheit geschenkt über die großen Linien der Weiterentwicklung des Reiches Gottes, über die Berufung der Heiden zum Evangelium (Apg. 10). So können auch uns in kurzen fünf Minuten der mittäglichen Stille Offenbarungen gegeben werden über unseren weiteren Weg.

Und abends? Wieviel ist zu bekennen, wieviel abzubitten!

»Es hat des Tages Treiben
mein Herz zerstreut;
bei dir, bei dir ist Frieden
und Seligkeit.«

Und wieviel haben wir zu danken! Und dann die Brüder und ihre Anliegen: »Komm wieder, Herr, zu der Menge der Tausende Israels« (4. Mose 10, 36)! Und dann Gottes Königreich, daß noch verlorene Söhne nach Hause kommen heute abend. Und dann die Bitte um Bereitschaft für unsere letzte Nacht, für unser letztes Stündlein. Ach, wie haben wir abends das Herz oft so voll!

Sind die Fenster offen oder vermauert?

Oder sind uns das alles nur alte Erinnerungen? Daniel betete des Tages dreimal, »wie er denn vorhin zu tun pflegte« (V. 11). Achtzig Jahre etwa mochte er alt sein. Seit seiner Jugend pflegte er die Übung des Betens. Sie war ihm nicht leid, sie war ihm immer wichtiger geworden. Wie viele sind unter uns, die hatten einmal einen Söller, die hatten einmal offene Fenster gegen Jerusalem! Aber nun sind die Fenster vermauert. Mit Willen vielleicht, weil sie die Sünde liebgewannen und wollten durch den Blick auf Jerusalem nicht gestört werden? Oder unmerklich aus Trägheit? Die Fenster wurden immer enger. Eifrige, flinke Höllenhände haben sie immer mehr zugemauert. Jetzt fällt kein Licht mehr von oben in das Leben. Es hat sich verloren im Handel und Wandel dieser Zeit.

Oder es ist geblieben bei einer leeren Gewohnheit. Aber das Kämmerlein ist dunkel geworden. Keine Freude, keine Kraft kommt über dem Gebet ins Herz hinein. Man möchte noch weitermachen wie früher, aber man ist Gott entfremdet. Das Beten ist zur Qual und Mühe geworden und unbefriedigend. Trifft nicht auf manchen von uns das Wort zu: »Alsdann wird's offenbar werden, wie Moab müde ist bei den Altären, und wie er zu seinem Heiligtum gegangen sei, zu beten und doch nichts ausgerichtet habe« (Jes. 16, 12)?

Ihr Brüder, laßt uns beten, wie wir denn vorhin zu tun pflegten! »Wie waren wir dazumal so selig« (Gal. 4, 15)! Kommt, laßt uns unsere Fenster wieder aufbrechen!

Beter sind immer bereit

Ein solches Kämmerlein gibt Kraft und Halt und bewährt sich in der Stunde der Not. »Da kamen diese Männer zuhauf und fanden Daniel beten und flehen vor seinem Gott« (V. 12). Die Aufpasser hatten es gemerkt. Ein Wink: Er ist wieder auf dem Söller. Leise versammeln sich alle. Dann stürmen sie hinauf. Die Tür wird aufgerissen: ein lieblicher Anblick! Sie stutzen! Da liegt der ehrwürdige Greis auf seinen Knien, den Blick durch das Fenster hinaufgerichtet zu seinem Gott: betend und flehend.

Was stürmte da herauf? Daniels Feinde! Sie durchsuchen sein

ganzes Leben und dringen plötzlich in sein geheimstes Kämmerlein hinein – und finden nichts, als daß er betet, des Tages dreimal. Das ist die einzige Schuld, die sie finden können. Wenn unser Kämmerlein doch auch eine solche Macht der Heiligung wäre, daß man nichts an uns finden könnte als unseren Gottesdienst!

Was stürmte da herauf? Die Versuchung! Daniel konnte ja schnell aufstehen, als er die Schritte vernahm, und sein Gebet verleugnen. Aber er bleibt liegen im Gebet. Das ist ja gerade seine stärkste Waffe gegen alle Versuchungen. Wohl uns, wenn wir Beter sind! Da mögen Versuchungen kommen zum Hochmut, zur Unreinigkeit, zur Menschenfurcht – unser Herz wird so voll sein vom Himmel, daß die Sünde keinen Platz findet. Wohl uns, wenn jede Versuchung uns in dieser Stellung antrifft: betend und flehend vor unserem Gott!

Was stürmte da herauf? Der Tod! Aber Daniel ist bereit. Sind wir bereit? Der Tod kommt oft schnell, überraschend schnell. Wohl dem, der bereit ist zum Sterben, weil seine Seele wartend steht, betend und flehend vor ihrem Gott! Sonst geht es ohne Heiland in den Tod und ohne Hoffnung in die Ewigkeit. Aber wer so betend stirbt, der ist »in Jesus entschlafen«.

8. Er ward betrübt

Das Erwachen des Sünders

Die Geschichte ist recht anschaulich und bewegt in Spiel und Gegenspiel. Die beiden Mächte, Licht und Finsternis, ziehen zu Felde gegeneinander. Das im Finstern scheinende Licht soll erstickt werden. Wir sehen bei den Feinden Hast und Unruhe voller Eifer, bei Daniel Ruhe und Frieden.

Und dazwischen Darius, das Bild eines Sünders, der sich in seiner Sünde und seinem Unrecht selbst gefangen hat. Ob es für ihn auch klar erkannte Sünde war, daß er sich so zum Gott machen ließ, wo er doch eine gewisse Erkenntnis des wahren Gottes hatte (V. 17 u. 27)? Er steht jedenfalls vor uns als eine Illustration der Menschen, die auf sündigen Wegen in Satans Schlinge gegangen sind.

Die Kläger eilen alsbald zum König, aber sie gehen diplomatisch klug vor. Sie fragen ihn: »Hast du nicht ein Gebot unterschrieben . . .« (V. 13)? Sie binden den König noch einmal fest an seine eigenen Worte. Und der König bestätigt ihre Frage: ». . . und das Recht der Meder und Perser soll niemand aufheben« (V. 13).

Da lassen sie ihre Maske fallen. Man hört den Triumph in ihren Worten: »Daniel, der Gefangenen aus Juda einer, der achtet weder dich noch dein Gebot« (V. 14). Wie verächtlich reden sie jetzt von ihm: »Der Gefangenen aus Juda einer«, der Jude! Sie hätten sich früher wohl gehütet, so von ihm zu reden. Das ist die Art dieser Welt. Sie katzbuckelt, solange es nötig ist, aber dann bricht ihr Hohn und Spott hervor.

Und sie verleumden ihn: »Der achtet weder dich noch dein Gebot; denn er betet des Tages dreimal.« Er betet, ja, aber nicht aus Geringschätzung des Königs verachtet er dessen Gebot, sondern ihn leitet die Furcht Gottes.

Und Darius?» Er ward sehr betrübt« (V. 15). Da gehen ihm die Augen auf. Mit einem Schlage überblickt er den Tatbestand und seine Lage. Er ist überlistet, ein Werkzeug in der Hand dieser Männer, so wie Herodes bei dem Tanz seiner Tochter überlistet wurde und nun ein Werkzeug war in der Hand seines Weibes. Auch da heißt es: »Er ward betrübt« (Mark. 6, 26).

Das Bild des Sünders! Das ist der erste Lohn der Sünde, der

Anfang der Hölle: das Erwachen. Im Schlaf wurde man überlistet, und nun kommt das Erwachen. Welche Not liegt auf dem Wort, seit es zum erstenmal Wahrheit wurde: »Da wurden ihre Augen aufgetan« (1. Mose 3)! Da wurden die Menschen gewahr ihre Schande, ihren Fluch, ihren Jammer.

Wieviel Elend im Herzen unzähliger Sünder bricht auf vom ersten Entdecken ihrer Schuld bis zu jenem Tage, von dem es heißt: »Siehe, er kommt mit den Wolken, und es werden ihn sehen alle Augen und die ihn zerstochen haben; und werden heulen alle Geschlechter der Erde. Ja, Amen« (Offb. 1, 7)! Heulen! Das ist ein Ton aus der Hölle, Heulen, laut oder leise, das ist schon hier das Teil der Sünder, denen die Augen aufgegangen sind, und sie sehen nun ihre Schuld und keinen Ausweg. Wenn wir dieses heimliche Heulen hören könnten! Es ist der Ausdruck der Erfahrung, »was es für Jammer und Herzeleid bringt, den Herrn deinen Gott verlassen und ihn nicht fürchten, spricht der Herr Zebaoth« (Jer. 2, 19). Wenn wir sie hören könnten, alle die leisen, selbstanklagenden Vorwürfe: »Hätte ich doch! Hätte ich doch nicht! Hätte ich gehorcht! Hätte ich mir sagen lassen! Hätte ich gewacht und gebetet!« Gehe hin an einen Teich und wirf einen Stein hinein, und siehe, welche Kreise er zieht! Du kannst sie nicht aufhalten: so ist deine Sünde.

Darius ist ein warnendes Beispiel, ein Bild des Sünders, der aufwacht. Wachet und betet, nicht nur in den Tagen des Kampfes, wo die Feinde uns wachhalten, sondern auch in den Tagen des Glücks:

»Blicke nur auf Jesum,
wenn der Himmel hell,
oft, wenn alles ruhig,
kommt Versuchung schnell.«

Es ist ein unerbittliches Gesetz: das Gesetz von Saat und Ernte. Da ist manche Frucht, vor der wir zittern. Israel murrte gegen den Herrn – 40 Jahre Wüstenwanderung schmeckten bitter, und bitter war es, niederzusinken auf dem Weg und das Land der Verheißung nie gesehen zu haben. Saul war ungehorsam. Da wich der Herr von ihm, und er erlag im Selbstmord. Wachet und betet! Das sagt uns das Bild von Darius.

»Darius tat großen Fleiß, daß er Daniel erlöste, und mühte sich, bis die Sonne unterging, daß er ihn errettete« (V. 15). Kennen wir die Bemühungen des Sünders, der seine Sünde wiedergutmachen will? O, wenn man das könnte! Wenn man ein Wort wieder unwirksam, einen Brief ungeschrieben machen könnte, und wenn man auslöschen könnte die Erinnerung an einen Tag, an eine Nacht! Wenn man aus den Blättern unseres Lebensbuches, nein, aus Gottes Buch, ein Blatt herausreißen dürfte! Wenn die Mutter noch lebte, der man mit seiner Tat ins Herz gestochen hat! Ach, man kann solchen Stich nicht rückgängig machen. Das spottet aller unserer Mühe.

Er »mühte sich, bis die Sonne unterging« – vergebens. – Siehe den Judas, der seinen Heiland verraten hat (Matth. 27, 1–5)! Jetzt weiß er keinen Ausweg mehr. Das Geld ist ihm verleidet, er muß es loswerden. Es brennt ihm in den Händen, das früher so sehr begehrte Geld. Die Hohenpriester haben kein Mitleid mit ihm: »Da sieh du zu!« Und er sah zu. Er sah seine Sünde und Schuld und ihre Folgen. Es gab keinen Ausweg. Den Heiland konnte er nicht sehen, von dem hatte er sich gelöst. Es wurde ihm zu eng in der Welt. Der eine Gang war ihm nicht gelungen: wiedergutzumachen, was er gesündigt hatte. Da blieb ihm nur der andere Gang: Er ging hin und erhängte sich.

Siehe den Jakob (1. Mose 32)! Er will zurückkehren in die alte Heimat, aber da wachen alte Sünden auf und fordern ihre Strafe. Hätte er das doch wieder ungeschehen machen können, was er damals an Esau gefehlt hat!

Er tat großen Fleiß. Er sandte Geschenke vor sich her: »Ich will ihn versöhnen mit dem Geschenk, das vor mir hergeht; danach will ich ihn sehen; vielleicht wird er mich annehmen« (1. Mose 32, 21). Aber er hat doch keine Ruhe und keinen Frieden. Die Botschaft kommt: Esau zieht dir entgegen mit vierhundert Mann. Vierhundert Speere und Schwerter sind auf sein Herz gezückt. Jetzt kommt die Folge der alten Schuld: die Strafe.

Und dann in der Nacht, in der Stille, tritt Gott selbst dem Jakob entgegen. Und unter der Last seiner Schuld findet er den Weg zurück zu seinem Gott. Es handelt sich jetzt nicht mehr um die Folgen seiner Sünde, um Esau und die vierhundert Mann, sondern um seine Sünde selbst, um seine Tat gegen Gott. Es gibt keine

Möglichkeit mehr, sich zu retten, keine Möglichkeit, etwas wiedergutzumachen. Jakob gibt die Bemühungen auf. Er sinkt nieder, hilflos als Bettler: »Ich lasse dich nicht!« Sünde war ihm zur Sünde geworden. Da ist seine Seele genesen durch die Gnade, und ihm ging die Sonne auf. Nun mochte kommen was wollte, auch Esau und seine Vierhundert, er hatte Frieden.

Laßt uns nicht tun wie Judas, laßt uns handeln wie Jakob! Es hilft nichts, Fleiß zu tun, deine Sünden wiedergutzumachen, bis die Sonne untergeht, die Sonne deines Lebens, bis ins Sterben. Das hilft nicht. Dies ist dein Weg: hineinzuflüchten in das Licht Gottes und dich zu beugen unter dem Kreuz; sehen auf das, was deine Sünde nicht dir, sondern ihm, deinem Heiland, eingetragen hat und dort Gnade und Vergebung suchen. Dann wird Gott manche Folge deiner Sünde wiedergutmachen. Und ob er nicht alles zurechtbringt und du auch manche Narbe noch lange fühlst und unter selbstverschuldeter Last noch seufzen mußt – die zeitliche Folge deiner Sünde ist dann nicht mehr die Hauptsache, sondern daß du Vergebung gefunden hast und im Sonnenlicht der Gnade wanderst.

9. Du weißt ja!

Die unerbittliche Logik der Sünde

Darius kannte solche Sonne nicht. Seine Hoffnung sank, als der Tag sank. Er hatte mühsam gekämpft. Vielleicht hat er einen Präzedenzfall gesucht, daß doch schon einmal eines Königs Wort in Persien zurückgenommen worden sei. Vielleicht hat er den Männern gut zugeredet. Aber das Recht der Meder und Perser stand ihm im Wege. Er mochte wohl einen Augenblick Hoffnung fassen, »aber die Männer . . .« (V. 16). Da wurde die Schlinge zugezogen, in die er sich selbst hineinbegeben hatte.

»Aber!« Wir hofften, daß alte Schuld vergeben wäre, »aber die Männer kamen.« Vielleicht waren es Leute, in deren Hand wir uns gegeben hatten durch die Sünde. Jedenfalls griff nach uns eine unsichtbare Hand, die uns weiter schob auf unserem Wege: Wer A sagt, muß auch B sagen. Immer weiter, immer weiter! Es gibt eine Logik der Sünde: »Du darfst nicht stehenbleiben!« Wie gerne hätte Darius den Männern die Tür gewiesen, ihnen das Recht genommen, ihm so zuzusetzen, aber – sie hatten ein Recht.

Und wiederum reden sie sehr klug und vorsichtig: »Du weißt, Herr König, daß der Meder und Perser Recht ist, daß alle Gebote und Befehle, so der König beschlossen hat, sollen unverändert bleiben« (V. 16). Furchtbar, wenn solche Männer kommen oder der eine, »der Verkläger der Brüder« (Offb. 12, 10). Er hat keine Mühe, uns den Mund zu schließen: »Du weißt ja! Schuld zieht Strafe nach sich.« – Die Männer haben kein Erbarmen mit dem Herzeleid des Königs; so der Satan auch nicht mit uns.

Und leise nehmen die Männer in ihren Reden den Ton des Drohens an. Das Gesetz gibt ihnen recht. So auch der Satan gegen uns. Das Gesetz gibt ihm gegen uns recht. Und er kennt kein Mitleid. Höhnisch, grausam, herrisch klingt sein Wort: »Du weißt ja!«

Das ist der Jammer: Er hat recht. Wir wissen es ja selbst. Und ob wir uns wehren wollen, immer wieder kommen die dunklen Stimmen unseres Gewissens zu Wort: »Du weißt ja! Du hast dich verschrieben. Das hier sind jetzt ›nur‹ die Folgen.«

Schreckliches »nur«, die Folgen meiner Sünde! Das ist immerwährende Qual: »Ich bin selber schuld. Wie anders hätte mein Leben werden können! Und nun? Ich habe es nicht gewollt. Ich weiß es ja.«

Und wer jetzt noch sicher ist: Irre dich nicht, es kommt der Tag, da legt Satan dir seine Rechnung vor und setzt hinzu: »Du weißt ja!« Dann werden deine Sünden erwachen.

Ein Knabe, der die Neigung hatte, an sich zu nehmen, was er liegen sah, steckte sich eines Tages ein Stück ungelöschten Kalk in seine Tasche. Er vergaß es bald, und als des Nachbars Knecht die Pferde in die Schwemme ritt, schwang er sich auf eins der Tiere und ritt mit. Auf einmal mitten im Wasser schrie er: »Ich brenne.« – Unsinn! Wie kann man im Wasser brennen? Und doch war es wahr. Eine große, schlimme Wunde am Oberschenkel, durch den Kalk hineingebrannt, war die Folge seines Stehlens.

So geht es oft mit unserer Sünde. Wir haben sie bald vergessen; aber wenn die Wasser der Trübsal steigen, dann fängt mancher an zu brennen. Bis dahin war innerlich alles still, aber nun kommt es: »Du weißt ja!« So wie die Brüder des Joseph, als sie vor dem strengen Herrn in Ägypten standen, alsbald den Zusammenhang klar hatten: »Das haben wir an unserem Bruder verschuldet« (1. Mose 42, 21). Wir wissen es ja!

Laßt uns nicht warten, bis es zu spät ist! Die Sünde ist unerbittlich. Aber Jesus ist da, und bei ihm ist viel Vergebung. Wenn dann die Stimmen kommen: »Du weißt ja« – diese schrecklichen Stimmen, wohl dem, der dann sagen kann: »Er, er weiß es auch. Ihm habe ich alles bekannt. Er hat mir alles vergeben. Alle, alle meine Sünde hat sein Blut hinweggetan.«

Der Durchbrecher aller Bande

»Da befahl der König, daß man Daniel herbrächte; und sie warfen ihn zu den Löwen in den Graben« (V. 17). Es war ein langer Kampf gewesen. Jetzt war er dennoch verloren. Lange hatte Darius gehofft. Nun wurde er doch zuschanden. Es ist das Bild des Sünders, der von der Hölle Hand langsam, aber sicher vorangeschoben wird. Darius wollte den Befehl nicht geben, aber er mußte ihn geben, weil er vorher den Schmeichlern nicht widerstanden hatte.

Herodes hätte Johannes den Täufer gerne gerettet (Mark. 6), aber er war gebunden durch sein Wort, durch frühere Sünden, die ihn nicht zu einem Aufraffen, zu einer Tat kommen ließen. Er konnte sich vor seinen Tischgenossen jetzt nicht freimütig zum Täufer bekennen, weil er in seinem Sündenleben gebunden war. – Pilatus trachtete danach, Jesus loszulassen. Was hinderte ihn? Alte Schuld legte sich wie eine Kette um den starken Römerarm. Die Drohung mit dem Kaiser machte ihn gefügig. Er mußte tun, was er nicht wollte. Gebunden durch frühere Sünden!

So geht es auch in manchem Leben heute. Lange hatte der junge Mann gekämpft. Er hat sich gesträubt, sich geekelt vor der Sünde, mit Tränen gerungen: Nein, tausendmal nein! Und er mußte doch schließlich einwilligen. Die Macht früherer Sünde legte sich um ihn. Da gab er nach; wiewohl mit Angst und Zittern, daß er sich in schlimmere Sündenmacht hineinverkaufte. Er mußte doch!

Die Sünde ist wie eine Schlange. Hat sie erst den Kopf durch die Tür gezwängt, dann kommt der ganze ekelhafte Leib bald nach. Die Sünde hat fünf Finger, so sagen die Araber: Zwei legt sie dem Menschen auf die Ohren, er soll nicht hören die Stimme des Mahners; zwei legt sie ihm auf die Augen, er soll nicht sehen, wohin die Reise geht; und einen drückt sie ihm auf den Mund, er soll sich nicht mucken, aber sündigen soll er.

Wer solche Sündenmacht in sich merkt, der soll Angst haben und flüchten zu dem Durchbrecher aller Bande: »Herr, mir graut vor mir selbst. Öffne mir die Augen, daß ich sehe, wohin ich treibe, und löse meine Fesseln!« Dann soll er es erfahren:

»Jesu Liebe kann erretten,
seine Hand ist stark und treu.
Er zerbricht der Sünde Ketten
und macht alles, alles neu.«

»Unsere Seele ist entronnen wie ein Vogel dem Stricke des Voglers; der Strick ist zerrissen, und wir sind los« (Ps. 124, 7).

10. Gott krönet kein geteiltes Herz

Nur kein Zwitterleben!

Darius mußte mit ansehen, wie sein treuer Diener in den Löwengraben geworfen wurde. Er war überzeugt von seiner Unschuld und doch jetzt hilflos. Aber er rief ihm nach: »Dein Gott, dem du ohne Unterlaß dienst, der helfe dir« (V. 17)!

Gerade die feste Haltung des Daniel hatte dem König aufs neue Achtung vor ihm abgenötigt. Er hatte es ja nicht anders erwartet. Er wäre an ihm irre geworden, wenn er anders gehandelt hätte. Und doch, diese Treue seinem Gott gegenüber nötigte ihm Achtung ab wie nie zuvor. Gott ohne Unterlaß dienen, auch wenn der Tod darauf stand, das kam dem König wohl am größten vor; ihm, dem Heiden, der zur Not seine Götter wechselte und auch einmal den Göttern anderer Völker ein Opfer darbrachte. Hier stand ein Mann, der seinen Mantel nicht nach dem Winde drehte, der nicht in Jerusalem vor dem Altar Jehovas kniete und in Babylon vor den Göttern Babylons. Ein Leben aus einem Guß!

Das macht Eindruck auf die Ungläubigen. Die Welt hat keine Achtung vor dem Christentum der Leute, die zu Hause fromm sind und draußen in der Welt, auf Reisen, mit der Welt tun; die im Handel und Wandel sich dieser Welt gleichstellen; die sonntagsmorgens die Psalmen der Anbetung und nachmittags die Lieder der Welt singen; die sonntags beten und werktags raffen und betrügen.

Vor solchem Zwitterleben hat die Welt keine Spur von Achtung. Sie bewillkommt die Gläubigen, wenn sie sich auf die Bank der Spötter setzen, weil dadurch ihr eigenes Gewissen beruhigt wird: »Wenn die das alles mitmachen, dann brauchen wir uns auch nicht zu bekehren.« Aber sie achtet es nicht, nicht einen Augenblick. Entweder – Oder! Dafür hat jeder Verständnis. Aber die Leute, die Gott mit Unterlaß dienen, nämlich dann, wenn es in ihre Rechnung paßt, dann, wenn sie dadurch nichts zu leiden haben, verachtet man. Das einzige, was den Kindern dieser Welt Eindruck macht, ist eine Herzensstellung, die Gott ohne Unterlaß dient, ohne Rücksicht auf die Umstände und Vorteile. Welch ein Zeugnis ist Daniel gewesen, daß Darius selbst ihn an seinen Gott erinnert! Wie war sein Wandel eine Predigt gewesen von dieses Gottes Kraft und Wert!

Wenn ihr Gott doch auch mein Gott wäre!

Und solche Stellung ist auch die einzige, die vollen Frieden gibt. Dafür hat auch die Welt ein feines Auge. Darius weiß, daß Daniel, der so rettungslos in den Löwengraben hinuntergestoßen wird, doch noch nicht verloren ist. Er erinnert ihn ja selbst an seinen Gott: der möge ihm helfen.

Auch die anderen wissen es, daß die Gläubigen noch Hilfsquellen haben, wenn diese dem natürlichen Menschen längst versiegt sind: »Die Gläubigen haben wirklich etwas, was uns fehlt, sie haben ihn, auf den man sich verlassen kann, sie haben ihren Gott.«

»Dein Gott«, so sagt Darius. Das Weltkind kann nicht sagen: »mein Gott«. Aber Gottes Kinder haben einen Gott, der ihr Gott ist. Und wer sich über sich selbst nicht klar ist, der soll es einmal versuchen in stiller Einsamkeit in verschlossener Kammer und einmal die Hände falten und herzlich sagen: »mein Gott!« Klingt es oder ist es ihm dabei, als ob er in eine Hecke von Dornen griffe?

Im Wort des Darius tönt etwas mit, als ob er selbst Verlangen danach hätte, auch diesen Gott zu haben, einen Gott, der sein Gott ist. So hat manch einer heimliches Verlangen nach solchem Gott. Hand aufs Herz, die ihr es nicht habt, und seht den Frieden des Volkes Gottes! Hättet ihr ihn nicht gern? Zumal, wenn es an Sterbebetten offenbar wird, daß die Gläubigen ihren Gott haben, denkt manch einer: »Wenn ihr Gott doch auch mein Gott wäre!«

»Wäre dein Gott, glücklicher Daniel, doch auch mein Gott!«, so denkt der heidnische König, der mit angehaltenem Atem sieht, wie Daniel in den Löwengraben hineinstürzt. Denk an deinen Gott, Daniel! Es ist ein Gott für die Engpässe des Lebens, ein Gott für die Sterbestunde! »Wir haben einen Gott, der da hilft, und den Herrn Herrn, der vom Tode errettet« (Ps. 68, 21).

Volle Hingabe

Solchen Frieden hat Daniel nur durch seine volle Hingabe, daß er Gott ohne Unterlaß, ohne Rückhalt dient. Alles, was wir zurückhalten vor unserem Gott, macht uns Unruhe und trübt unsern Frieden. Wenn wir nicht ganz sein eigen sein wollen, teilt er sich uns nicht mit. Gott krönet kein geteiltes Herz. Er ist ein eifriger Gott, der seine Ehre keinem andern gibt und auch sein Herz nicht mit einem anderen teilt. Aber er segnet ja so gerne. Wenn dieser Mann, dieses junge Mädchen sich ihm ganz ergeben wollte, was wollte er aus seinem Leben machen! Ein Leben im Sonnenschein, auch in dunklen Tälern, ja auch im Todestal; für andere eine Erquickung, eine Predigt, ein Zeugnis!

11. Himmel und Hölle, wo man sie nicht erwartet

Ein Hohn auf alle Freundschaft

Die Götter dieser Welt haben keinen Wert. Auch so vieles nicht, was sich Freundschaft nennt. Hier haben wir dafür ein anschauliches Bild.

Der König versiegelt den Graben mit seinem Ring und mit dem Ring seiner Gewaltigen, »auf daß nichts anderes mit Daniel geschähe« (V. 18). Das geht ja scheinbar alles in größter Einigkeit vor sich, und doch geschieht es nur deshalb, weil keiner dem anderen traut. Von gegenseitiger Liebe ist da nichts zu bemerken. Es scheint so, als ob die Gewaltigen das Gebot des Königs nur herbeigeführt hätten aus Verehrung gegen den König. In Wirklichkeit mißbrauchten sie ihren Einfluß, um den König sich nutzbar zu machen.

So ist viele Freundschaft der Welt. Jeder sieht auf seine eigenen Interessen. Kommt es dann zur Reibung, dann erfolgt der offene Bruch, oder man lebt miteinander in bewaffnetem Frieden.

Der König argwöhnt, die Gewaltigen möchten über Nacht dem Daniel noch eine »heimliche Kugel« nachsenden. Die Fürsten argwöhnen, der König werde Mittel und Wege finden, um Daniel zu erretten. Darum diese Handlung des Versiegelns in scheinbar größter Einigkeit, und es ist doch nur Mißtrauen. Ein Hohn auf alle Freundschaft! Jeder stellt Spione aus gegen seinen besten Freund.

So ist die Weltfreundschaft in der Not, so ist sie, wenn das Sterben kommt. Da sind die besten Freunde oft gerade die, die man früher verspottet und verachtet hat. Gewiß gibt es echte Freundschaft in dieser Welt, aber in so vielen Fällen ist das meiste Konvention, leere Form oder furchtbare Lüge, im tiefsten Grunde eiskalt.

Die Nacht im Löwengraben

Daniel sagt kein Wort, er verteidigt sich nicht. Die Feinde werden ihn roh genug gegriffen haben. Er konnte es wohl merken, als sie ihn in den Graben warfen, welche Wut sich gegen ihn angehäuft hatte. Aber wiewohl er sich hätte verteidigen können, spricht er kein Wort. Sie hatten gegen ihn gehetzt, seine Handlungsweise dem Könige schwarz in schwarz gemalt; aber Daniel war schon einer aus der Schar dessen, der nicht wieder schalt, da er gescholten wurde.

Wie armselig sind die Verleumder! Ihre Zunge ist von der Hölle entzündet, und niemand hat Freude an ihrem Hetzen und Stochern als der Teufel. Wie selig dagegen die Kinder des Friedens, welch ein Himmel um sie her! Man kann nicht alles mit Worten entkräften und abwehren, aber »Gott sind wir offenbar« (2. Kor. 5, 11); und es kommt alles einmal ans Licht. Maria ist uns so besonders lieb. Sie wurde von ihrer Schwester angeklagt, daß sie nicht mitangreifen wolle bei der Arbeit (Luk. 10, 40). Später fuhr Judas sie an, daß sie ihre Salbe an Jesus verschwendete (Joh. 12, 5). In beiden Fällen hat sie sich nicht gerechtfertigt. Aber Jesus trat für sie ein.

Daniel schwieg. Es kam auch jetzt keine Klage aus seinem Munde. Sein Herz war getrost: »Ist Gott für uns, wer mag wider uns sein« (Röm. 8, 31)? »Wenn ich nur dich habe, so frage ich nichts nach Himmel und Erde« (Ps. 73, 25). Er fragte nicht nach den Löwen, die ihn umkreisten. Er kannte seinen Gott. Entweder Gott bewahrte ihn, wie schon so oft in seinem Leben, oder er sollte sterbend seinen Gott im Lande der Heiden verherrlichen. Er war getrost. Er stand wie Paulus später: »Leben dient wohl, um mehr Frucht zu schaffen; aber soll gestorben sein – Sterben ist mir Gewinn.«

Jetzt, wo die Probe aufs Exempel gemacht werden mußte und seines Lebens Zug in den dunklen Tunnel und in die Station einfuhr »Zu den Löwen«, da hat sein Herz nicht gebangt.

»Ich weiß, wen du willst herrlich zieren
und über Sonn' und Sterne führen,
den führest du zuvor hinab.«

Und wenn du, Gotteskind, in der Ferne einen Tunnel gähnen siehst: »Zu den Löwen!«, sei nur getrost! Gott ist auch bei den Löwen. Und ob alle anderen ihr Siegel auf dein Schicksal drücken: Er ist verloren – sei nur getrost! Sie werden deinen Gott kennenlernen und was er kann. Du wirst eine Nacht erleben! Furchtbar! Ja, aber eine Nacht, wunderbar, in nie geschmeckter Nähe Gottes. Bei den Löwen triffst du den Engel des Herrn. Die Nacht im Löwengraben ist wohl die herrlichste Nacht gewesen im Leben des Daniel.

Die Nacht im Königspalast

Aber furchtbar war die Nacht des Darius. Über dem Mann dort im Löwengraben, im Felsenloch, geächtet, ausgestoßen aus der Gesellschaft, dem Tode geweiht, allein und ohne Freund, deren er so viele hatte in guten Tagen, über ihm war himmlischer Friede.

Und im Palast des Darius? Auf weichem Sofa, in herrlichen Kissen lag der Herrscher der Welt »und ließ kein Essen vor sich bringen, konnte auch nicht schlafen« (V. 19). Ihn umgab kein Löwengeruch, sondern herrlicher Balsamduft. Ihn umschlichen nicht hungrige Bestien, vor ihm standen wohlschmeckende Speisen; aber er konnte nicht essen. Niemand konnte es ihm recht machen. Er war mit sich und allen Menschen zerfallen. Und als er sich hinlegte, seinen Kummer zu verschlafen, konnte er auch nicht schlafen.

Das Bild des Sünders! Äußerlich fehlt ihm vielleicht nichts. Er hat es schön und bequem. Aber wenn das Gewissen aufwacht und seine Sünden wie bleiche Schatten ihn bei Tag und Nacht umgeben, das ist die Hölle auf Erden. Wie viele könnten davon erzählen! Es lag nicht an den Gerichten, aber sie konnten nicht essen. Es lag nicht an ihrem Lager, aber sie konnten nicht schlafen. Woran lag es denn? »Die Gottlosen haben keinen Frieden, spricht der Herr« (Jes. 48, 22). Es geht euch schlecht beim Satan, ihr Sündenknechte!

Eine von zwei Leuten sehr verschieden zugebrachte Nacht! Auf welcher Seite möchtest du sein? Wie arm war der eine in all seiner Pracht, wie reich der andere in seiner tiefsten Not!

Am nächsten Morgen

Und wie die Nacht, so der Morgen. Das erste Wort des Königs des Morgens früh, da der Tag anbrach, erklang mit kläglicher Stimme. Daniels Antwort dagegen war voller Freude und Ruhe.

Darius sprach mit kläglicher Stimme eine klägliche Frage aus einem kläglichen Herzen: »Daniel, du Knecht des lebendigen Gottes, hat dich auch dein Gott, dem du ohne Unterlaß dienest, können von den Löwen erlösen« (V. 21)? Er hatte es ihm doch selber gewünscht. Aber er ist wie die Leute, die zwar einen frommen Wunsch aussprechen, aber selbst nicht an seine Erfüllung glauben.

Sein letzter Ruf am Abend, »der helfe dir!«, war vielleicht für Daniel eine rechte Glaubensstärkung, in des Darius Mund nicht viel mehr als ein frommer Wunsch, ein Gebet ohne Kraft. Er hatte keinen Glauben an Gott, darum half ihm auch sein Reden von Gott nichts, darum kam auch keine Ruhe in sein Gemüt durch seine Erinnerung an Gott. Wie manch einer spricht fromme Gebete und fromme Segenswünsche aus! Aber im Herzen wohnt ihm der Zweifel, und die Wogen seines Inneren werden dadurch nicht geglättet. Er hat wohl Verlangen, auch glauben zu können, aber sein Glaube hat keine Kraft. Ein klägliches Leben, und daraus kommen hervor klägliche Stimmen.

Daniels Stimme war nicht kläglich. Alles klingt so wohltuend, was er sagt (V. 22 u. 23). Er redet nicht aufgeregt, er spricht ohne Bitterkeit. Er hatte sich dem Herrn ergeben, wie sollte er bitter werden gegen die Menschen! Sein Wort ist demütig. Um seinetwillen hatte der Herr ein großes Wunder getan; wie nahe lag ihm da das Rühmen, wie nahe, sich über den König zu erheben! Aber nichts von Selbstbespiegelung liegt in seinen Worten. Er vergißt nicht einmal die Formel der Höflichkeit: »Der König lebe ewiglich« (V. 22)! Ein Leben aus einem Guß, jetzt wie immer. Und in der freundlichen Art, wie er mit dem Könige redet, liegt auch Vergebung für den König, der an ihm doch treulos gehandelt hat. Er will ihm nichts nachtragen: Daniel, ein Mann, dem Heiland ähnlich!

12. Ein treuer Zeuge

Ein Wort für Gott

Daniel ist ein treuer Zeuge. Nach der Begrüßung benutzt er alsbald die empfängliche Stimmung des Königs, um ein Wort für seinen Gott einzulegen. Er sät alsbald eine Saat für seinen himmlischen Herrn. Daraus wollen wir lernen. Wenn wir bei den Menschen Unruhe bemerken, vielleicht die Spuren einer unruhig verlebten Nacht, dann wollen wir ihnen unser Zeugnis sagen vom Frieden Gottes und es machen wie Daniel. Den kurzen Augenblick, wo er den König allein hat, benutzt er, um seinen Gott zu preisen.

Treuer Daniel! Kaum dem Tode entronnen, ist er eifrig im Dienst seines Gottes, und dankbar für die göttliche Hilfe wirbt er für seinen Herrn.

»Mein Gott hat seinen Engel gesandt, der den Löwen den Rachen zugehalten hat, daß sie mir kein Leid getan haben« (V. 23). Nach seinem Gott hat der König gefragt, von seinem Gott gibt ihm Daniel Antwort. Nicht sein Name, sondern Gottes Name soll groß werden. Merken wir es uns wohl: Wenn die Leute fragen nach unserem Gott, so wollen wir sie nicht damit aufhalten, daß wir von uns erzählen, sondern dafür sorgen, daß sie nicht uns sehen und von uns vor allem hören, sondern von Gott.

Die Erfahrung einer unvergeßlichen Nacht

»Mein Gott«, das war Daniels erstes Wort nach der Begrüßung. Es war wohl in dieser Nacht sein einziges Wort gewesen. Es klingt so aus dem Graben, weil es im Graben so geklungen hat eine ganze lange Nacht hindurch, eine Nacht des Gebets. Das ganze Leben des Mannes war ja Gebet, wie sollte es nicht auch diese Nacht so gewesen sein! Auch im Löwengraben herrschte Gebetsluft.

»Mein Gott«, dieses Wort klingt jetzt in Daniels Munde noch anders als zuvor, noch seliger überzeugt und noch inbrünstiger. Er hatte seinen Gott kennengelernt wie nie zuvor, als alles andere von ihm wich. Jetzt wußte er noch mehr als früher, was er an seinem Gott hatte. In dieser Nacht hatte er seine Nähe seliger empfunden als sonst. Gottes Kinder erfahren in der Not, wie völlig Gott ihr Herz befriedigen kann. Von allen verlassen, lernt man seinen Gott kennen.

Und dann erfährt man, was Gott kann. Gott kann auch den Löwen den Rachen zuhalten durch seinen Engel. Das wußte Daniel auch noch nicht aus Erfahrung.

Diese Nacht war für Daniels inneres Leben am wenigsten entbehrlich. In seiner größten Hilflosigkeit hat er die ganze Allmacht seines Gottes erkannt. Im Löwengraben wurden die Saiten seines Herzens gestimmt zu seines Lebens herrlichstem Psalm.

Von den Tagen, wo uns alles glatt ging, dürften vielleicht einige fehlen; wir würden deshalb wohl nicht ärmer werden. Darunter sind manche, die uns kein neues Lied gebracht haben, aber die Tage der Not sind unentbehrlich und unersetzlich. Da lernte ich meinen Gott kennen. Erst als die Wolken sich zusammenzogen, sah ich den Bogen in den Wolken. Je dunkler die Wolken, desto heller hob sich der Bogen ab. Willst du den Bogen sehen, mußt du die Wolken mit in Kauf nehmen.

Die Goliathe und die Löwengräben

Im Löwengraben war Gottes Engel bei Daniel. Im Feuerofen war noch einer bei den drei Männern (Kap. 3, 25). Wie die Not sich steigert, steigert sich auch die Erfahrung der Macht Gottes. Löwen und Bären waren für David die frühere Erfahrung, dann hat ihm auch Gott gegen Goliath geholfen.

Es würden in Gottes Chor am Thron der Herrlichkeit die ergreifendsten Lieder und Psalmen fehlen, wenn nicht die Goliathe wären und die Löwengräben. »Wo kämen Davids Psalmen her, wenn er nicht auch versuchet wär?«

Sei nur getrost, wenn es hineingeht in das Dunkel, »zu den Löwen!« Du wirst von ihnen hernach nichts zu berichten haben, als daß ihnen ihr Rachen zugehalten wurde. Weiter wußte Daniel nichts von den Löwen zu sagen, aber er konnte erzählen von seinem Gott und Gottes Engel.

Jetzt erst verteidigt sich Daniel: »Denn vor ihm bin ich unschuldig erfunden, so habe ich auch wider dich, Herr König, nichts getan (V. 23). Gott hatte für ihn geredet. Nun kann er mit wenigen Worten sich wirksamer verteidigen als vorher durch lange Reden und Beteuerungen. Gott muß ans Licht stellen, daß wir vor ihm unschuldig erfunden sind. Vor Gott unschuldig!

Die meisten Menschen leben vor den Menschen und wollen vor ihnen rein sein. Es kommt aber darauf an, ob wir vor Gott unschuldig erfunden sind. Gottes Augen durchsuchen uns. Daß wir vor ihm bestehen können, jetzt und an jenem Tage! Darum wollen wir vor Gott wandeln.

Daniel hatte mit Gott gerechnet und Gottes Gebot erfüllt. Nun konnte er getrost sein und abwarten, wie alles sich weiter entwikkeln würde. »So habe ich auch wider dich, Herr König, nichts getan.« Der Buchstabe sprach gegen ihn, sein Herz sprach ihn frei. Wenn wir nur vor Gott unschuldig sind, »daß uns kein Bann erschreckt«, dann können wir uns vielleicht nicht überall verteidigen. Das ist dann Gottes Sache. Unsere Sache ist es, vor ihm zu wandeln und uns zu üben, »zu haben ein unverletzt Gewissen allenthalben, gegen Gott und die Menschen« (Apg. 24, 16).

Da werden wir froh

»Da ward der König sehr froh« (V. 24). Der König hatte kein gutes Gewissen Daniel gegenüber, um so mehr wurde er nun sehr froh. Er war froh, daß dieser edle Mann ihm vergab und ihm nichts nachtrug.

Wie dankbar schlägt eines Sünders Herz, der seinen Heiland verworfen hatte – wie Darius den Daniel in dem Löwengraben, wenn auch nicht mit freiem Willen –, wenn ihm nun das Wort der Vergebung entgegentönt! Mein Leben war wie eine Hand, die den Hammer nimmt und den Heiland ans Kreuz schlägt, aber er hat mich dennoch, dennoch lieb. Da wird solches Menschen Herz sehr froh.

Und auch darüber wird er froh, daß Gott die Folgen seiner Taten wieder gutmacht und gnädig abwendet. Wie oft hat der Herr so freundlich gehandelt, daß er das Ohr wieder geheilt hat, das wir abgeschlagen hatten! Er kann heilen. Er kann auch Sündenfolgen wieder gutmachen. Ja, »er heilet alle unsere Gebrechen« (Ps. 103, 3). Da werden wir froh.

13. Drei Schlußakkorde

Aus dem Graben!

Und nun noch drei gewaltige Schlußakkorde! Erstens: Aus dem Graben! »Man spürte keinen Schaden an ihm, denn er hatte seinem Gott vertraut« (V. 24), so wie es von den Männern im Feuerofen heißt: »Man konnte keinen Brand an ihnen riechen« (Kap. 3, 27).

»Denn er hatte seinem Gott vertraut.« Das ist die Erklärung des Wunders und der Schlüssel dazu. »Durch den Glauben haben etliche der Löwen Rachen verstopft« (Hebr. 11, 33). Hätten wir mehr Glauben, so würden wir auch mehr erfahren von Löwen, deren Rachen Gott gestopft hat, von Löchern und Höhlen, in denen wir sonst verschmachtet wären, aus denen uns aber der Herr errettet hat. Wo wir die Not der Männer Gottes sehen, bei Noah, bei Abraham, bei Mose, überall finden wir dies als die Lösung des Rätsels und die Erklärung der Wunder in ihrem Leben: »Er hatte seinem Gott vertraut.«

»In fine cernitur cuius toni«, sagten die alten Tonkünstler. Am Schlußakkord eines Stückes erkennt man seine Tonart. So auch in Daniels Leben. Von jenem ersten »Aber« an bis an das Ende seines Lebens: Er war ein Mann, der seinem Gott vertraute.

Daniel hatte sich zu seinem Gott bekannt, nun bekannte sich der Herr zu ihm. Er wurde erhöht und gewaltig (V. 29). Er hatte seinen Gott geehrt, nun sorgt Gott dafür, daß neben Gottes Name auch Daniels Name steht und er geehrt wird mit seinem Gott. Das Manifest des Darius redet von dem Herrn als von dem »Gott Daniels«. Was muß das erst an jenem Tage sein, wenn der Herr Jesus sein Wort wahrmacht: »Den wird mein Vater ehren« (Joh. 12, 26); »den will ich bekennen vor meinem himmlischen Vater« (Matth. 10, 32)!

Zu den Löwen!

Und der zweite Akkord: Zu den Löwen! »Wer andern eine Grube gräbt, fällt selbst hinein.« Die Lüge triumphiert auf der Welt, aber nur für kurze Zeit. Und ob wir auch ihre Entlarvung nicht immer erleben: »Was der Mensch sät, das wird er ernten.« Gott kann erretten, aber bei ihm steht »auch die Macht, fallenzulassen« (2. Chron. 25, 8). Und wen Er fallen läßt, der fällt!

Wenn Gott sein Wort gesprochen hat, dann vollendet sich das Gericht des Menschen schnell, oft überraschend schnell. So geschah es hier. Die Feinde Daniels wurden in den Graben geworfen; »und ehe sie auf den Boden hinabkamen, ergriffen sie die Löwen und zermalmten alle ihre Gebeine« (V. 25). Wen Gott im ewigen Gericht verwirft, der ist verworfen. In den ewigen Abgrund senkt sich kein Rettungsseil hinab.

Gott wird groß!

Und der letzte Akkord: Gott wird groß! Wenn das doch auch der letzte Klang in unserem Leben wäre! Darius befiehlt, daß man »den Gott Daniels fürchten und scheuen soll« (V. 27). »Er ist ein Erlöser und Nothelfer, und er tut Zeichen und Wunder im Himmel und auf Erden. Der hat Daniel von den Löwen erlöst« (V. 28). »Der Gott Daniels!« Durch den Dienst des Daniel wird Gott verherrlicht. Und ein heller Glockenklang klingt durch den ganzen Orient, ein Ruf zu dem Gott Daniels, der noch hinübergeklungen ist in späterer Zeit zu den Weisen aus dem Morgenland.

Ein gesegnetes Leben! Man konnte Daniels Namen nicht mehr nennen, ohne auch von seinem Gott zu sprechen und ihn zu rühmen und seine Macht! In einem ungläubigen und unwissenden Geschlecht stand Daniel als ein Mann, dessen ganzes Wesen predigte von der Wirklichkeit des lebendigen Gottes. Das sind die Heiligen Gottes, die es der Welt leichter machen, an Gott zu glauben.

Gesegneter Daniel! Du bist etwas geworden zu Lob der herrlichen Gnade Gottes (Eph. 1, 6). Es war ein hoher Geist in dir: der Heilige Geist des Herrn in der Höhe.

Darum klingt dein Leben aus in Gottes Lob: »Denn er ist der lebendige Gott, der ewig bleibt, und sein Königreich ist unvergänglich, und seine Herrschaft hat kein Ende« (V. 28)!

Frühlingstage der Gemeinde

Apostelgeschichte 2–6

Zum Geleit

Vom 3. bis 6. Juni 1922 hatte sich in Benneckenstein im Harz auf die Einladung des Vorstandes des »Reichsverbandes der evangelischen Jungmännerbünde Deutschlands« eine Schar von 1000 bis 1100 jungen Männern zu einer Pfingsttagung versammelt. Wir waren eins geworden, dieses Jahr uns still um Gottes Wort zu scharen, ohne jede Demonstration nach außen.

Jeden Morgen führte ein von mir gehaltenes biblisches Referat in einen Abschnitt der Pfingstgeschichte ein, und dann haben hin und her im Walde etwa 30 Gruppen sich um ihre Führer gelagert und den eben behandelten Text miteinander besprochen, haben vor dem Herrn ihre Knie gebeugt und ihm ihre Lieder gesungen.

Gott hat unsere Pfingstfahrt auf der Höhe der Harzberge ganz wundersam gesegnet.

Ich bin mir wohl bewußt, daß ich hier nicht die Ansprachen von Benneckenstein wiedergeben kann, wie sie gehalten worden sind. Solche Ansprachen hält nicht der Prediger allein. Die ganze Versammlung, die Andacht und Spannung der vor Gott gesammelten Herzen, die Stille und Weihe, die auf unseren Reihen lag, die wundervolle Güte Gottes, der seine Sonne auf uns strahlen ließ, während wir auf der Wiese lagen, das alles redete mit in Benneckenstein. Immerhin habe ich versucht, mich möglichst an meine Skizze zu halten, und ich habe auch da, wo ich vielleicht später gern einige Umgruppierungen vorgenommen hätte, doch mein Wort nach dem ersten Entwurf niedergeschrieben. Ich gebe es heraus mit dem Gebet: »Jesus Christus, höre, höre, sprich dein Amen, wenn wir flehn, send einmal in unsere Lande ein gewalt'ges Geisteswehn.«
Barmen, im Juli 1922

Paul Humburg

Eine Erinnerung von Udo Smidt, dem ehemaligen Landessuperintendenten der Lippischen Landeskirche an die Tagung in Benneckenstein

Ich kam als Berliner Student in den Pfingsttagen 1922 nach Benneckenstein im Harz. Humburg war inzwischen Bundeswart des Westdeutschen Jungmännerbundes geworden. Die große Tagung war ein Heerlager von jungem Volk aus allen Himmelsrichtungen und allen Berufsschichten. Die biblische Botschaft von Paul Humburg stand mit Abschnitten der Apostelgeschichte unter der Überschrift: »Frühlingstage der Gemeinde«. Unter den Tannen saß neben mir ein junger Schlosser aus Remscheid. Er war die Nacht hindurch gereist und drückte mir eine Nadel in die Hand mit der Erklärung: »Stich mich, wenn ich einpenne – ich will alles mitkriegen.« Die Nadel wurde nicht nötig. Mein Nachbar wurde immer wacher. Jedes Wort war wie ein unmittelbarer Anruf. Gottes Wort in seiner erweckenden und prägenden Kraft hatte im Zeugnis dieses Mannes gegenwärtige Gestalt.

1. Wie das neue Leben entstand

An der Quelle von Licht und Kraft

Mitten im Gewoge einer brausenden Großstadt hängt ein schlichtes Schild. Der Verkehr hastet an ihm vorüber, kaum, daß einer es beachtet. Es ist das Firmenschild einer Elektrizitätsgesellschaft. Ab und zu bleibt ein Mensch der Sehnsucht, der vorüberzieht, einen Augenblick stehen, durch die Worte innerlich getroffen: »Gesellschaft für Licht und Kraft«. Ja, wenn man das hätte, Licht und Kraft!

Ja, die Menschen der Sehnsucht unter uns fragen nach Licht und Kraft. Und was brauchen vor allem junge Menschen mehr als Licht über die Fragen: »Woher und wohin, warum und wozu das Leben?« Und Kraft, daß nicht immer wieder diese traurigen Niederlagen kommen, das ekle Fallen und Sinken. Lebenskraft und Lebenslicht suchen wir: Göttliches Leben!

Sind unsere christlichen Gemeinden und Gemeinschaften, unsere Vereine und Verbände »Gesellschaften für Licht und Kraft«? Beschämt antworten alle Aufrichtigen unter uns: »Nein, wir können es leider von uns nicht bezeugen. Wir sollten es sein, aber wir sind es nicht.«

Und doch, nur weil sie es sind, gehören wir zu ihnen. Wir sind bei all unseren christlichen Zusammenkünften in unseren Vereinen an der Quelle von Licht und Kraft, nur suchen wir beides nicht in uns, in den Menschen, sondern bei Gott, seinem Wort und seinem Geist. Jesus! Er ist die Quelle von Licht und Kraft in unseren Vereinen und Gemeinschaften.

Auch heute soll es Pfingsten werden

Und darum soll auch nur das, was von Jesus ausgeht und durch Gottes Geist gewirkt ist, in unserem Arbeiten für ihn Geltung haben. Unser heiliges Verlangen, je länger wir unser Leben setzen in unseres Herrn Dienst, ist: Vertiefung. Immer wieder steigt in uns die eine Hauptbitte empor: »Laß unser Arbeiten nur echt sein vor dir!« Nicht ob es groß oder klein ist, sondern daß unser Werk echt sei, aus Gott geboren, das ist unser Anliegen. Es ist eine Lebensfrage für unsere christlichen Arbeiten und Bestrebungen, ob wir Mut und Kraft finden, alles andere, ob es noch so ähnlich ist, noch so nützlich erscheint, noch so gerne mitgehen möchte, abzuschneiden und auszuscheiden. Es ist eine Lebensfrage, ob wir nur das ersehen und erstreben wollen, was Gottes Geist wirkt. Darum wollen wir uns in die Pfingstgeschichte hineinstellen, wo Gottes Geist und sein Werk unser Auge fesselt und unser Herz berührt. »Frühlingstage der Gemeinde des Herrn« möchten wir im Geist durchleben und uns vom Herrn erbitten, daß sein Geist uns und unser Werk ergreift, wie damals die Gemeinde.

Pfingsten war das Erntefest unseres Herrn Jesu Christi. Das Neue Testament lehnt sich an die Festzeiten des Alten an. Zu Ostern, am Passahfest, geschah der große Durchbruch der Ketten und der Auszug aus der Knechtschaft am Kreuz unseres Heilandes und in seiner Auferstehung. Pfingsten ist das Erntefest, da der Herr die Ähren sammelt, seine durch sein Blut erkaufte Gemeinde.

Es war der Tag der Erfüllung der Gabe unseres Gottes. Das »Brausen als eines gewaltigen Windes«, die »Zungen, zerteilt wie von Feuer«, das war nicht der Geist, das waren nur die äußerlich merkbaren Anzeichen von der Kraft des göttlichen Lebens, von dem Licht und Feuer, das den Seinen gegeben wurde. Es war das Besondere des Pfingstfestes. Nie wieder hat sich Gottes Geist in solcher Machtfülle auch äußerlich kundgetan.

So kam der Geist nur einmal, und damit ein für allemal, von da an war der Geist ausgegossen in die Gemeinde. Deshalb ist dieses Pfingsten uns der Wegweiser dazu, wie es auch bei uns Pfingsten werden kann. Zwischen denen, die am Anfang von Kapitel 2 der Apostelgeschichte und denen, die am Ende erwähnt werden als die, die durch die Pfingstpredigt hinzukamen, ist innerlich kein Unterschied. Sie wurden alle des Heiligen Geistes voll, hatten dadurch Gemeinschaft mit Gott, waren hinzugetan zur Familie Gottes und sein eigen geworden.

Darum sollen wir die Pfingstgeschichte nicht bestaunen als das, was nur einmal geschehen und für uns unerreichbar ist, sondern darum können wir diese Geschichte der Ausgießung des Heiligen Geistes ausfragen: »Wie kommen auch wir dazu?« Es geht nicht nur darum, wie einst das neue Leben entstand, sondern auch darum, wie es heute entsteht.

Pfingsten! Wie kam es dazu? »Da der Tag der Pfingsten erfüllet war.« Pfingsten ist Erfüllung, das Ziel des großen herrlichen Werkes Gottes, Gottes letztes Wort, letztes Geschenk zur Vollendung seiner großen, unaussprechlichen Gabe. Voraus ging das Werk der Versöhnung, das Gott vollbracht hat durch seinen Sohn Jesus Christus. Nach den Jahrhunderten der Vorbereitung im Alten Bund war die Zeit erfüllt, da er seinen Heiland in die Welt sandte.

Die Jünger, die jetzt Pfingsten erlebten, waren jahrelang mit diesem Heiland gewandert und hatten gesehen sein Leben und sein Geben, sein Lieben und sein Leiden und Sterben. Sie hatten gestanden unter dem Kreuz in der Stunde des Fluches, da er, der Mittler, im Feuer des Zornes Gottes hing als der Bürge für die Sünder. Da hatten sie ihn alle verlassen, verraten, verleugnet. Sie hatten so wie die, die Jesus töteten, auch ein jeder an seinem Teil Gott von sich gestoßen und Jesus fahren lassen. Das Kreuz war das große Richtschwert Gottes, in diese Erde gestoßen: Gericht über die Menschheit, auch über die Jünger. Und die Zerstreuten und von ihrer Sünde Gejagten hatten die Worte der Gnade kaum vernommen: »Vater, vergib ihnen!« – »Es ist vollbracht!«

Dann kam die Nacht, des Herrn Tod, sein Grab, es war alles aus. Da war keine Hoffnung mehr.

Und dann der Ostermorgen, die Auferstehung Jesu Christi von den Toten. Jesus siegt. Jesus lebt. Dem Tode ist die Macht genommen, der Satan überwunden, der Sünde Gewalt gebrochen, die Versöhnung vollbracht, das Vaterhaus wieder aufgetan: Die Kinder können nach Hause kommen, sie sollen Vergebung der Sünden finden um Jesu willen.

Dann hatte der Auferstandene 40 Tage Aufschluß gegeben, den Jüngern »das Verständnis geöffnet, daß sie die Schrift verstanden.« Und am Morgen des Himmelfahrtstages, da er Abschied von ihnen nahm, sagte er: »Ich gehe zum Vater, aber ihr . . .!«

Aber ihr! Wie mag er sie dabei groß angeschaut haben, freudig, strahlend, ernst! »Ihr werdet die Kraft des Heiligen Geistes empfangen, welcher auf euch kommen wird, und werdet meine Zeugen sein« (Apg. 1, 8).

Das war sein letztes und ohne Zweifel sein wichtigstes Wort für sie, weil er nur dies eine ihnen in der Stunde seines Abschieds sagte:

»Es kommt noch etwas, es kommt für euch noch die Hauptsache. Das, was für euch geschehen ist, soll in euch Wesen und Wahrheit werden. Die Geschichte, die da geschehen ist, von Bethlehem bis zur Himmelfahrt soll euch verklärt, euch innerlich zu eigen gemacht werden. Das ist die Verheißung des Vaters, auf die ihr warten sollt.«

Ja, ohne Zweifel hat der Meister die Jünger sehr freudig, hoffnungsfroh, mit strahlenden Augen dabei angeschaut. Denn als er von ihnen gewichen war, da kehrten sie wieder um gen Jerusalem mit großer Freude (Luk. 24, 52).

An Pfingsten ist alles Gnade und Gabe

Sie hatten ihn verstanden: »Es kommt noch etwas, es kommt für uns noch die Hauptsache. Sein Geist, der uns alles erklären und innerlich zueignen soll, was wir äußerlich gesehen und erlebt haben, so, daß wir's glauben, daß wir's verstehen können, daß es unser Leben sei. Er selbst, zwar von uns geschieden, aber nicht getrennt, will wieder zu uns kommen und bei uns bleiben in seinem Geist.«

Und nun sehen wir »auf dem Söller« (Apg. 1, 13. 14) eine wartende, stille, gehorsame, in Gebet und Flehen einmütige Gemeinde versammelt. Da gab Gott seinen Geist. Da »geschah es«.

Es ist Gottes Gabe, was da geschah. Die Menschen haben nichts getan als warten, aufschauen, beten. Gott tat alles in dem Werk der Erlösung. Es bleibt auch zu Pfingsten sein Wort eine »frohe Botschaft«. Das ist wichtig zu beachten. Wir erkennen leicht an im Blick auf Jesu Werk, daß da alles Gottes Gabe und Gnade, alles frohe Botschaft ist. Aber wenn es darauf ankommt, daß wir selbst Anteil gewinnen an diesem Großen, Göttlichen, so meinen wir leicht: »Damit fängt der Teil an, den ich tun muß.«

Nein, tausendmal nein! Pfingsten ist Erfüllung, ist Gabe, Gnade über Gnade, ist große Freude. Das Lied Gottes, das auf der Erde verstummt war, seit die Sünde ungebrochen herrschte über die Menschen, das schon oft leise angeschlagen worden war von der Harfe der Psalmisten des alten Bundes, das Lied Gottes wird auf die Erde getragen. Dort hat es jetzt Heimatrecht. Das bedeutet Pfingsten: Jubel und Freude, Lob und Dank, Lied und Psalm. Gott hat den Tag erfüllt. Nicht Menschenwerk ist es, das unser zu Pfingsten wartet und uns auferlegt werden soll, sondern Gnade und Gabe. »Fürchtet euch nicht, siehe, ich verkündige euch große Freude.« Es wird »erfüllt«, was zu Weihnachten und Ostern geschehen ist.

Wir müssen die Predigt des Petrus hören

Mit großem Jubel steht die erste Schar der 120 vor uns, überfließend von Freude und Zeugnis Gottes. Wir mischen uns unter die Menge, »die zusammenkam« (Apg. 2, 6: Denn während bei der Verkündigung des Gesetzes das Volk floh vom Sinai, kam die Menge zusammen, als die frohe Botschaft erklang). Wir mischen uns unter die Menge; denn wir stehen ja nicht an der Seite der Apostel und Erstlinge, sondern derer, die durch ihre Botschaft erst den Pfingstsegen empfingen.

Wie kommt es dazu bei uns? Das ist unsere brennende Frage, unser sehnliches Verlangen: »Ich möchte Pfingsten erleben.«

Es kommt darauf an, daß wir Pfingsten nicht auf sich allein stellen und von der Geschichte trennen wollen, die vorherging. Wir dürfen nicht vom Geist reden in einer anderen Weise, als die Bibel es tut. Sonst kommen wir auf den »Geist«, an dem so viele heute herumraten und können ihn nicht fassen und werden von ihren eigenen Fragen und Gedanken im Kreise herumgenarrt. Nein, Pfingsten ist Erfüllung des Werkes Jesu Christi. Was den Jüngern im Zusammenleben mit ihrem Heiland geschenkt worden war, das wird den andern nun dargeboten in der Pfingstpredigt des Petrus. Die müssen wir hören.

Und da wird uns alsbald klar: Hier kann nur der hoffen und hat etwas zu empfangen, der seine Sünde erkannt hat. Von der Sünde spricht Petrus, von der Sünde seiner Zuhörer, die er ihnen ganz klar auf den Kopf zusagt (2, 23. 36; vgl. 3, 13–14; 4, 10). Immer wieder spricht Petrus von der Sünde und vom Gericht und hebt auch aus der Verheißung des Propheten Joel den großen Tag des Herrn hervor und spricht davon, wie man daraus errettet werden kann.

Nur der kann den Heiligen Geist empfangen, der unter seiner Sünde leidet, dessen Gewissen erwacht ist. Nur notvolle Jugend unserer Tage wird Gottes ganze Hilfe erfahren. Als der edle Ritter

Parzival am Karfreitagmorgen an der Höhle des Einsiedlermannes ankommt, da tritt er vor ihn hin: »Herr, nun gebt mir einen Rat, ich bin ein Mann, der Sünde hat.« Und der Einsiedler weist ihn hin auf das Bild des Gekreuzigten. – Das ist auch der Inhalt der Predigt des Petrus. Für Leute, die in Not sind wegen ihrer Sünde, weiß er Rat. Jesus stellt er in den Mittelpunkt all seines Zeugnisses, die alte Geschichte von Jesus und seinem Kreuz.

Das ist's, was auch wir heute bezeugen. Ist hier notvolle Jugend? Ist hier »ein Mann, der Sünde hat«? Er soll ein Wort froher Botschaft hören, als ob er die Engel im Himmel singen hörte, das Wort von der Vergebung der Sünden durch Jesus, den Heiland. Ist das ein Wort für dich?

Tut Buße!

Wenn ja, dann wirst du um so mehr fragen: »Wie komme ich dazu?« »Ihr Männer, liebe Brüder, was sollen wir tun« (Apg. 2, 37)? Darauf gibt Petrus ganz deutlich zwei Antworten.

»Tut Buße!« Buße – das war kein leeres Wort für Petrus. Er hatte Buße getan in der Stunde, als er gelernt hatte, von allen anderen Menschen und auch von seinen Mitjüngern und ihrer Schuld hinwegzublicken in sein eigenes Herz, auf seine eigene Tat: »Ich aber, ich traf ihn mitten ins Herz.« – »Da ging er hinaus und weinte bitterlich.« Die Stunde hat er nie vergessen. Petrus wußte, was Buße ist. Die Legende erzählt, er habe bis an sein Lebensende eine Träne im Auge gehabt.

Buße tun, das heißt stille stehen. Die Menge kam zusammen, ließ alles andere stehen und liegen. Wenn Gott spricht, dann bleibt uns nur die eine Frage: »Was will das werden« (2, 12)? Was will es werden mit mir? Das ist das Stillestehen, der Anfang der Buße. Gott spricht, alles andere schweige; es geht mir darum, seine Stimme zu hören, und nur seine Stimme, alles andere ist jetzt Nebensache. Liebe Freunde, legt jetzt alle Nebensachen aus eurer Hand, Gott spricht!

Buße tun, das heißt erschrecken. Eine jede Bekehrung fängt mit einem Erschrecken an. »Sie entsetzten sich aber alle« (2, 7). »Da sie das hörten, ging's ihnen durchs Herz« (2, 37). Man kann an Gottes Ernst und Heiligkeit nicht mehr vorbei und nicht mehr vorbei an seiner Sünde. Muß man da weinen? Das ist nicht nötig, aber ich glaube, trockenen Auges ist noch niemand durch die enge Pforte gekommen. Muß man da niederknien? Das ist nicht nötig, aber ich glaube, hohen Hauptes kam noch keiner auf den schmalen Weg. Da sehen wir Luther liegen, niedergeworfen vor seinem Gott, und nur *ein* Schrei geht durch seine Zelle: »Meine Sünde!« Sünde! Meine Sünde!

Da nennt man seine Sünde mit Namen. Nicht nur, daß man sie erkennt, man muß sie auch bekennen. Eine jede Bekehrung ist ein Bruch mit der Sünde. »Sie ließen sich taufen.« Das war das Bekenntnis ihrer Schuld. Sie bekannten, daß sie mitschuldig waren an dem Tode dieses Gerechten, daß sie einen Schlußstrich gezogen hatten unter ihr altes Leben und daß sie nun auch als die Verlorenen und Verdammten Jesus, der für alle gestorben ist, als ihre einzige Hoffnung ergriffen.

Das war zugleich ein gewaltiges Aufstehen aus dem bisherigen Sündenleben. Es war ein Ringen, ein Riesenentschluß, ihr Leben allein auf Jesus zu gründen. Wenn wir in der Bibel und in der Lebensgeschichte der Männer Gottes an diesen Abschnitt eines Menschenlebens kommen, dann finden wir da in so ergreifender Weise irgendwann ein »Nun«, ein »Jetzt«, ein »Heute«, die gewaltige Erkenntnis: »Es ist genug« (1. Petr. 4, 3) an dem bisherigen Sündenleben; »Hinfort nicht mehr« (2. Kor. 5, 15). Es handelt sich um das gewaltige Emporringen eines Menschen aus seiner Sünde, hinein in das Reich der Gnade: »Hinfort nicht mehr, so war mir Gott helfe!« Das heißt es für uns, was für jene damals in dem Wörtlein lag: »Sie ließen sich taufen auf den Namen Jesu Christi.«

Und eine jede Bekehrung besteht in einer Scheidung von der Welt: »Laßt euch erretten aus diesem verkehrten Geschlecht« (2, 40)! Zu dem Bruch mit der Sünde gehört untrennbar der Bruch mit der alten Gesellschaft, mit den bisherigen Freunden und Kameraden, vielleicht sogar mit den Allernächsten, wenn sie uns entgegen sind auf unserem neuen Weg. Tut Buße! Das kostet einen Bruch mit der Welt. Da sind manche hängengeblieben und haben aus Furcht vor denen, die spotten (2, 13), die Kraft nicht aufgebracht, zum neuen Leben durchzubrechen. Sie sind hängen geblieben, und ihre Namen wurden nicht gefunden in dem Buch des Lebens.

Glauben, zugreifen!

Eine zweite Antwort gibt Petrus: »Glaubet!« Auch das zweite liegt in der Mahnung: »Und lasse sich ein jeglicher taufen auf den Namen Jesu Christi zur Vergebung der Sünden, so werdet ihr empfangen die Gabe des Heiligen Geistes.« Es handelt sich um eine Gabe Gottes. Eine leere Hand, ein offener Mund, die Gott füllen soll, sind notwendig, wenn Menschen zur Ruhe kommen sollen. Glauben, zugreifen! Und wäre deine Hand die schwächste Hand im ganzen Kreise hier unter uns: Die schwächste Hand griff einst »nach dem Saum seines Gewandes, da ward seine Kraft ihr zuteil« (Mark. 5, 30). Darauf darfst du es auch wagen.

»Die nun sein Wort gerne annahmen« (2, 4). Das ist's, worauf es ankommt: gerne annehmen, sich den Heiland gefallen lassen, den Widerstand aufgeben gegen Jesus und sein Heil, das ist alles. Es ist so einfach, sich etwas schenken lassen. Und beachten wir wohl, auf eine einzige im Glauben ergriffene Predigt hin kann des Menschen Seligkeit zustande kommen.

Gerne annehmen! Denn jede Bekehrung ist eine Tat Gottes. »Und wurden hinzugetan« (2, 41). Gott tut hinzu. Er gibt die Vollmacht, Gottes Kinder zu werden, denen, die an seinen Namen glauben (Joh. 1, 12). Er gab jenen Leuten innerlich die Freimütigkeit, daß sie sich dazu halten durften. »Er gab mir die Kindschaft, nahm mich auf und an. O, wie bin ich fröhlich, daß ich's glauben kann!«

Und dann leuchtete ihnen Jesus und sein Kreuz, dann senkte sich Gottes Gnade in ihr Herz, und sie ergriffen die Vergebung der Sünden. Da konnten sie sich ihres Heilandes freuen, da wurden ihre Augen hell und ihr Herz warm, ihr Mund floß über vom Lobe Gottes: »Sie lobten Gott mit Freuden und einfältigem Herzen« (2, 47). Das Lied war da!

Darum war das Lied und Lob Gottes bei ihnen eingekehrt, weil sie ihres Heils gewiß waren, weil sie Gemeinschaft gefunden hatten mit ihrem Vater durch ihren Herrn Jesus Christus, weil ihnen die Sonne aufgegangen war. Dann geht's im Leben des Menschen so wie beim Sonnenaufgang draußen im Walde, dann wachen tausend Stimmen der Sänger auf.

So waren die Hörer der ersten Pfingstpredigt »gerettet« worden. Liebe Freunde, Pfingsten bedeutet nicht Anstrengung, Ringen,

Sehnen, Pfingsten bedeutet Gabe Gottes. Pfingsten bedeutet den Blick auf den Heiland, auf sein für uns vollbrachtes Werk. Wie viele mühen sich gerade, um Gottes Geist zu empfangen, ab, indem sie an sich selbst arbeiten wollen! Sie suchen sich in »Stimmung« oder in die rechte »Stellung« zu bringen, und ihr Blick ist immer auf sie selbst gerichtet. Wollen wir unseres Heils gewiß werden, dann müssen wir den Anker nicht in das Schiff hineinwerfen, sondern in den Felsen, in sicheren Ankergrund außerhalb unseres Schiffes, in Jesus, den Heiland. Dieses Ankerwerfen um das Kreuz unseres Heilandes, das ist Pfingsten.

Der Heilige Geist verklärt Christus

Und der Heilige Geist? Wollten wir nicht vom Heiligen Geist sprechen? Liebe Freunde, das ist ja der Heilige Geist! Das ist seine Gabe! Still tritt er zurück, von ihm ist nicht viel die Rede, er verklärt Christus, er treibt zum Heiland, er zieht die Knie nieder unter das Kreuz, er macht dem Herzen Mut, zu glauben an die Vergebung der Sünden.

Da streckt der Verlorene in seiner Not seine Hand aus nach dem Lamm Gottes, das der Welt Sünde trägt. Und da findet der Sünder, wie seine Hand sich auf das Lamm der Versöhnung legt, seine Hand in seines Gottes Hand. Der verlorene Sohn ist heimgekehrt ins Vaterhaus. »So werdet ihr empfangen die Gabe des Heiligen Geistes.« Das ist es, er eignet uns das alles innerlich zu; denn niemand kann sagen: »Jesus ist mein Herr« ohne durch den Heiligen Geist (1. Kor. 12, 3). Gottes Geist gibt mit unserem gestillten Gewissen, mit unserem unter dem Kreuz zur Ruhe gekommenen Geist zusammenklingendes Zeugnis, daß wir Gottes Kinder sind (Röm. 8, 16). Das ist das Pfingsten der Seele.

Unter klarer Verkündigung von Jesus wirkt Gottes Geist

Habt ihr den Heiligen Geist empfangen? Das ist für uns alle die entscheidende Frage. Unter uns ist so viel schwaches, halbes, unklares Wesen. Warum? Dies ist die Lösung. Nur das ist göttliches Leben, das aus dem Geist geboren ist, nicht das andere, das sich oft als göttliches Leben ausgeben will, das überkommene, religiöse, kirchliche Wesen.

Laßt uns wohl darauf achten, was für die Apostel das Normale war: Zum Glauben kommen, gerettet werden, das heißt, den Heiligen Geist empfangen. So war es Pfingsten, so war es bei dem Pfingsten der Heiden beim Hauptmann Kornelius (Kap. 10): »Der Heilige Geist fiel auf alle, die dem Wort zuhörten« (10, 44). So war es in Samaria (8, 15).

Darum fragt der Apostel Paulus (19, 2): »Habt ihr den Heiligen Geist empfangen, da ihr gläubig wurdet?« Er merkte offenbar, daß bei den Jüngern in Ephesus etwas nicht stimmte, und darum diese Frage. Und dann kam es zum Vorschein, daß sie aufgrund einer unvollkommenen Verkündigung den Herrn Jesus angenommen hatten. Sie wußten nicht einmal, ob ein Heiliger Geist sei. Und dann verkündigte ihnen Paulus, daß sie glauben sollten an Jesum, daß er Christus sei. Da wurde Gottes Geist auch ihnen gegeben. Als die klare Verkündigung ihr Herz traf, hat Gottes Geist sie in das volle Heil hineinführen können.

Laßt uns wohl darauf achten: Klare Verkündigung von Jesus und seinem Kreuz, das gibt klare Bekehrungen, weil da Gottes Geist den Menschen das ganze Heil in Christo aneignen kann.

Der Heilige Geist ist für alle da

Habt ihr den Heiligen Geist empfangen? Diese Frage konnten die Apostel so stellen, weil der Heilige Geist für alle da ist. Schon in der Verheißung des Joel, die Petrus anführt, steht es ja, daß Gottes Geist auf alles Fleisch ausgegossen werden soll. Im Alten Testament war es wie beim Aufgang der Sonne. Da sind nur erst die Spitzen der höchsten Berge von ihren Strahlen erleuchtet. So sehen wir im Alten Testament die Großen im Reiche Gottes, auf denen Gottes Geist ruhte, Abraham, Mose, David, Elia. Zu Pfingsten ist die Sonne des Heils Gottes auf den Höhepunkt gestiegen. Nun treffen ihre Strahlen auch das kleinste Hälmchen im tiefsten Tal.

»Die Verheißung des Vaters«, nannte Jesus den Heiligen Geist (Luk. 24, 49). Damit weckte er hoffnungsfrohes Erwarten: »Ihr« sollt sie empfangen, ihr alle, ohne Ausnahme. Und Petrus kündigte der ganzen Menge der Zuhörer an: »Euer und eurer Kinder ist diese

Verheißung« (2, 39). Es heißt: »Er setzte sich auf einen jeglichen unter ihnen« (2, 3). Jeder einzelne empfing Gottes Gabe.

Es ist nicht so, wie man es uns oft darstellen will, als ob nur »die Gemeinde« in ihrer Gesamtheit den Geist habe oder nur die Führer oder die Leitung der Gemeinde. Ein jeder einzelne wurde damals des Heiligen Geistes voll, und darunter waren viele Unbekannte aus Galiläa, deren Namen wir nicht einmal wissen. Also nicht nur der Führer und der Großen im Reich hat der Herr gedacht, als er von der Verheißung des Vaters sprach, sondern an jeden einzelnen.

Und jeder einzelne soll seine besondere Gabe empfangen, er soll in seinem inneren Leben seine besondere Art haben, seinen besonderen Weg, den Gott ihn führt. Wie es schon in der Verheißung des Joel heißt, daß die Väter anders als die Söhne und die Töchter und Mägde anders als die Jünglinge und Knechte begabt werden. Ein jeder soll seine Gabe empfangen, jeder individuell verschieden, jeder sein Geheimnis mit dem Herrn haben, jeder etwas Geschenktes von Gott erhalten; und alle alles durch Gottes Geist, und alle alles so, daß Jesus ihnen über alles geht.

Sind wir heute »auf dem Söller«?

Hast auch du Verlangen nach dieser Gabe? Hier ist der Schlüssel zu allen Schätzen Gottes, hier haben wir die Hand an der Tür, da man hineingeht in Gottes Reich und zu Gottes Reichtum. Mancher von uns hat Verlangen, sein ist die Klage: »Ich kann nicht mehr, so geht es nicht weiter, es muß anders werden, ich halte es nicht mehr aus, bei mir ist alles so tot, so leer, so schwach.« Und mancher ist noch ärmer, in ihm ist alles so trocken und dürr, und er seufzt wohl: »Hätte ich doch mehr Verlangen!« Nun, mein Bruder, ich höre es, du hast Durst nach dem Durst. Du bist dem Heiland gerade recht, du sollst zur Quelle kommen. Frage nur aufrichtig den Petrus: »Was sollen wir tun?« Und tu, was er dir sagt. Du bist der Mann. Du bist gemeint.

Und wenn du mich noch einmal fragst: »Wie soll es dazu kommen?«, dann sage ich dir: »Laß dein Herz so sein, wie damals die Gemeinde war, ehe der Geist kam!« – »Auf dem Söller«, das muß das Kennzeichen deines inneren Standes sein. Wie war die Gemeinde auf dem Söller?

Wartend! Ganz bestimmt wartend: »Der Herr hat es gesagt. Wir gehen nicht von hier weg, »bis daß es kommt, wir stützen uns auf sein Wort.«

Stille! Gesammelt! Einem fließenden Bach kann man keinen Stempel aufdrücken. Einem unruhigen, zerfahrenen Gemüt kann Gott nicht sein Siegel aufprägen. Laßt uns stille sein auch mitten in der Unruhe des Alltags und uns immer wieder Stunden der Einkehr erobern! Sucht die Einsamkeit auf und Gottes stilles Begegnen!

Gehorsam! »Was gewesen, werde stille, stille, was dereinst wird sein. All mein Wunsch und all mein Wille geh' in Gottes Willen ein.« Gehorsam! »Gott gibt seinen Geist denen, die ihm gehorchen.« Und nun frage ich dich: Willst du, was Gott will? Oder ist ein Pfropfen in dem Kanal, durch den Gottes Freude in dein Leben strömen soll, und sind dadurch alle Zugänge des göttlichen Lebens zu dir verstopft? Schlag den Pfropfen heraus! Heute noch!

Betend und flehend! Auf Jesus kam der Geist, da er aus dem Wasser der Taufe stieg und betete (Luk. 3, 21). Und er hat uns das Geheimnis verraten: »So denn ihr, die ihr arg seid, könnet euren Kindern gute Gaben geben, wieviel mehr wird der Vater im Himmel den Heiligen Geist geben denen, die ihn bitten« (Luk. 11, 13). Denen soll geschehen nach ihrem Glauben.

Einmütig! Einer war des andern Hilfe. Und so wollen auch wir zusammenkommen und untereinander verbunden sein in all unserem Werk. Es geht um eine heilige Sache. Wir kämpfen einen heiligen Kampf. Laßt uns einmütig nur dies eine Ziel im Auge haben: sein Heiliger Geist!

Ich las einmal in einer Zeitung eine Bekanntmachung von der Eröffnung einer elektrischen Bahnstrecke: Am so und so vielten mittags 12 Uhr wird die Strecke »unter dauernden Strom gesetzt«. »Das wär's!« So sprach meine Seele. Wenn das von meinem Leben gälte: »Unter dauernden Strom gesetzt!« Liebe Freunde, das ist es, das ist die Verheißung des Vaters.

2. Wie das neue Leben sich entfaltete

Mit dem Geist getauft, erfüllt, versiegelt und gesalbt

»Unter dauernden Strom gesetzt«, das Wort macht uns hungrig und weckt unser Verlangen. Und Verlangen wecken auch die mannigfachen biblischen Ausdrücke über das neue Leben, über die Gabe des Heiligen Geistes. Wir sind leicht geneigt, in diese Ausdrücke etwas Geheimnisvolles, Unsagbares hineinzudeuten. Aber wir tun gut, uns klar zu machen, wie es nur die mancherlei Ausdrücke der Schrift für die eine große Gabe sind.

»Getauft mit dem Heiligen Geist.« Das weist rückwärts. Es ist das geschichtliche Wort und weist auf die geschichtliche Tatsache von Pfingsten hin, auf die erste Gabe, die die Apostel und die erste Gemeinde damals empfingen, und weist bei jedem Jünger rückwärts auf die Zeit, da in seinem Leben Gottes große Sonne aufgegangen ist.

»Erfüllt mit dem Heiligen Geist.« Das weist nach innen, daß aller Durst gelöscht, alles Sehnen zur Ruhe gekommen ist, alles Verlangen gestillt wurde. »Es fehlte nichts an allem Guten, das der Herr dem Hause Israel verheißen hatte; es kam alles« (Jos. 21, 45). Gottes Geist hat die innere Leere ganz ausgefüllt. Keine Enttäuschung trat ein. Es ist Wahrheit geworden: »Ich will Israel wie ein Tau sein« (Hos. 14, 6).

»Versiegelt mit dem Heiligen Geist.« Das weist vorwärts in die Zukunft, auf den wiederkommenden Herrn, dessen Eigentum wir sind. Dann wird er uns das volle Maß des uns zugedachten Heils geben. Darum wird der Geist das Angeld genannt. Er ist wie eine Anzahlung, die mir das Mehr gewährleistet, daß einmal alles kommen wird; nichts wird mir vorenthalten bleiben.

»Gesalbt mit dem Heiligen Geist.« Das weist nach außen, auf den Dienst, daß wir ausgerüstet sind, wie Christus gesalbt war mit dem Geist; daß wir auch Gesalbte, »Christen« sind, und daß uns keine Aufgabe zu schwer sein wird, daß uns nichts verzweifelt und verzagt machen darf, was uns auf dem Wege begegnet.

Auf dieses letzte, auf den Dienst wollen wir nunmehr besonders achten, aber nicht auf den Dienst des einzelnen nur, sondern der Gemeinde, der Gemeinschaft, des Vereins, in dem wir stehen und darauf, was dieser Dienst mit sich bringt. Wenn wir davon sprechen, wie sich das neue Leben entfaltet, dann sprechen wir von der Gemeinschaft untereinander, vom Zeugendienst und vom Leiden.

Von der Gemeinschaft untereinander

Die christliche Gemeinde ist eine Jesusgemeinschaft

Das Wort, das am ersten Abend der Geschichte der neuen Gemeinde am meisten gesprochen wurde, von den neuen Gläubigen anbetend, von den Feinden mit Haß und Feindschaft, das Wort, das alles erklärte, was geschehen war, war nicht das Wort: »Gemeinde« oder »Gemeinschaft«, sondern war das Wort »Jesus«. Dieser Name klang in aller Munde. Jesus war groß in den Herzen der Gläubigen, er allein der Inhalt ihres neuen Lebens, Redens, Singens und Lobens. Die Herzen waren ihm verbunden. Dadurch waren sie auch untereinander verbunden. Dadurch war die neue Gemeinde entstanden.

Auf einem Turnplatz stand in weitem Kreise um den Turnwart eine Schar von Turnern, je drei bis vier Meter voneinander. Auf den Ruf des Turnwarts hin gingen sie alle auf ihn, den Mann im Mittelpunkt, zu. Je näher sie alle dem Mittelpunkt kamen, um so näher kamen sie einander, hatten bald Fühlung miteinander und standen dann fest wie eine Mauer um den Turnwart her.

So ist's auch mit der Gemeinschaft in Jesus. Sie ist nicht eine Genossenschaft, die um ein Prinzip sich vereinigt hat, etwa um das Gebot der Liebe. Die Gemeinde Jesu Christi ist nicht etwa zu vergleichen mit einer Republik, die sich um die Fahne der Nächstenliebe geschart hat und einmütig nun ihren Grundsatz in der Welt vertritt, sondern sie ist ein Königreich Jesu Christi. Der König ist dabei die Hauptsache, an ihm hängt die ganze Gemeinschaft, daran, daß jeder einzelne mit ihm verbunden ist. Es kann keiner hinzukommen, indem er sich von der Seite und von außen her zu dieser Schar hält. Die ganze Schar steht mit ihrem Angesicht Jesus zugekehrt und hört auf niemand und verbindet sich mit niemand, der von der Seite und von außen her auf sie einredet und mit freundlichem Handschlag täuschen will. Nur vom Mittelpunkt, von Jesus her gehen die Fäden aus, die diese Gemeinschaft zusammenhalten.

Nur, wer selbst mit solch einem Faden an den Mann im Mittelpunkt gebunden ist, ihm zugewandt, mit ganzer Seele an ihm hängend, nur der gehört in diese Gemeinschaft. Je enger die Fühlung aller einzelnen mit Jesus ist, desto enger ist die Gemeinschaft untereinander. Wo einer oder einige sich von ihm abgewandt und ihm den Rücken gekehrt haben, da ist auch die Gemeinschaft unterbrochen, da fällt die Gemeinde auseinander. Da ist's auch den Nachbarn erschwert, ganz ungeteilt nur auf den Mann im Mittelpunkt zu schauen, weil um sie her so viel andere Dinge vorgehen. Die christliche Gemeinde ist eine Jesusgemeinschaft. Weil Jesus ihnen allen groß geworden ist, deshalb sind sie überhaupt beieinander, das hält sie zusammen. Wenn Jesus ihnen aus den Augen rückt, dann gilt das Wort: »Ein jeglicher sieht auf seinen Weg« (Jes. 53, 6).

Immer mehr von Jesus hören

Deshalb ist auch im tiefsten Grunde ihr einziges Verlangen, immer mehr von Jesus zu hören. Der Grundtrieb der Jesusgemeinschaft, der diese Gemeinschaft zusammenhält, ihr eigentlichstes Lebenselement ist Jesus. Nicht von sich oder über das, was die Gemeinschaft ist und braucht und hat, hört man sie reden, nein, das ist die Bestätigung des innersten Geistes dieser Gemeinschaft, daß sie von sich hinweg auf Jesus schaut.

Von den ersten Christen heißt es:

»Sie blieben beständig in der Lehre der Apostel«, die ihnen von Jesus berichteten und Jesu Werk deuteten. Dadurch blieben sie in der Gemeinschaft untereinander. Das ist das tiefe Verlangen der neu erwachten Gotteskindschaft, wie es der große Erfinder, Baurat Wilhelm Schmidt, aus seinem Leben erzählt: Er hat sich als jung bekehrter Christ alle Sprüche von den Wänden des Vereinslokals und der Herberge zur Heimat abgeschrieben, um sie auswendig zu lernen und immer bei sich zu haben. Gerade im Anfang des neuen Lebens hat man einen Heißhunger nach Gottes Wort, nach der Apostellehre, und das treibt zu den andern, zur Gemeinschaft, sich mit ihnen auszutauschen über Jesus.

Das Verlangen, damals die Gemeinschaft mit dem Herrn lebendiger zu pflegen, wurde gestillt im Brotbrechen und im Gebet (2, 42), in der herzlichen, brüderlichen Tischgemeinschaft bei seinem Mahl, und in dem dankbaren Aufblick zum Herrn. Es ist beides unablöslich miteinander verbunden. Jesus ist verklärt, die Gemeinschaft untereinander ist geschlossen: Das ist die Wirkung des Heiligen Geistes.

»Sie waren täglich und stets beieinander einmütig im Tempel« (2, 46). In solchen Zeiten wird es einem nie zu viel. Es ist, wie wenn es Brautgeschenke des Bräutigams an die neu erworbenen Seelen wären. Er offenbart ihnen immer wieder neue Herrlichkeiten. Und davon bekommt man nie zu viel.

Darüber wird das Herz froh. Man muß sich mit anderen austauschen, denn Freude ist ein Chorgesang. Der Geist der Freude drängt zur Aussprache. Man kann nicht schweigen, man muß sich den Brüdern mitteilen. Darum waren die Christen stets beieinander nach Pfingsten.

Wie haben sie sich untereinander so lieb!

Dazu wurden sie auch durch die Verfolgung veranlaßt. Diese trieb sie zueinander hin. Sie waren innerlich aus ihrem Volk herausgehoben, und nun handelten sie so wie die Schwalben im Herbst, ehe sie nach dem Süden ziehen und eine neue Heimat suchen. Da sehen wir sie auf den Dächern in großen Schwärmen sitzen. Sie sammeln sich, weil sie hier nicht bleiben können und die große Reise vor sich haben, um sie gemeinsam anzutreten. So auch die erste Schar der Jünger. Von ihrem Volk waren sie, wenn auch nicht äußerlich, so doch innerlich getrennt. Es bildete sich unvermerkt ein neues Volk Gottes durch Gottes Geist.

Welch wunderbarer Trost liegt darin für die, die durch die Gabe des Geistes Gottes, durch ihre Gemeinschaft mit Jesus vereinsamt sind und ihre alten Freunde verloren haben, ja vielleicht in ihrer eigenen Familie nun ganz allein stehen müssen! Kommt, fürchtet euch nicht, es wartet euer hier, wo ihr nur Schwierigkeit und Not seht, eine neue, selige Erfahrung: »Längst vermißte Brüder find' ich nun in Jesu Jüngern wieder!«

Die Feinde, die die Christen von sich ausstießen, sagten von ihnen: »Wie haben sie sich untereinander so lieb!« Ja, diese Liebe zu den Brüdern, diese Gemeinschaft mit den andern, die auch Jesu Eigentum geworden sind, ist ein Merkmal der Jünger Jesu: »Wir wissen, daß wir aus dem Tode in das Leben gekommen sind; denn wir lieben die Brüder« (1. Joh. 3, 14). Ich fragte einmal einen Stellmachergesellen, der zur gleichen Zeit mit mir zum Glauben gekommen war: »Jakob, bist du bekehrt?« Er antwortete mir: »Ich weiß es nicht, aber ich habe die Kinder Gottes alle herzlich lieb und freue mich, wenn ich nur eins von ihnen auf der Straße sehe.« Das war ein gutes Zeichen. Die Welt liebt Gottes Kinder nicht. Gottes Geist wirkt diese Liebe der Jünger untereinander. Das ist die Gemeinschaft der Kinder Gottes.

Wider die Einspännerei

»Die Menge aber der Gläubigen war ein Herz und eine Seele« (4, 32). Das ist nicht künstlich gemacht, sondern Gabe des Geistes. Seine Frucht ist es, daß nicht nur die Herzen einig werden in der Liebe zum Herrn, sondern auch die Seelen, daß die Temperamente zusammenklingen, daß ein jeder seine Eigenart einordnen und dem Gemeinsamen, der Gemeinschaft, unterordnen kann. Laßt uns darauf wohl achten!

Wir alle, auch der Jüngste von uns, kennt aus dem Vereinsleben, was Einspännerei ist. Alle Einspännerei ist ein Zeichen von Mangel an Heiligem Geist. Wenn z. B. in unseren Vereinen die einzelnen Abteilungen der Sänger, Bläser und Turner ihre eigenen Wege gehen und nicht sich dem Ganzen des Werkes einordnen, dann ist das Mangel an Heiligem Geist. Wenn einzelne Führer ihren Willen durchsetzen und ihr Gepräge dem Ganzen aufdrücken wollen, so sind es nicht geistvolle Leute, sondern sie sind arm an Heiligem Geist.

Gottes Geist verbindet Herzen und Seelen, der Menschen Geist isoliert die einzelnen. Wenn der Menschen Geist groß wird, dann ist Verwirrung die Folge, Zerstörung und Trennung. So war es bei dem Turmbau zu Babel, als die Menschen sich einen großen Namen machen wollten. Da geschah das erste »Sprachwunder«. Sie verstanden sich nicht mehr. Gott hatte ihre Sprache verwirrt.

Pfingsten ist das Gegenteil vom Turmbau zu Babel. Gott wird groß. Gottes große Taten werden verkündigt, die Menschen loben

Gott. Da verstehen sie sich wieder. Da geschieht das Sprachwunder des Heiligen Geistes. »Wir hören sie mit unseren Zungen die großen Taten Gottes reden.« Wenn Gott unter uns groß ist, dann werden Gottes Kinder einig sein, und dann wird alle Einspännerei durch Gottes Geist überwunden.

Die Gläubigen waren »im Tempel« versammelt. Sie knüpften an das Vorhandene an und trennten sich nicht voreilig von der Volksgemeinde Israels. Liebe Freunde, es ist nicht die Wirkung des Heiligen Geistes, wenn man das Ungewöhnliche sucht. Es ist nicht Ausfluß des Heiligen Geistes Gottes, wenn einer meint, es müßte mit ihm jetzt auch in seinem Auftreten etwas ganz Besonderes, Neues, Wunderliches, Auffallendes sein.

Mancher andere »Geist« unserer Tage sucht sich zu erkennen zu geben durch Wunderlichkeiten, durch auffällige Tracht oder Lebensweise, ein sonderbares Gehaben. Man fühlt sich aus der Menge herausgehoben, wenn man sich anders benimmt als die anderen, und bildet sich ein, das wäre »Geist«. Weil so wenig Geist darin ist, deshalb muß man es wohl im Leiblichen und im Äußerlichen suchen. Auch unter uns sind so viele, die bei unseren gemeinschaftlichen Veranstaltungen durchaus nicht in der Reihe gehen können, die immer ein wenig anders sind als die anderen. Sie kommen etwas früher oder kommen etwas später, aber jedenfalls handeln sie etwas anders als die anderen und meinen, daß sei »Geist«. Sie können sich doch nicht, wenn der »Geist« sie regiert, an die Uhr binden und auf das Kommando hören. Und die ganze Sache ist oft nur Eitelkeit und nicht aus dem Geist, sondern ganz tief aus dem Fleisch.

Sicher ist manchmal Trennung nötig von den andern, Auszug aus Vaterland und Freundschaft, wie Gottes Geist den Abraham trieb. Aber laßt uns wohl prüfen, ob Gottes Geist uns treibt! Wenn ja, dann wollen wir gehen, aber wir wollen nicht handeln nach fleischlicher Art.

Wieviel Einspännerei dieser Art finden wir auch in unseren Vereinen! Und die Folge ist nicht Verbindung, Einigung, zu der Gottes Geist hintreibt, sondern neue Trennung. Solche Leute sind nicht Kitt, sondern Dynamit für unsere Gemeinschaft.

Keine Gemeinschaft ohne Furcht Gottes

Durch Gottes Geist hatte die Gemeinde auch »Gnade bei dem ganzen Volk« (2, 47). Geisterfüllte Leute stoßen nicht ab, ob sie auch ernste und schneidende Dinge zu sagen haben, sondern ziehen an. Wer sich selbst sucht, wer sich selbst lobt, wer sein Werk in den Vordergrund schieben will, der stößt ab, der macht sich verhaßt. Wer an die Spitze kommen will, wird mit seinem spitzen Wesen viele verletzen. Wer Gott lobt und Gottes Werk treibt, der hat Gnade bei allem Volk. Das wirkt der Heilige Geist.

Es lag die Furcht Gottes auf der Gemeinde: »Alle Seelen kam Furcht an« (2, 43). Nicht nur über dem Volk, auch über der Gemeinde lag die Furcht Gottes (5, 11). Auch dies gehört zur Gemeinschaft untereinander. Wir machen nicht die Gemeinschaft in Christo, sie ist nicht unsere Schöpfung. Oft hat man den Eindruck bei einer Vereinsgründung: »Sie machen einen Verein auf.« Das ist nicht die Gemeinschaft des Geistes. Jesus ist der Mittelpunkt solcher Gemeinschaft. Ein Verein, in dem er herrscht, ist sein Werk und seine Gabe, eine Schöpfung des Heiligen Geistes.

Darum müssen wir mit Furcht Gottes in unserer Arbeit stehen. Es ist die Furcht, daß wir ja nichts verderben in seinem Reich. »Gott ist gegenwärtig«, es ist *seine* Gemeinde, es sind die von Jesus teuer erkauften Seelen. Wir stehen in unserer Arbeit nur als Gottes Botschafter. Wir brauchen heilige Hände, wenn wir Gottes Reich bauen und an seinem Werk stehen wollen. Furcht Gottes muß auf uns liegen, daß uns unser christliches Arbeiten nicht zum Gericht und zum Verderben werde. Christliche Gemeinschaft ohne Furcht Gottes wird zur Spielerei und hat den Keim der Schwärmerei und der Zerspaltung in sich.

Die Gütergemeinschaft in der ersten Gemeinde

Und noch ein Punkt. »Sie hielten alle Dinge gemein« (2, 44). Es gab Gütergemeinschaft in der ersten Gemeinde. Es ist dies ohne Zweifel nicht so wichtig gewesen, wie es oft gemacht wird und uns heute vielleicht erscheint, sonst wäre später in der Gemeinde des Herrn mehr davon gesagt worden. Jedenfalls ist es nicht der Kommunismus gewesen, den man heute predigt, da die Begehrlichkeit regiert: »Was dein ist, das ist mein.« Sondern es war der Ausfluß der Bruderliebe: »Was mein ist, das ist dein.« Die Liebe Christi, durch Gottes Geist gewirkt, macht die Menschen los vom Geld. Sie allein ist das Gegenmittel gegen den Mammonsgeist und den sündigen Kapitalismus bei reich und arm. Sonst ist ein Widerstand gegen die Herrschaft des Geldes in uns und um uns unmöglich.

Aber das Wichtige an dieser Gütergemeinschaft ist nicht die äußere Form des Wirtschaftslebens, sondern der Geist. Was die Christen dort taten, vielleicht im ersten Überschwang der Gefühle zu viel taten, das war geheiligt durch die Liebe. Wieviel können wir von diesen Brüdern lernen!

»Die Liebe Gottes ist ausgegossen in unser Herz durch den Heiligen Geist« (Röm. 5, 5). Aber nun wollen wir sie bestätigen, nicht indem wir grübeln über neue Wirtschaftsformen, über Kapitalismus oder Kommunismus, über Siedlung und manche im weiten Felde liegende Hilfe für unser armes Volk. Nein, die große Liebe Gottes kann von uns nur in kleiner Münze weitergegeben werden. Im täglichen Leben, im Verkehr untereinander, im häuslichen Zusammensein wird sich's zeigen, ob Gottes Geist uns mit Liebe erfüllt hat. Die Brüder im Verein, die Schlichten und Geringen, meine Frau und eure Mutter, die können uns sagen, ob wir Liebe haben.

Der Zeugendienst

Das Zeugnis ist eine Frucht des Geistes

Die Jesusgemeinschaft wird immer werben und von Jesus zeugen. Sie lädt ja nicht zu sich ein, sondern zu ihrem großen König. Mose, das Gesetz, hatte eine schwere Zunge. Von dem, was man muß und soll, spricht man nicht gern. Zu Pfingsten kamen feurige Zungen. Von dem, was man empfängt und haben kann, geht der Mund über. Feurige Zungen waren eins der Sinnbilder des Geistes. Nicht Gewalt, sondern das Zeugnis, das Wort, die Botschaft sollen die Menschen zum Gehorsam Christi bringen. »Ihr sollt meine Zeugen sein!«, das war der Auftrag, der letzte wichtigste Befehl des

Meisters. Ihn zu erfüllen war unmöglich für das kleine, schwache Häuflein, für diese Männer hinter verschlossenen Türen.

Das Zeugnis ist eine Frucht des Geistes. Es ist nicht von Menschen erdacht und gemacht, geplant und überlegt, sondern es sprudelt als Frucht des Geistes hervor. Nicht heißt es: »Ich muß Zeugnis ablegen. Nein, ich kann nicht anders.« – »Wir können's ja nicht lassen, daß wir nicht reden sollten, was wir gesehen und gehört haben« (4, 20). Nicht geschäftsmäßig, nicht pflichtmäßig war das Zeugnis der ersten Jünger, sondern »sie fingen an, zu predigen mit anderen Zungen, nach dem der Geist ihnen gab auszusprechen« (2, 4).

Das Zeugnis von Christus ist eine Gabe des Geistes. Alle andere Art von christlichem Zeugnis, da man reden muß, von gesetzlichem Wesen in Bewegung gesetzt, ist nichts nütze, sondern schädlich und hinderlich. Es soll nur reden, wen Gottes Geist treibt. Es ist eine ganz persönliche Sache. Nur der kann etwas geben, der erst selbst etwas empfangen hat.

Aber wenn der Geist treibt, dann soll man auch reden. Als Petrus den Spott der Menge beobachtete und die Mißdeutung des Ereignisses wahrnahm: »Da trat er auf mit den Elfen« (2, 14). Dieses Auftreten, wo es notwendig ist und wenn Gott Gelegenheiten gibt, das ist es, was wir lernen müssen. Wir müssen zur Stelle sein, wenn die Lage reif ist für ein Zeugnis vom Heiland.

In Kapitel 3, 12 heißt es nach der Heilung des Lahmen: »Petrus antwortete dem Volk.« Niemand hatte gefragt, aber Petrus merkte: Die Leute waren offen für ein Wort, sie hatten Fragen, sie suchten Wahrheit und Licht. Dann sollen die Jünger Jesu ihren Mund auftun. Und wie ungezählt sind in unserer Umgebung die, die nach Wahrheit und Licht suchen, die Fragen haben! Haben wir wirklich treu unser Zeugnis weitergegeben? Wir müssen an die Arbeit gehen, liebe Brüder. Wir müssen uns vor Augen halten, wer in unserer Umgebung, in unserem Dorf, an unserer Arbeitsstätte noch nicht das Zeugnis von Jesus klar gehört hat, und zu ihnen gehen und mit ihnen sprechen.

Ein Missionar in Indien träumte, daß er über eine große, blumenreiche Wiese eine lachende Schar von Menschen gehen sah. Als er genau zusah, merkte er, daß sie alle blind waren und vorne alle nacheinander in einen Abgrund stürzten. Da hörte er hinter sich einen vollen Gesang, und wie er sich umwandte, sah er eine

Gemeinde versammelt, die das Lied sang: »Wach auf, du Geist der ersten Zeugen.« Die Leute ermunterten sich zum Dienst, ließen aber die Blinden ruhig in ihr Verderben rennen.

Ist das nicht das Bild von manchem unserer Vereine? Wie oft haben wir gesungen: »Wach auf, du Geist der ersten Zeugen!« Aber wir haben den Zeugendienst in uns gedämpft und sind nicht hingegangen, um die Menschen auf der blumenreichen Wiese, die Lachenden, die Blinden, die Stürzenden auf Jesus hinzuweisen.

Aber werden wir auch immer das rechte Wort haben? Als Petrus (4, 8) vor dem Hohen Rat stand, da sprach er voll Heiligen Geistes mit Freudigkeit und gab auf die Frage: »Aus welcher Gewalt und in welchem Namen habt ihr das getan?« freudig Zeugnis von dem Namen Jesu Christi. Warum steht dort: »voll Heiligen Geistes?« Als die Frage an Petrus gerichtet wurde, als die Gelegenheit da war, da kam es über ihn. Das Zeugnis kam, und es wurde ihm gegeben vom Geist. Wenn die Stunde kommt, wenn wir gefragt werden, wenn es uns innerlich treibt, dann wird der Heilige Geist es uns geben. Wir wollen uns nicht darum sorgen, es ist alles Gnade, aber wir wollen treu sein.

»Königsbote, dein Antlitz muß leuchten!«

Gottes Geist wirkt ein freudiges Zeugnis. »Sie sahen aber an die Freudigkeit des Petrus und Johannes« (4, 13). »Sie redeten das Wort Gottes mit Freudigkeit« (4, 31). Die Apostel baten den Herrn um mehr Freudigkeit: »Gib deinen Knechten mit aller Freudigkeit zu reden dein Wort.« Auch wir dürfen und sollen bitten: »Mit einem freudigen Geist rüste mich aus« (Ps. 51, 14).

Missionar Johannsen aus Bethel erzählte uns, daß er bei den primitiven Völkern in Afrika ein Sprichwort gefunden habe, das lautet: »Königsbote, dein Antlitz muß leuchten!« Leuchtende Augen beim Zeugnis für den Herrn schafft nur Gottes Geist. Wie arm ist oft das aufgekratzte Wesen, das manche zur Schau tragen, und wie arm sind auf der anderen Seite die traurigen Worte der Freudelosen! Deren Zeugnis wird niemand anlocken. Nicht künstlich gemachtes Feuer und Leuchten ist es, was wir bedürfen, sondern Freudigkeit, die Gottes Geist im Herzen wirkt. Jesus ist die Quelle von Licht und Kraft. Bei ihm müssen wir angeschlossen sein mit unserer Leitung.

Liebevoll und klar – so soll unser Zeugnis sein

Und Gottes Geist wirkt ein liebevolles Zeugnis. Wie freundlich und bescheiden spricht Petrus (2, 14): »Ihr Juden, liebe Männer!« Nein, die Apostel sind nicht voll süßen Weins! Weingeist macht frech und großsprecherisch, Gottes Geist macht bescheiden und liebevoll.

Wie liebevoll knüpft Petrus an die Geschichte des Volkes Israel an (3, 13 und 14) und spricht von dem Gott Abrahams, der seinen Knecht Jesum verklärt hat! Wie legt er durch Joels Wort seinen Zuhörern das Verständnis der großen Erscheinung nahe! Er will es ihnen leicht machen, Gott zu verstehen. Das ist die freundlichste Weise, wie er ihnen kommen konnte. Er knüpft an ihre Bibel an. Er hebt zunächst nicht den Gegensatz, sondern das Gemeinsame hervor. Und dann zeigt er auch Verständnis für die Schwierigkeiten, die seine Zuhörer bei seiner Botschaft haben: »Und nun, liebe Brüder, ich weiß, daß ihr es durch Unwissenheit getan habt.«

Es klingt alles so liebevoll und herzlich, was Petrus sagt. »Wir fahren schön mit den Leuten« (2. Kor. 5, 11). Dieses liebevolle »und nun« zu finden, das ist die Kunst des Zeugnisses, anknüpfend an das, wo die anderen uns verstehen, wo die Voraussetzungen gegeben sind. Und dann wollen wir sie weiter führen mit freundlichen Händen zu der Entscheidung über ihre Sünde und über den Heiland. Damit ist nichts getan, daß man die Leute nur anpredigt, daß man ihnen pflichtgemäß »sein Zeugnis ablegt«, sondern wir wollen sie doch überwinden, gewinnen, zu Jesus führen.

Wie manche fahren mit ihrem Zeugnis hart auf die Menschen los und schlagen ihnen das Ohr ab, wie Petrus dem Malchus! Dann hören sie ganz gewiß überhaupt nicht mehr zu. Der Ton macht die Musik. In unserem großen Eßsaal im Soldatenheim in Wilna hatten wir nur einen Spruch aufgehängt, der lautete: »Laß die barmherzige Auffassung aller Dinge deine Lebensauffassung sein!« Wir wollten mit unserer ganzen Arbeit ein Zeugnis sein für Jesus, aber wir wollten vor allem gern alles liebevoll tun. Und dazu gehört auch, daß man nicht nur die Wunden zeigt, sondern auch die Arznei, nicht nur sagt: »Ihr habt das und das getan«, sondern auch »Gott aber hat ...« (3, 18). Die frohe Botschaft handhaben auch da, wo sie scheinbar nicht am Platze ist!

Das aber setzt voraus ein klares, unverhülltes Zeugnis, was den Inhalt unserer Botschaft angeht. Ich habe schon erwähnt, wie klar Petrus von der Sünde spricht, unverblümt: »Ihr habt es getan.« Und wie klar spricht er von Jesus! Immer wieder kommt »dieser Jesus«. Lauter klare Worte, lauter Herzschüsse! Wie möchte ich wünschen, daß ich Worte fände, euch, ihr lieben Brüder, dies ernst aufs Herz zu legen!

Der Inhalt unseres Zeugnisses muß klar sein. Darum haben wir so oft nicht die erwünschte Frucht bei unserer Arbeit, daß Gottes Geist die Herzen ergreifen und erfüllen kann, weil unser Zeugnis nicht klar ist, sondern wir die Seelen hinhalten in ungewissen Redensarten, in Andeutungen, mit Stimmungen und Empfindungen. Sagt doch klar, um was es geht, ihr Brüder: gerettet sein oder verlorengehen! Das ist das Zeugnis, das Gottes Geist fordert. Darüber kann Gottes Geist die Herzen ergreifen. Sonst halten wir die Seelen auf.

Das Wort von den großen Taten Gottes

Und auch darauf wollen wir achten: Wir haben eine übermenschlich große Botschaft zu bringen. Von den großen Taten Gottes sollen wir zeugen (2, 11). Wir haben es zu tun mit den Dingen, »die kein Auge gesehen, kein Ohr gehört, und die in keines Menschen Herz je gekommen sind, die Gott bereitet hat denen, die ihn lieben« (1. Kor. 2, 9).

Das ist unser Thema, das allein. Wir wollen nicht mit uns evangelisieren, mit unseren Erfahrungen und Taten. Das Zeugnis muß freilich zeugnismäßig sein, d. h. aus eigener Erfahrung kommen. Es muß die Aussage eines Zeugen sein, der dabei war und etwas gesehen hat. Auch muß die Sprache modern sein für die Modernen, verständlich für die, die manches aus der Bibelsprache nicht mehr verstehen. Aber der Inhalt bleibt das Wort von den großen Taten Gottes, von Jesus und seinem Heil. Und darum werden wir auch oft gerade bei den innerlichsten Gesprächen merken: Wenn's aufs Letzte, wenn's auf Tiefste geht, dann tun wir gut, unsere Botschaft auch in Worte der Heiligen Schrift zu kleiden.

Es ist nicht wichtig, unter welchen äußeren Umständen wir unser Zeugnis abgeben. Erst waren die Apostel freie Männer, dann waren sie Gefangene, erst »traten sie auf«, dann wurden sie vorgeführt. Auch wurden sie mitten in der Predigt unterbrochen (4, 3), und man legte Hand an sie. Und siehe da, auf dieses abgebrochene Zeugnis kamen noch mehr hinzu als auf das, das sie vorher ungestört hatten ablegen können. Um die äußeren Umstände wollen wir uns keine Sorge machen. Unsere Sorge soll nur sein, daß unser Zeugnis klar erklingt, alles andere steht bei Gott.

Unermüdlich waren die Apostel und bezeugten »mit vielen anderen Worten« (2, 40) und ermahnten die Menge. Nicht nur in wohlgesetzter Rede, bei Ansprachen und Predigten, nein, auch mit vielen anderen Worten wollen wir den Leuten nachgehen, auch unter vier Augen, auch mit jedem allein, wo nur immer sich Gelegenheit bietet.

Darf man Zahlen nennen?

Und dann wollen wir nicht vergessen, das Netz auch einzuziehen. Es ist doch bemerkenswert, daß man damals gezählt hat: »Es wurden 3000 hinzugetan« (2, 41). »Es wurden 5000 gläubig« (4, 4). Es ist also nicht so, als ob man nie wissen dürfte, wie viele nun gerettet wurden. Gewiß müssen wir hier sehr vorsichtig sein. Jeder Methodismus ist vom Übel, der Methodismus einer künstlichen Bekehrungsmache, der seine Erfolge mit vollem Munde aufzählt, ebenso sehr wie der Methodismus einer kirchlichen, »wachstümlichen Entwicklung« oder eines Sakramentes, bei dem es immer nach einer Schablone gehen muß.

Aber wir lernen aus diesen kurzen Andeutungen: Es ist nicht unrecht, wenn man sich fragt, ob etwas erreicht wurde. Man tröstet sich so leicht, wenn sich nichts in unserer Arbeit regt, mit dem Wort: »Wir sind nur Säeleute.« So wahr das Wort ist, ist es doch oft eine faule Ausrede von Leuten mit einer unklaren und verschwommenen Arbeitsweise.

Die Pfingstgeschichte lehrt uns, daß man sich Rechenschaft geben soll über die Frucht der Arbeit und daß man mit Freuden berichten kann von dem, was Gott getan hat, ja auch Zahlen nennen darf, wenn es sich so ergibt. Und dabei kann man doch mit aller

Deutlichkeit keinen Zweifel daran lassen: Nicht wir machen es, sondern Gott hat es getan: »Sie wurden hinzugetan, sie wurden gläubig.« Die Tatsache, daß hier Zahlen der Erretteten stehen, sollte manchem Arbeiter im Reich Gottes, in Verein und Kirche, das Herz voll Unruhe machen, solchen, die nie etwas erleben von Bekehrungen. Sie sollten sich fragen, ob sie vielleicht überhaupt nicht arbeiten in der Kraft und nach der Art des Geistes Gottes.

Bis an das Ende der Erde

Und nun noch ein Wort über den Dienst der Mission. Es steht in der Pfingstgeschichte, wie miteingemauert in das Fundament der christlichen Gemeinde, die Liste dieser fremden Völkernamen: »Parther und Meder und Elamiter usw.« (2, 9–11), die Namen, an denen so mancher Hausvater, wenn er die Geschichte vorliest, sich die Zunge schier zerbricht. Es ist das gleichsam ein Vorspiel und Abbild der Mühe, die unsere Missionare mit der Erlernung fremder Sprachen haben.

Wir sollen es nie vergessen, an keinem Pfingstfest können wir die Tatsache umgehen: Die Zeit der Mission ist da! Die Streuung des Volkes Israel in alle Welt war ein Mittel in Gottes Hand, sein Wort auszubreiten über die ganze Erde. Die gottesfürchtigen Männer aus allen Ländern waren Gottes Kuriere an alle Völker. Das wollen wir heute nicht vergessen. »Gehet hin in alle Welt.«

Der Befehl auf dem Himmelfahrtsberg ist eng verbunden mit dem Wort über die Verheißung des Vaters. Die Jünger sollten Jesu Zeugen sein »zu Jerusalem und in ganz Judäa und Samarien und bis an das Ende der Erde«.

Wir grüßen heute hier unsere Brüder auf den Inseln der Heiden und in den Ländern weit draußen am Meer. Wir trauern mit denen, denen durch äußere Gewalt ihr Arbeitsfeld geraubt worden ist, und wir warten auf neue Arbeit und rüsten uns dazu. Gottes Geist treibt zur Mission. Wo Gottes Geist wirkt, da wird immer wieder die Frage der Mission aufgerollt. Und weil wir erbitten und erwarten, daß Gottes Geist auch unter uns sein Werk haben wird, so dürfen wir auch erwarten, daß unter denen, die dies lesen, junge Männer und junge Mädchen sind, die einmal Boten des Herrn Jesu sein werden, »bis an das Ende der Erde«.

Das Leiden um Jesu willen

Mit dem Zeugnis für den Herrn ist das Leiden verbunden. Sobald Gottes Geist wirksam ist, scheiden sich die Geister. Von Natur steht der Menschengeist unter der Herrschaft des Fleisches. Wenn Gottes Geist ihn erfüllt, dann kommt die Scheidung. Nichts verbindet und scheidet so die Geister wie der Geist, der Heilige Geist.

Mit Spott fängt meist die Verfolgung an: »Die anderen aber hatten's ihren Spott« (2, 13). Das ist das Vorpostengeplänkel des bösen Feindes. Damit versucht er zunächst, Jesu Jünger irre zu machen. Wenn das nicht gelingt, dann zieht er schärfere Seiten auf.

Das Leiden ist darum mit dem Wirken des Geistes verbunden, weil der Geist Christus verklärt. Das Leiden kommt um Christi willen. Sobald Jesus in ein Menschenleben eintritt, fängt die Unruhe, fängt die Feindschaft gegen diesen Menschen an. »Es verdroß sie« (4, 2), daß Jesu Name so in aller Munde war. Jesus ist gesetzt zu einem Fall und Aufstehen vieler. Wenn darum Gottes Geist ein Zeugnis von Jesus wirkt, dann fängt auch das Leiden an. Wenn auf unser Zeugnis kein Leiden folgt, dann wohl darum, weil es so schwach und nichtssagend ist. Leiden gehört zum Zeugen. Leiden gehört zum Prediger. Zeuge heißt im Griechischen »Martyr«. Ein Zeuge ist ein Märtyrer, und Stephanus ist der erste in ihrer Reihe.

Aber das Leiden ist keine Schande, sondern eine Ehre. Die Feindschaft der Juden war damals ernst gemeint. Sie dachten, die Apostel zu töten (5, 33), sie stäupten sie (5, 40). Die Apostel wurden also geschlagen. Sie gingen aber fröhlich von des Rates Angesicht, »daß sie würdig gewesen waren, um seines Namen willen Schmach zu leiden« (5, 41). Das ist eine köstliche Freude, eine der köstlichsten Freuden, die ein Jünger Jesu kennt, wenn er um seines Heilandes willen Schmach leiden darf; wenn Gottes Geist ihm ein Zeugnis schenkt und dann das Leiden folgt und man darunter stille sein kann. Es ist ein Vorrecht, für Jesus leiden zu dürfen.

Das gibt freilich unserer Arbeit auch den ernsten Ton. Es singt sich leicht: »Wohlan, so führ uns allzugleich zum Teil am Leiden und am Reich.« Aber es ist nicht leicht, wenn man durch Gottes Führung zu denen gehören muß, die der Hebräerbrief (11, 35–37) nennt: »Andere aber sind zerschlagen, haben Spott und Geißel erlitten, dazu Bande und Gefängnis; sie wurden gesteinigt, zerhackt, zerstochen, durchs Schwert getötet . . ., mit Mangel, mit Trübsal, mit Ungemach.« Das sind aber die Leute, »deren die Welt nicht wert war« (Hebr. 11, 38), Gottes Geliebte. Und darum wollen auch wir nicht irrewerden, wenn das Leiden kommt. »Er hat uns ein Ziel gezeigt, das man nur im Kampf erreicht.« Henrik Ibsen sagt in seinem Drama »Brand«:

»Denn wer im ersten Gliede schreitet,
muß fallen können, wenn es gilt.
Wofern solch Kampf ihm widerstreitet,
so mag er abtun Schwert und Schild.«

Nein, liebe Freunde, nicht abtun! In meinem Studierzimmer hängt immer vor meinen Augen ein kleiner französischer Spruch: »Repos ailleurs.« Das war das Losungswort der niederländischen Geusen und ihres Führers, die gegen die Spanier für das Evangelium kämpften. »Ruhe finden wir anderswo.« Nein, wir wollen nicht abtun Schwert und Schild, sondern uns neu gürten zum Dienst und zum Kampf und auch zum Leiden. Und über unserem Haupt soll es klingen wie ein Losungswort:

»Auf, denn die Nacht wird kommen,
auf mit dem jungen Tag.
Wirket am frühen Morgen,
eh's zu spät sein mag.
Wirket im Licht der Sonnen,
fanget beizeiten an.
Auf, denn die Nacht wird kommen,
da man nicht mehr kann.«

3. Von den Früchten des neuen Lebens

Wer will den Frühling beschreiben mit seinen Farben, die aufleuchten, und seinen Stimmen, die aufwachen? Wer will das neue Leben aus Gott darstellen, das zu Pfingsten in der Gemeinde des Herrn hervorbrach? Wir kommen nicht mit, alles zu zeichnen und zu erwähnen, was uns in die Augen fällt.

Bisher schon sind uns mancherlei Früchte des Geistes begegnet. Aus der Gemeinschaft mit Gott sahen wir die Liebe zueinander, die echte und nicht erkünstelte, herzliche Bruderliebe emporblühen; die Einheit, nicht organisiert, sondern organisch geworden, weil aus dem Herzen und Haupt der Gemeinde hervorgewachsen.

Die Freude, die aus allen Augen leuchtete und aus allen Liedern klang, nicht gemachte, sondern aus dem Geist gewordene Freude; der Zeugendienst, die Geduld, der Leidenssinn, der die aufgelegte Last gern trägt – das alles sind übernatürliche Gaben, die Gottes Geist wirkt und die den Menschen von Natur nicht schmücken. Heute wollen wir noch besonders unser Augenmerk lenken auf einige Früchte des neuen Lebens: Beugung, Kraft, Licht, Gebetsgeist, Reinigung des Lebens, Ordnung der Gemeinschaft.

Das gebeugte Herz

Eine der edelsten Früchte des Heiligen Geistes ist ein gebeugtes Herz. Dies ist so ganz das Gegenteil des natürlichen Menschen, der sich selbst behauptet, für sich und seine Ehre kämpft, sich vordrängt und sich selber sucht. Wie möchte man gerade auf diesen Punkt so ganz besonders unsere Jugend hinweisen! Liebe Freunde, wahre Demut ist ein Wunder, eine zarte Blume, die nur in der Luft des Heiligtums gedeiht. Und darum finden wir sie nur bei Leuten, deren Herz von Gottes Geist erfüllt und regiert wird.

Der alte Pastor Engels in Nümbrecht hörte einmal von einem Teilnehmer einer Bibelbesprechstunde rühmen, den er nicht kannte, daß dieser Bruder sich so wertvoll an der Besprechung beteiligt habe. Da fragte er seinen Vikar, der ihm das berichtete, nur eine einzige Frage. Er fragte nicht: »Sprach der Mann schön, schlug das Wort des Bruders ein?«, sondern: »Kam denn das, was er sagte, aus einem gebeugten Herzen?« Das war ihm die einzig wichtige Frage. Das gebeugte Herz, danach fragte er, das war der Maßstab, nach dem er den Wert einer geistlichen Ansprache beurteilte.

Wie wunderbar sehen wir in der Pfingstgeschichte, daß die Menschen klein werden und Gott groß, wenn Gottes Geist regiert! Die Apostel sprachen nicht von ihren eigenen Taten, obwohl diese doch nennenswert gewesen wären. Sie hätten rückblickend auf ihre Zeit mit Jesus doch mancherlei von ihren gewaltigen Erfahrungen und Erlebnissen berichten können, die auch ihnen schon durch Gottes Kraft zuteil geworden waren. Aber die Menge hörte sie mit ihren Zungen nur die großen Taten Gottes reden. Von sich selbst sprachen die Apostel nicht. Sie selbst traten zurück und hielten gering von sich. Und auch im Verkehr untereinander merkte man, wie einer den anderen höher achtete als sich selbst. Sie werden wohl ein jeder die feurigen Zungen auf dem Haupt der anderen und nicht auf dem eigenen Haupte gesehen haben. Und das machte sie bescheiden.

Als Petrus und Johannes den Lahmen an der Schönen Tür des Tempels erblickten und Petrus das Treiben des Heiligen Geistes empfand, den Mann im Namen Jesu gesund zu machen, da sagte er nicht: »Sieh mich an!«, sondern »Sieh uns an« (3, 4)! Und später sprach er zu der Menge: »Was sehet ihr auf uns, als hätten wir diesen wandeln gemacht durch unsere eigene Kraft oder Verdienst« (3, 12)? Auch da sagte er nicht: »Als hätte ich ihn wandeln gemacht.« Er hatte es doch tatsächlich getan. Es war die Kraft des Glaubens, die Gott ihm geschenkt hatte.

In der Art unserer Sprache drückt sich oft unsere innere Stellung aus, und man merkt bei manchen Brüdern den Mangel an Heiligem Geist daran, daß all ihr Reden über ihre Arbeit für den Herrn nach der »Ich-Tonart« geht. »Ich«, »Mein Verein«, »Meine Leute«, so hört man sie sagen. Das ist der alte Geist. Wieviel bescheidener, wieviel brüderlicher, wieviel geistlicher klingt es, wenn man sagt: »Wir«, »Unser Verein« usw.

Die Ich-Tonart bringt immer Mißklänge mit sich. Ihre Lieder werden schneidend schrill, sie scheiden leicht Bruder von Bruder. Die Wir-Tonart bringt Lieder hervor, die wie ausgestreckte Bruderarme nach rechts und links sich einhaken unter die Arme des Nebenmannes. Wer in der Wir-Tonart berichtet, wird es erleben, daß sein eigener Bruderkreis dadurch immer gestärkt und die Liebe angefeuert wird. Die Ich-Tonart wirkt erkältend, legt sich wie ein lähmender Druck auf die schaffensfrohe Arbeit der Brüder, scheucht das Lächeln und die Freude von ihrem Angesicht.

Wie eifrig ist Petrus, alle Ehre von sich abzuweisen! Er beschwört die Leute, daß sie nicht auf die Apostel sehen sollten, als hätten sie den Lahmen wandeln gemacht. Er fragt sie: »Ist hier etwas geschehen durch unsere Kraft?« Und die Antwort ist eindeutig: »Nein, durch Jesu Kraft, durch den Namen Jesu Christi. Durch den Glauben an Jesu Namen hat diesen sein Name stark gemacht, und der Glaube durch ihn hat diesem gegeben diese Gesundheit vor euren Augen« (3, 16). Der Heilige Geist macht den Menschen eifrig, daß er Ehre, die ihm nicht zukommt, nicht auf seinem Haupte ruhen läßt, sondern diese abwehrt. Aber Jesu Ehre ist sein Ziel und seine Freude.

Demut ist das Hofkleid der Kinder Gottes, in dem allein sie verkehren können an dem Thron ihres Königs. Wie wohltuend ist uns der Anblick eines gebeugten Jüngers! Wie schön ist der Anblick der Maria, der es scheint's besonders von Gott geschenkt war, daß sie sich selbst zurücksetzen lassen und schweigen konnte – und die dabei still auf Jesus schaute! So war es, als ihre Schwester Martha sie schalt. So war es, als Judas Ischarioth ihr die Verschwendung der Salbe vorwarf. Welch heimlicher Genuß, wenn solche Seele es dann erfährt, wie Jesus sie in Schutz nimmt mit seinem Wort an Martha: »Maria hat das gute Teil erwählt« (Luk. 10, 42); mit seiner Abweisung des Judas: »Laßt sie mit Frieden« (Joh. 12, 7)!

Liebe Freunde, Gott schenke uns jungen Leuten diese köstliche Pfingstgabe: ein gebeugtes Herz! Als einige Zeit nach dem Beginn der wundervollen Erweckung des Methodismus in England die beiden innig befreundeten Gründer dieser Kirche Wesley und Whitefield sich voneinander trennten, weil Whitefield einer strengeren calvinischen Lehre huldigte als Wesley, gab es in der Umgebung der beiden bedeutenden Männer kleine Größen, die gerne zwischen ihnen hetzen wollten. Eines Tages sagte ein junger Mann zu Wesley: »Was meinen Sie, Herr Wesley, werden wir wohl Herrn Whitefield im Himmel sehen?« Ihm schien das Seelenheil des von seinem Meister abgewichenen Gegners doch sehr fraglich zu sein. Darauf gab Wesley die wundervolle Antwort: »Ich glaube nicht; denn Herr Whitefield wird so nahe beim Throne Gottes stehen, daß wir beide ihn gar nicht sehen können.«

Ein Wörtlein vor allen fällt den jungen Männern in die Augen, ins Ohr, wenn sie die Pfingstbotschaft hören, das Wörtlein »Kraft«. Wenn sie vor dem am Anfang erwähnten Schild stehen »Gesellschaft für Licht und Kraft«, so möchten sie fast sagen, daß ihnen zunächst wohl die Kraft noch begehrenswerter erscheine als das Licht. So ist es jedenfalls bei denen, in deren Leben die Not aufgebrochen und emporgeflammt ist. Wer den tiefsten Mangel seines Lebens noch nicht erkannt hat, der mag vielleicht zunächst nach der Erkenntnis verlangen. So war es ja auch bei den Jüngern. Sie fragten, als sie zum letztenmal mit ihrem Meister zusammen waren, eine Frage der Erkenntnis: »Wirst du auf diese Zeit wieder aufrichten das Reich Israel« (1, 6)? Der Meister schob die Frage kurz beiseite: »Nicht das zu wissen tut euch not, sondern ihr werdet die Kraft des Heiligen Geistes empfangen.«

Das ist's was wir brauchen. Freunde, wenn wir zusammen kommen in unseren Vereinen und Gemeinschaften, dann ist unter uns Erkenntnis genug, um eine ganze Welt zu bekehren. Aber haben wir auch Kraft? Ich bringe euch die wundervolle Botschaft: Jesus verheißt Kraft! Er weiß, wo uns der Schuh am meisten drückt. Er weiß, wie matt unser Zeugnis, wie schwach unser Wort, wie lau unsere Liebe, wie müde unser Gebet ist. Wir grübeln oft und streiten wohl gar über die Methode unserer Arbeit – liebe Brüder, das, was wir brauchen, ist Kraft! Kraft, daß es den Menschen durchs Herz geht. Kraft zu einem Zeugnis, wie der Geist gibt auszusprechen, in der Beweisung des Geistes und der Kraft. Wenn irgendwo in unserer Arbeit Männer voll Kraft des Heiligen Geistes wären, dann wollten wir gerne das Reden über die Methode unterlassen und uns ihnen freudig unterordnen und gerne ihnen folgen. Aber diese Männer fehlen uns so sehr.

Gottes Geist gab den Jüngern Kraft zum Angriff. Die Tage der »verschlossenen Türen« (Joh. 20, 19. 26) waren vorbei. Petrus, der vorher geschwankt hatte wie ein Rohr im Winde, stand jetzt wie ein Fels; der vor einer Magd verleugnet hatte, war jetzt Bekenner vor dem Hohen Rat. Die Jünger hatten die Kraft, die Versuchung zur Verleugnung abzuweisen. Sie hatten Kraft zu einem Wandel, daß sie Gnade fanden vor dem ganzen Volk und das Volk groß von ihnen hielt (5, 13).

Und wir, brauchen wir nicht dasselbe? Die Kraft des Heiligen Geistes? Wir brauchen Kraft gegen die Versuchung, wenn der Sturm der Leidenschaften die Wogen an uns hoch peitscht und es an unseren Ankerketten reißt. Wir brauchen Kraft gegen die Lust des Fleisches, daß wir unseren Leib zähmen können, die Versuchung still mit einem Blick auf das Kreuz unseres Heilandes abweisen und unserem Meister treu bleiben. Wir brauchen Kraft im Geschäftsleben, daß wir unser Gewissen unverletzt erhalten und treu sind im Kleinen. Wir brauchen Kraft im gesellschaftlichen Leben, daß wir uns dort nicht zimperlich von allem zurückziehen und doch wandeln nach dem Satz: »Wahre Treue kommt dem Getümmel dieser Welt niemals zu nah.« Wir brauchen Kraft, uns jeden Tag die stille Zeit zum Gebet und zum Bibellesen zu erobern. Ein süddeutscher Freund sagte einmal zu uns: »Wir wollen jetzt keine großen Reden mehr halten, für mich besteht das Christentum jetzt halt ganz einfach nur darin, ob ich morgens früher aufstehen und Zeit gewinnen kann zum Beten.«

Ja, liebe Freunde, in so ganz einfachen Dingen besteht für uns das Christentum. Ob wir die Kraft haben, die Liebe nicht zu verletzen im Familienleben, die Kraft, die rechte Stellung zu unseren Eltern zu gewinnen? Wenn ich euer aller Augen auf mich gerichtet sehe, und ich sollte euer aller tiefste Herzensgefühle in ein Wort zusammenfassen, dann wäre es ein ergreifender Schrei nach Kraft. Das ist's, was junge Männer brauchen, wenn sie Jesus folgen wollen.

Liebe Brüder, an das alles hat der Meister gedacht. Seine Verheißung lautet: »Ihr werdet die Kraft des Heiligen Geistes empfangen.« Er wußte, warum er dieses eine, klare, kurze Wort beim letzten Zusammensein so tief seinen Jüngern einprägte. Denkt daran, ihr werdet die Kraft des Heiligen Geistes empfangen! Und das erfaßt im Glauben, Freunde! Greift heute fest hinein in dieses Wort, »in die Verheißung des Vaters«! Nehmt es mit als das Wort, das euch gehört! Und wenn die Nöte kommen, die Versuchungen, die Niederlagen, die Stunden der Dürre, der Verzagtheit, dann haltet euch an diese Verheißung, dann nehmt den Heiland beim Wort: »Herr, Jesus, du hast es versprochen. Gib uns die Kraft, die wir brauchen!«

Und der Herr gibt Licht. Wie wurde den Aposteln der Blick für Jesus und sein Werk geöffnet! Es war, als ob ein Meer von Licht auf diesen Jesus und sein Kreuz gefallen wäre. Das hat der Geist getan. »Derselbe wird mich verklären«, so hatte der Meister den Jüngern versprochen, und »euch erinnern alles dessen, das ich euch gesagt habe« (Joh. 14, 26; Joh. 16, 14). Und wie hatte der Meister sein Wort eingelöst!

Wie ein gewaltiger Jubel brach es aus ihrer aller Herzen hervor, als sie nun ihren Heiland ganz verstanden. Und wie war ihnen Gottes Rat zu ihrer Erlösung nun offenbart, sein Gang, den er mit den Vätern gegangen war, sein Werk der Versöhnung durch das Kreuz! Und auch das, »was zukünftig ist«, hatte Gottes Geist ihnen verkündigt (Joh. 16, 13). Vom Gericht und der Wiederkunft Christi und von den Zeiten der Erquickung, die kommen werden, hören wir die Apostel klares Zeugnis geben.

Gottes Wort wurde ihnen aufgeschlossen. Immer wieder vernehmen wir in den Pfingstzeugnissen die Zitate aus dem Alten Testament. Von dem Wort aus Joel 3 an, durch die Psalmen und Propheten hindurch wanderte der Blick der Apostel. Sie erfuhren es jetzt, daß der Geist sie wirklich in alle Wahrheit leitete (Joh. 16, 13).

Durch den Geist erhalten wir eine neue Bibel. Wenn man das Siebengestirn der Plejaden mit bloßem Auge beschaut, so erkennt man darin etwa 6 oder 7 Sterne. Wenn man ein scharfes Teleskop darauf richtet, so findet man etwa 2000 Sterne, die die Sternkarte der Astronomen in diesem Gestirn aufweist. So geht es uns mit der Bibel. Von Natur erkennen wir in ihr eine Anzahl von Hauptwahrheiten, die uns von Jugend auf geläufig sind, von der Schöpfung und Erhaltung der Welt, von der Vorsehung, der Erlösung und Heiligung. Wenn Gottes Geist uns das Auge öffnet, dann sehen wir immer neue Wahrheiten und Schönheiten in Gottes Wort aufleuchten, und eine ganze Welt von Herrlichkeit erstrahlt den dankbaren Herzen aus der Bibel hervor, die ihnen früher so langweilig und gleichgültig war.

Laßt uns, liebe Brüder, den Herrn bitten um »den Geist der Weisheit und der Offenbarung zu seiner selbst Erkenntnis« (Eph. 1, 17)! Und laßt uns treu sein, unsere Bibel zu lesen, durch Gottes

Geist erleuchtet! Wir lesen sie wie eine Braut den Brief ihres Bräutigams. Es ist ihr, als müßte sie den Brief laut lesen und sich dabei den Klang der Stimme des Geliebten ausmalen und die Züge seines Angesichts. Sie kann sich nicht satt daran lesen und hören.

Wie viele Versäumnisse liegen auf diesem Gebiet! Um wieviel Himmel auf Erden, den wir jetzt schon haben könnten, haben wir uns betrogen durch unsere Trägheit, daß wir nicht treu sind im Lesen des Wortes Gottes!

Der Geist des Gebetes

Und was soll ich sagen über den Geist des Gebetes, den wir in der ersten Gemeinde sehen? Wunderbar ist die edle Blume des Dankens, die in diesem Frühling aufblühte. Muß nicht der Heiland auch, wenn er durch unsere Reihen geht, sich manchmal schmerzvoll umschauen wie dort bei den zehn Aussätzigen: »Sind ihrer nicht zehn rein geworden? Wo sind aber die neun« (Luk. 17, 17)?

Ja, wo sind unter uns die neun? Müßte der Heiland nicht, wenn er auf die tausend Menschen einer Konferenz schaut, traurigen Blickes sagen: »Kaum hundert, die wirklich danken, die wirklich die heiligen Stunden der Anbetung Gottes kennen.« – »Matthanja hatte das Dankamt mit seinen Brüdern« (Neh. 12. 8). Wer hat bei euch, ihr Brüder, in eurem Verein das Dankamt? Immer wieder sehen wir die Apostel in der Pfingstgeschichte vereint im Gebet. Auch ehe sie nach der Stäupung und Verfolgung um neue Freudigkeit bitten, fließt zunächst ihr Mund über vom Lobe Gottes, von dem Preis seiner Taten und seiner Majestät (4, 24 ff.).

Schon im Alten Bund wurde der Geist der Gnade und des Gebetes dem Volk Gottes verheißen (Sach. 12, 10). Laßt uns, liebe Freunde, bitten um diesen Geist, um den Geist, der uns rufen läßt: »Abba, lieber Vater« (Röm. 8, 15) und uns damit die Tür auftut zu den reichen Schätzen in unseres Vaters Haus! Laßt uns bitten um den Geist, der, wenn uns selbst die Worte ausgehen und wir nur noch aus der Tiefe unserer Not zu Gott emporseufzen können, weil »wir nicht wissen, was wir beten sollen, wie sich's gebührt«, dann »uns selbst vertritt aufs beste mit unaussprechlichem Seufzen« (Röm. 8, 26)! Wie anders würde unser Gebetskämmerlein für uns die Quelle göttlichen Lebens sein, wenn all unser Beten herausflösse aus dem Geist! Der Geist weckt dann den Durst nach mehr Geist. Er würde uns als unsere wichtigste Bitte immer wieder die Bitte um den Heiligen Geist aufs Herz und auf die Lippen legen.

Wir müssen mit dem Satan rechnen

In der Geschichte von Ananias und Saphira (Kap. 5) sehen wir die Kraft des Heiligen Geistes, der ein Geist der Heiligung und Reinigung ist. Es ist bezeichnend, daß dieser Geist sich mächtig erweist nicht gegenüber einer Sünde derer, die etwas in der Gemeinde empfingen, sondern von solchen, die etwas gaben. Nicht einer, der sich unrechtmäßig in die Gemeinde hineingeschlichen hat, um dort etwas zu bekommen, wird von Petrus entlarvt, sondern ein Glied der Gemeinde, ein Mitarbeiter, ein Bruder wird über seiner Sünde von Gott gerichtet. Und mit erschütterndem Ernst fährt Gottes heiliger Strahl auf die beiden, damit in der Gemeinde kein Zweifel sei, wie Gott sich zu der Sünde stellt.

Der Geist reinigt wie Feuer. Es war eine Lebensfrage für die Gemeinde, daß Gott hier heilig durchgriff. Die Aufrichtigkeit vor dem Herrn und untereinander war die Grundbedingung für den Beistand der Gemeinde. Wäre heimliche Lüge eingeschlichen, dann wäre die Gemeinde dem Verfall geweiht gewesen. Darum setzte hier auch die Versuchung ein.

»Der Satan hat dein Herz erfüllt.« Wie ein Keulenschlag traf dieses Wort des Petrus den Ananias. Mit einem Ruck zerriß der Mann Gottes den unwahren Schleier, den Ananias über sich gebreitet hatte, und riß damit Satans Netze entzwei vor den Augen der Gemeinde. Petrus hatte es sofort klar durchschaut: »Das hat der Feind getan.« Dieser Blick wurde ihm von Gottes Geist geschenkt.

Zum erstenmal in seiner Verkündigung kommt hier das furchtbare Wort »der Satan« vor. Dieser war geschäftig gewesen in dem Spott der Menge, in dem Haß der Hohenpriester. Er wurde entlarvt und getroffen, als er sich in den Kreis der Jünger einschlich mit dem Geist der Lüge. Mit prophetischer Gabe durchschaute Petrus die Zusammenhänge.

Gottes Geist öffnet uns die Augen für diese Dinge, wenn wir ihm nur folgen. Dann werden wir nicht umhertasten in unsicheren Fragen nach den unerklärlichen Widerständen unseres Arbeitsfeldes, nach dem Geist des Schlafes, nach der Macht der Gleichgültigkeit, nach dem unheimlichen Wesen der Lüge, das sich unter uns aufmacht und uns im Bruderkreis und in der Arbeit unsicher machen will, so daß wir die Fronten des Kampfes nicht deutlich erkennen. Gottes Geist lehrt uns zu rechnen mit dem Satan, mit seiner Macht und List. Da stehen wir vor klaren Fronten. Da sehen wir, wo die Entscheidung des Kampfes liegt. Da werden uns die heimlichen Zugänge des großen Feindes Gottes in unsere Bruderschaft aufgedeckt. »Uns ist nicht unbewußt, was er im Sinn hat« (2. Kor. 2, 11).

Gottes Geist macht mit keiner Sünde Frieden

Der Geist der Lüge wollte eindringen in die Gemeinde des Geistes der Wahrheit. In unlauterer Gesinnung, vom Ehrgeiz geplagt, wollte Ananias den Anschein erwecken, als ob auch er sein Alles hingegeben habe für die Gemeinde Gottes. Dagegen mußte Gottes Geist scharf vorgehen. Der Geist des Lichts enthüllte die Lüge und Finsternis. Ananias »entwandte« etwas von dem Gelde. Im ersten heiligen Entschluß war es Gott geschenkt worden, beim zweiten Nachdenken war der Satan dazwischen getreten. Und was eigentlich schon Gottes Eigentum war, davon »entwandte« er etwas.

Es geschah heimlich. Liebe Freunde, wenn Heimlichkeiten vorgehen, ist etwas faul und falsch, auch in unserem Bruderkreis. Da ist etwas, gegen das Gottes Geist innerlich den Finger erhebt.

Ananias legte das Geld zu der Apostel Füßen, als ob es der ganze Ertrag des Ackers wäre. Das war seine Sünde. Liebe Freunde, wenn es irgendwo heißt »als ob«, dann ist etwas faul und falsch, auch in unserem Bruderkreis. Gottes Geist ist immer scharf gegen alles, wo man sich stellt, »als ob«. Wir dürfen in keinem Punkt dem Geist der Lüge und Unwahrhaftigkeit, auch nicht in leiser Anwandlung, Raum geben. Gottes Geist entrüstet sich gegen den Geist der Unwahrhaftigkeit, und es gilt, daß wir diesem inneren Brennen des Heiligen Geistes nachgeben.

Unerbittlich scharf hat Petrus den Ananias angefaßt. »Du entwandtest etwas von dem Gelde, du hast Gott gelogen, dem Heiligen Geist gelogen.« Und später hat er zu Saphira gesagt: »Ihr habt versucht den Geist des Herrn.« Das sind Worte, die wie Klammern und Zangen den Sünder faßten und unerbittlich vor das Gericht Gottes schleppten.

Wir erfahren es in unseren Vereinen oft, daß manche allzu schnell in fleischlicher Schärfe immer bei der Hand sind mit dem Wort »Lüge«, wo manchmal wirklich ein Mißverständnis vorliegt und es ganz harmlos sich aufklären ließe. Dieser Geist ist nicht gemeint. Nein, hier nennt Gottes Geist das Lüge, was wirklich Lüge ist. Und ob Ananias vielleicht viel Gründe und Worte hätte anführen können, daß er doch nichts »entwandt« habe: Es steht nicht bei uns, welchen Namen wir unsern Sünden geben. Der Geist der Wahrheit antwortet auf den Angriff des Feindes, der mit Lüge und Unwahrhaftigkeit in die Gemeinde eindringen will, durch unerbittliche Offenbarung der Wahrhaftigkeit.

Die Gemeinde, Gottes Werk, braucht solche Klarheit. Petrus steht vielleicht manchem wie ein Zelot vor Augen, ein finsterer Eiferer. Wir sehen ihn anders. Der Heilige Geist spricht aus ihm. Er trifft die Sünde, er schont nichts und niemand. Wenn Gottes Geist Lüge und Sünde offenbar macht, dann sollen wir nicht barmherziger sein wollen als Gott und Menschen schonen.

Ananias hatte nur an die Menschen gedacht, daran, welchen Eindruck er vor der Gemeinde machen wollte, aber Gott ist gegenwärtig in der Gemeinde. Und Gottes Geist macht mit keiner Sünde Frieden.

Eine liebe, geheiligte Christin in unserer Heimat, die vielen ein Wegweiser zu Gott gewesen war, lag im Sterben. Ihre Familie stand um das Lager her, gespannt, welches der Mutter letztes Wort sein würde. Lange lag sie schweigend da. Dann hat sie noch einmal die Augen und den Mund kurz vor ihrem Sterben geöffnet. Und was war das letzte Wort dieser Jüngerin des Herrn, die vielen ein Vorbild in ihrem Wandel und Zeugnis gewesen war? Nur der kurze Satz: »Gott nimmt es genau!« Im Licht der Ewigkeit, im Lichte jenes Tages, der kommen wird, war ihr dieses eine wichtig, ihren Kindern noch einzuprägen: »Gott nimmt es genau!«

Durch die klare Sprache, die Gottes Geist sprach, und das Gericht, das über Ananias und dann auch über sein Weib, die längere Zeit zur Buße gehabt hatte, gekommen war, wurde die Gemeinde gestärkt im Kampf gegen die Sünde. Laßt uns ja diesen Blick auf Gottes Gerichte lernen: »Gott kommt durch seine Gerichte uns selbst gegen unsere Sünde zu Hilfe!«

Gottes Geist ergreift den ganzen Menschen. Die Frucht des Pfingstgeistes soll nicht nur sein: Freude und Friede, Liebe und Gemeinschaft, sondern der Herr hat gesagt: »Ich will reines Wasser über euch sprengen, daß ihr rein werdet ...« Ich will meinen Geist in euch geben und will solche Leute aus euch machen, die in meinen Geboten wandeln und meine Rechte halten und danach tun« (Hes. 36, 25–27).

Das Ziel des Heiligen Geistes in unserem Leben ist die Überwindung der Sünde. Es soll wirklich bei uns anders werden, und, liebe Brüder, wir wollen nicht in falscher Demut das Werk des Heiligen Geistes schmälern: Es wird auch bei uns anders. Ein junger Mann aus meiner ersten Gemeinde, der über seinen eigenen Glaubensstand wieder in Dunkelheit geraten war, saß, als er zu einer militärischen Reserveübung eingezogen wurde, auf dem Bahnhof abseits von seinen Kameraden still auf seinem Koffer. Das leichtfertige Geschwätz seiner früheren Regimentskameraden ekelte ihn an. Da trat einer auf ihn zu: »Komm doch, Karl, tu doch mit, kennst du mich nicht mehr, ich bin doch der Fritz?!« Aber der Bruder wies ihn ab, und innerlich sprach Gottes Geist in ihm: »Du bist der Fritz, aber ich bin der Karl nicht mehr, der Karl, der ich früher war, als wir zusammen dienten!«

So wurde er aus den Früchten seines Glaubens gewiß. So sehr er über den Sünden und Niederlagen seines Lebens an seinem Gnadenstande gezweifelt hatte, so hell leuchtete es ihm jetzt auf: »Ich bin der Karl nicht mehr. Durch Gottes Geist ist doch ein Neues geworden in meinem Leben!« Denn, liebe Freunde, das ist das Neue bei Gottes Kindern: Sie sind nicht Leute, die keine Sünde mehr haben, sondern die keine Sünde mehr lieb haben. Und wenn uns manchmal unsere Feinde mit hämischen Worten bei unserem Zeugnis hinweisen auf unsere eigenen Verfehlungen und Sünden, dann wollen wir sicher davon nichts abschwächen, was sie mit Recht uns vorhalten. Aber wir wollen sie hineinschauen lassen in die Trauer unserer Seele über unsere Sünde, in das Verlangen unseres Herzens nach Reinheit, das Gottes Heiliger Geist entzündet hat, und wir wollen still unseres Weges gehen. Die stolzen Gerechten schlagen uns hart, sie schreiten als die Sieger einher. Aber »unser Sehnen, unsere Tränen trösten mehr als eure Freud'.

Könnt't ihr sehen und verstehen, die verborgne Seligkeit, ihr würd't eurem Kram entlaufen und mit dem verschmähten Haufen wandern nackt zur Ewigkeit.«

Wir können nicht alle festhalten

Der Geist der Heiligung schaffte auch die Scheidung der Geister. Er sorgte für den Abstand der Unlauteren, Unechten von der Gemeinde: »Es wagte keiner, sich zu ihnen zu tun« (5, 13).

So ist's auch in unseren Vereinen. Gottes Geist schafft Abstand und Klarheit. Er haßt Gemisch und das Durcheinander. Wenn der Geist Gottes in unseren Vereinen wirkt, dann gibt es Scheidung der Geister, dann gehen manche und kommen nicht wieder, und wir wollen und müssen sie gehen lassen. Wir haben nicht die Aufgabe, in unseren Vereine alles an uns zu ziehen, was irgend sich zu uns finden will. Das ist nicht die Art des Heiligen Geistes, daß wir etwa gar unter Verhüllung unseres Zieles möglichst viele an uns locken.

Wir müssen den Mut der kleinen Zahl haben und von Herzen innerlich dem zustimmen, wenn Gottes Geist in unserem Kreis so Gewalt bekommt, daß manche von uns gehen und es in unseren Reihen nicht mehr aushalten können. Sehr oft ist die große Zahl eines Vereins nur die Quittung über den Mangel an Heiligem Geist. Man macht die Türen weit auf, man verwischt die Grenzen und hat das »Pöbelvolk« mitten in Israel (2. Mose 12, 38). Diese Leute machen uns später viele Schmerzen, und es gibt peinvolles Ringen, bis endlich der Heilige Geist die Oberhand gewinnt und ausscheidet, was sich innerlich ihm nicht beugen will.

Es menschelt überall

Ist nicht auch für unsere Arbeit das wichtig, daß wir den Heiligen Geist kennenlernen als den Geist der Ordnung? »Es erhob sich ein Murmeln« (6, 1). Das ist der Geist von unten, der Eingang sucht, der andere Geist, der im Dunkeln lebt und wirkt. Laßt es uns ganz klar erkennen, liebe Brüder: Wenn sich irgendwo ein Murmeln erhebt, dann ist etwas faul und falsch, das ist Mangel an Heiligem Geist!

Darüber wollen wir uns nicht täuschen: Es menschelt überall, auch in der Gemeinde des Herrn, auch in jedem Verein. Es kommt immer einmal etwas Derartiges vor, was uns tief demütigt und betrübt. Das sind nicht die rechten Heiligen, die sich dann alsbald von allem abwenden; die, weil einmal die Gemeinde sich ihnen dargestellt hat »mit Flecken oder Runzeln oder des etwas« (Eph. 5, 27) oder sogar »des viel«, dann alsbald sich auf ihre eigene Heiligkeit und Unfehlbarkeit zurückziehen; die entrüstet sagen: »Das dürfte doch nicht sein! Wenn das noch möglich ist usw. usw.!«

Nein, liebe Brüder, dann wollen wir nicht dem Werk des Herrn den Rücken kehren, dann wollen wir die Hände falten und im Blick auf uns und unsere Brüder sagen: »Was muß der Vater im Himmel Geduld haben!« Der alte Bruder Ostermeyer in Elberfeld sagte mir einmal: »Wie kann nur Gott mit uns so forthausen! Aber Gott ist die Liebe, und wer in der Liebe bleibt, der bleibet in Gott und Gott in ihm.« Dies gilt es, in der Liebe zu bleiben und fest hineinzugehen in das Werk und anzufassen, wo es not tut, damit es anders wird.

Der Segen der Arbeitsteilung

»Es erhob sich ein Murmeln.« Das kam durch Unordnung. Durch Unordnung kam Spaltung. Die einen taten etwas ganz harmlos, die anderen vermuteten bösen Willen, wo nur ein Versehen, wo nur Unordnung vorlag. Liebe Brüder, wie oft geht es so, daß Unordnung Gottes ewigen Segen hemmt und aufhält!

Ist's nicht auch in unseren Vereinen oft so, daß solche Unordnung daher kommt, weil einzelne überlastet sind mit Arbeit? Die Apostel erkannten alsbald den Fehler in ihrer Rechnung: »Es taugt nicht, daß wir alles allein tun.« Es war die Absicht und Wirkung des Heiligen Geistes, daß in der Gemeinde Arbeitsteilung eintrete.

O, wenn Gottes Geist doch in vielen unserer Vereine einmal diese Wirkung hätte! Welch ein Unheil, welch ein Unsegen für ihr eigenes Werk, das sie mit viel Mühe und Treue aufgebaut haben, sind ungezählte Vereinsvorsitzende dadurch geworden, daß sie alle Arbeit an sich rissen oder an sich hielten! Da kam sonst keiner zu Wort, da wurden keine Ämter verteilt, da wurde die Verantwortung für das Werk nicht mit auf die Schultern der Brüder gelegt. Soll man sich wundern, daß die jungen Männer wegblieben? Sie wollten sich nicht betreuen lassen wie alte Mütterchen, sie wollten mit an der Last tragen, mit sorgen für die Sache.

Soll man sich wundern, daß viel edles, göttliches Leben verkümmert und verkrüppelt ist, weil der Vereinsleiter seinen Brüdern Licht und Luft wegnahm und ihnen nicht das Vorrecht gönnte, daß sie auch seufzen durften unter Gottes Last und die Angriffe des Feindes auf sich erdulden mußten und erstarken konnten im Kampf für ihren Meister? Welch wunderbare Zeit würde für unser Werk anbrechen, wenn diese Wahrheit aufleuchten würde! Gottes Heiliger Geist will, daß Arbeitsteilung eintrete. So steht's geschrieben in Apostelgeschichte 6.

Auch zum geringsten Dienst braucht man Heiligen Geist

Und bei dieser Arbeitsteilung dann Ordnung im Verein! Bei der großen Speisung ließ Jesus zunächst einmal die Leute sich lagern, je 50 und 50 auf das Gras. Er wußte wohl, daß äußere Unordnung oft den ewigen Segen aufhält. Ist es nicht auch so in unseren Vereinen, daß Gottes Segen unter uns nicht Wurzel schlagen kann, weil äußere Unordnung im Wege steht? Darum laßt uns dafür sorgen, daß alles ordentlich zugeht und auch darauf achten: Zum geringsten Dienst braucht man Leute voll heiligen Geistes! Die damals zu Tische dienen sollten (6, 3), sollten Leute voll Heiligen Geistes und Weisheit sein. Über den Satz müßten wir länger nachdenken. Leute voll Heiligen Geistes, sind das nicht die Großen, die Führer? Ist es für die denn nicht zu gering, daß sie bei Tisch dienen, die Stühle setzen, das Lokal lüften, die Einladungen verteilen? Liebe Brüder, es ist nichts gering, was es irgend zu tun hat mit Jesu Werk, daß Sünder selig werden. Als Männer voll Geistes den äußeren Dienst übernommen hatten, da nahm das Wort Gottes zu (6, 7).

Gottes Geist ist ein Geist der Ordnung, und darum laßt mich dies noch zum Schluß sagen: Gottes Geist verlangt Ordnung in allen Geldsachen. Es ist schon eine Art Gemeindekasse erwähnt, wenn es heißt: »Sie legten das Geld zu der Apostel Füßen.« Es war eine Geldsache, durch die hier der böse Feind sich einschleichen wollte.

Liebe Freunde, wenn durch die Liebe zum Geld der Satan dem Herrn Jesus einen aus seinem engsten Kreis der Zwölf entrissen hat, wenn die Liebe zum Geld es war, durch die der Fürst der Finsternis in die erste Gemeinde den ersten höllischen Keim hineinpflanzen wollte, dann soll uns das die Augen dafür öffnen, wie genau wir es nehmen müssen mit allen Geldsachen.

Der Heilige Geist – Gottes Gabe für den Alltag

Verflacht nicht unsere Betrachtung? Baumelt sie nicht ganz jämmerlich arm aus? Sind wir schon beim Geld, bei der Kasse? Ist denn da noch die Rede vom Heiligen Geist, von den Frühlingstagen der Gemeinde? Ja, liebe Freunde, wir haben in dem Heiligen Geist die Gabe Gottes für den Alltag. Nicht Sonntagschristentum wollen wir treiben in unseren Vereinen, nicht einen »Geist« pflegen, der jämmerlich zuschanden wird im täglichen Leben. Die feurigen Zungen von Pfingsten sind nicht ein belustigendes Feuerwerk. Das Brausen vom Himmel ist nicht das Brausen einer großen Aufregung und Gefühlsaufwallung. So geht es oft in christlichen Kreisen, und hernach ebbt alles wieder ab, und dann ist der Mensch doppelt dunkel, doppelt arm und leer und hohl. Nein, Gottes Geist ergreift unser ganzes Leben und unser ganzes Werk. Gerade auf dem Punkt, mein Bruder, wo du bisher am allerschwächsten warst – und vielleicht kommt er dir zu jämmerlich und unbedeutend klein vor, als daß du überhaupt mit anderen davon reden möchtest –, gerade auf dem Punkt soll sich bei dir die Kraft des Heiligen Geistes verherrlichen.

Vielleicht ist manch einer hier ganz verzagt. Sein Leben floß bisher bescheiden dahin wie ein Liedlein, das ein kleines Kind mit einem Finger spielte auf dem Klavier, so dünn und schwach. An einer Stelle kam immer wieder derselbe Fehler vor, bis die Mutter dem Kinde zu Hilfe eilte und ihm freundlich die Hand führte und ihm half, den Fehler zu vermeiden.

War's auch bei dir, in deinem Leben so? An der einen Stelle immer dieselbe Niederlage, derselbe Jammer? Sage es deinem Herrn! Gottes Geist wird dich erinnern. Gottes Geist wird dich halten. Ihr werdet die Kraft des Heiligen Geistes empfangen, ihr, mitten in eurem kleinen, alltäglichen Leben. Da, wo eure Niederlagen sind, da, wo euer ganzer Jammer empor weint, da will Jesus euer Leben ergreifen. Gerade da, »wo Sünd und Greuel stund, laß

Glaube, Lieb und Ehrfurcht grünen, im Geist und Wahrheit Gott zu dienen.«

Das, was du tun kannst, ist nur eins: Gott krönet kein geteiltes Herz. Gib dem Heiligen Geist alle Schlüssel zu den Kammern deines Lebens, daß er herrsche und du nichts zurückbehaltest, in dem Gott nicht dein Leben regiert! Gib dich Gott ganz!

»Ich bitte nur, daß bis ans Ende
du mich in dein Erbarmen hüllst.
Hier hast du meine beiden Hände,
Herr, mach es mit mir, wie du willst.«

Nicht Rad im Getriebe, sondern Rebe am Weinstock!

Wir haben nun eingehend gesprochen von dem Leben im Geist. Ich möchte mir am Schluß eine Frage erlauben, eine Frage an meine Amtsbrüder Pastoren, eine Frage an meine Kollegen Sekretäre, eine Frage an alle Helfer und Vorsteher, an alle Mitglieder unserer Vereine und Gemeinschaften: Habt ihr vielleicht bisher ganz falsch gearbeitet? Habt ihr vielleicht bisher gepredigt und geworben und euch gemüht, ohne die Gabe des Heiligen Geistes zu haben? Man kann jahrelang mit bestem Eifer sein Bestes hingeben in der Arbeit für den Herrn, und dann kommt ein Tag, wo Gottes Licht in unser Leben fällt durch die Frage des Apostels: »Habt ihr auch den Heiligen Geist empfangen, da ihr gläubig wurdet?« Dann gilt es, alles andere beiseite zu lassen, bis über diese grundlegende Frage Klarheit herrscht.

O, meine Brüder, das ganze Leben und Wirken so manches Reichgottesarbeiters ist wie die Arbeitsleistung eines Rades in der großen Maschine. Nicht ein Rad im Getriebe, sondern eine Rebe am Weinstock! Das ist's, was wir werden sollen, dann werden wir Frucht haben. Ihr Brüder alle, die ihr dem Herrn Jesus dienen wollt: Könnte nicht euer aller Leben einen Ton höher liegen? Könnte es nicht ein Leben sein in der Kraft des Heiligen Geistes?

»Ich will ein Segen werden«

Zu einer Entlassungsprüfung in der Schule kam der Schulinspektor. Am Schluß fragte er die Jungen: »Was wollt ihr werden?« Ein jeder gab seinen Beruf an, den er ergreifen wollte. Scherzhaft fragte er ein kleines Mädchen von neun Jahren: »Und du, mein Kind, was willst du werden?« Das Mädchen hatte gerade Abrahams Geschichte gelernt und die Erklärung des Lehrers wohl verstanden. Sie stand auf und gab zur Antwort: »Ich will ein Segen werden.«

Sind unter den Lesern dieser Zeilen Menschen, in deren Herzen es klingt wie ein großer, tiefer Schrei. »O, Herr Jesu, ich möchte gern ein Segen werden!?« – Zu denen habe ich auf diesen Blättern geredet, die hat Jesus, der Heiland gemeint, an die hat er gedacht, als er sein Wort sagte: »Ihr werdet die Kraft des Heiligen Geistes empfangen.«

In der TELOS-Paperbackreihe erschienen folgende Titel

1004 Wilder Smith
Ist d. ein Gott d. Liebe?
1005 Fritz Hubmer
Im Horizont leuchtet . . .
1008 Fritz Hubmer
Weltreich und Gottesreich
1012 Watchman Nee
Freiheit für den Geist
1013 Anny Wienbruch
Der Leibarzt des Zaren
1016 Norbert Fehringer
Thema: Frömmigkeit
1021 Ruth Frey
Arbeit unter Kindern
1023 Oswald Smith
Ausrüstung mit Kraft
1024 Erich Schnepel
Das Werk Jesu in uns . . .
1026 Anny Wienbruch
Im Schatten der Zaren
1029 Werner Krause
Freuet euch allewege
1030 Hel. Good Brenneman
Und doch nicht vergess.
1031 Anny Wienbruch
Unt. d. rot. Sonnensch.
1032 Helmut Ludwig
Die Welt horcht auf
1035 G. R. Brinkê
Jenseitiges u. Zukünft.
1036 Elli Kühne
Da bewegte s. d. Stätte
1039 Alfred Christlieb
Ich freue mich ü. d. Wor
1041 Lon Woddrum
Liebe hofft immer alles
1042 Horst Marquardt
Die Sprache der Gräber
1045 Otto Riecker
Bildung u. Heiliger Geist
1046 Joyce Landorf
Seine beharrliche Liebe
1048 Anny Wienbruch
Ein Leb. f. Gustav Adolf
1049 Werner Krause
Keinen Raum . . .
1050 Georg R. Brinke
Die Symbolik d. Stiftsh.
1051 Alfred Kuen
Gem. n. Gottes Bauplan
1053 Jill Renich
Den Ehemann verstehen
1054 Alfred Christlieb
Ich suche, Herr . . .
1055 Wilfried Reuter
. . . und bis ans Ende . . .
1056 Howard Taylor
Das geistliche Geheimnis
Hudson Taylors
1057 Ulrich Affeld
Unter der Treue Gottes
1058 John F. u. E. Walvoord
Harmagedon, Öl . . .
1059 Heinrich Jochums
Was haben wir an Jesus
1060 Erich Beyreuther
Der junge Zinzendorf
1061 Herbert Masuch
Handbuch . . .
1064 Anny Wienbruch
Das sonnige Haus
1065 Anny Wienbruch
Sie waren mir anvertraut
1071 Elsbeth Walch
Tante Lydia w. schon . . .
1072 Elsbeth Walch
Zum Glück gibt's . . .
1074 Alfred Christlieb
Der Apostel Paulus
1075 H. E. Nissen
. . . und der Geist schrie
1076 Eduard Ostermann
Zukunft ohne Hoffnung?
1078 James M. Boice
Die letzte und die zukünftige Welt
1079 L. A. T. van Dooren
Menschenfischen, persönliches Engagement
1080 Anny Wienbruch
Ein König wird frei
1083 Watchman Nee
Der geistliche Christ II
1084 Watchman Nee
Der geistliche Christ III
1085 Alfred Christlieb
Vollmacht von oben
1086 Fritz May
Israel zwischen Weltpolitik u. Messiaserwartung
1087 Kurt Scherer
Mit Streß leben
1088 Gien Karssen
Frau, Mensch und
Mutter in der Bibel
1092 Billy Graham
Engel –
Gottes Geheimagenten
1095 F. F. Bruce
Die Glaubwürdigkeit
der Schriften des N. T.
1096 Watchman Nee
Geistliche Erkenntnis
1097 Heinrich Jochums
In Jesus haben wir alles
1098 Michael Bourdeaux
. . . und die Ketten . . .
1099 A. W. Tozer
Gott liebt keine
Kompromisse
1101 Watchman Nee
Das Bekenntnis
1102 Watchman Nee
Das Zusammenkommen
1103 Watchman Nee
Christus unser Leben
1104 Watchman Nee
Zur Ehre Gottes leben
1105 Watchman Nee
Gemeinschaft der Liebe
1106 A. E. Stückelberger
Bibel, Kind und wir
1107 Michael Griffiths
Mit beiden Beinen
auf der Erde
1108 William Sanford LaSor
Menschen,
die Christus kannten
1109 Charles W. Colson
Watergate – wie es noch
keiner sah
1110 Rich. W. DeHaan
Die Wahrheit über Gott
1111 Ernst Modersohn
Durch den Glauben
1112 E. M. u. D. A. Blaiklock
Warum hat mir das
keiner gesagt?
1113 Tim Timmons
Ehe nach Gottes Plan
1114 Jakob Kroeker
Es gibt ein Volk . . .
1116 Volkmann/Woyke
D. Anruf d. Evangeliums
1117 Neil R. Lightfoot
Die Bibel – Entstehung u. Überlieferung
1118 Martin Schacke
Die Abschiedsreden . . .
1119 Dwight L. Carlson
Leben und nicht
müde werden
1122 George W. Peters
Evangelisation: total . . .
1124 Dr. Dr. G. Huntemann
Am Anfang die Wahrheit
1126 Winrich Scheffbuch
Wer Jesus hat,
hat das Leben
1128 Eduard Ostermann
Unsere Erde –
ein junger Planet
1129 Billy Graham
Wiedergeburt –
wie geschieht das?
1130 Fritz May
So wird das Leben
schöner
1131 George Sweeting
Handbuch der Liebe
1132 James Kennedy
Dynamische
Evangelisation
1133 Jeanette Lockerbie
Die zweite Lebenshälfte
1134 Joyce Landorf
Sein unermesslicher
Reichtum
1135 Willi Buchwald
Israel und die
Zukunft der Welt
1138 Neil R. Lighfoot
Geheimnisse des
Himmelreiches
1139 Č. Schulte-Übbing
Bibl. Sachkonk. zu
Fragen der Endzeit
1140 Lienhard Pflaum
Kampf, Anfechtung,
Überwindung
1141 Horn
Ein Buch spricht
für sich selbst
1143 Kurt Scherer
Mein Gott, mein Gott,
warum . . .?
1145 P. J. Johnstone
Gebet für die Welt
1146 Gerhard Bergmann
Christentum und
Sozialismus
1147 Armin Mauerhofer
Jesus, der Zugang
zu allem
1148 Armin Mauerhofer
Jesus, meine Kraft
im Alltag
1151 Spiros Zhodiates
Leben nach dem Tode
1152 Leroy Koopman
Deine Augen
sollen leuchten
1153 Robert E. Coleman
Des Meisters Plan
der Evangelisation
1154 Klaus M. Pülz
Brennpunkt Israel
1157 Schulte
Evangelisation –
praktisch
1158 Davis
Lebenskrisen und ihre
Überwindung
1159 Morton
Die Wissenschaft
hat Verspätung

In der TELOS-Paperbackreihe erschienen folgende Titel

1160 Maurice Wagner
Ich bin
1161 Böhm
Generation der Hoffnungslosen
1162 Winrich Scheffbuch
Jesus – der gepredigt und geglaubt
1163 Hardy
Countdown
1166 Sanders
Menschen wie du und ich
1167 Kuhne
Evangelisation – und was dann?
1168 Tim LaHaye
Kennen Sie Ihren Mann?
1169 Means
Im Irrgarten östlicher Mystik
1171 René Hermann
Hoffnung, die nicht täuscht
1172 Peterson
PLO kontra Israel
1175 Stückelberger
Erziehung, die Herausforderung an uns. Zeit
1176 Tim LaHaye
Temperamente
1178 Armin Mauerhofer
Bilder der Gemeinde Jesu
1179 John C. Whitcomb
Die Welt, die unterging
1180 Francis A. Schaeffer
Die Kirche Jesu Christi
1181 H. Lockyer
Höhepunkte
1183 W. Philipp Keller
Ein Gärtner betrachtet die Früchte des Geistes
1184 Gottfried Schröter
Versetzung gefährdet?
1185 Roy Hession
Vergeben und Vergessen?
1186 Richard Dugan
Weshalb wissen Sie, daß Sie wiedergeboren sind?
1187 Paul Walter Schäfer
Missionarisch denken, leben, reden
1188 Charles W. Colson
Verurteilt zum Leben
1189 Richard Strauß
Die Flitterwochen sind vorbei
1191 C. Donald Cole
Er aber glaubte Gott
1192 Josef Kausemann
Einer den die Gnade fand
1193 John C. Souter
Ich war ein Dealer
1194 Charles W. Colson
Kassette mit 1188 und dem 1. Band Watergate wie es noch keiner sah (Nr. 1109)
1198 John White
Die goldene Kuh
1200 Heinz Böhm
Des Glaubens liebstes Kind
1201 Friso Melzer
Sonne und Regen
1202 Herm. Friedr. Kohlbrügge
Passionspredigten
1204 Harold E. Hughes
Der Senator Harold E. Hughes
1205 Francis A. Schaeffer
Bitte, laß mich leben
1208 John White
Der Kampf...Glauben zu halten...Christus zu bekennen ...Gottes Willen zu tun... dem Satan zu widerstehen
1209 Stanley Banks
Heilige im Arbeitsdreß
1210 Philip Keller
Genug ist bereits ein Fest
1211 Ernst Modersohn
Christsein in uns. Zeit
1212 Lewis B. Smedes
Gottes Liebe und unsere Grenzen
1213 Georg Huntemann
Die Zerstörung der Person

TELOS-Präsente

2101 Anny Wienbruch
Das Geheimnis um Zar Alexander
2102 Johann A. Bengel
Das Neue Testament
2103 Bibelpanorama
2104 Johannes E. Goßner
Schatzkästchen
2105 John Bunyan
Pilgerreise zur seligen Ewigkeit
2106 F. Lobstein
Brot durchs Wort
2107 Arbeitsbuch für den biblischen Unterricht
2108 Marie Hüsing
Zeichen Seiner Hand
2110 Ludwig Hofacker
Predigten, Band I
2111 Ludwig Hofacker
Predigten, Band II
2113 Abraham Meister
Namen und Charakterzüge . . .
2114 Shlomo S. Gafni/ A. v. d. Heyden
Jerusalem, du schöne . . .
2115 Gilbert Beers
Kinder-Bibel-Lexikon
2116 Wolfgang Heiner
Bekannte Lieder – wie sie entstanden
2117 A. E. Wilder Smith
Kunst und Wissenschaft der Ehe
2118 Ludwig Hofacker
Predigten, Bd. 1 u. 2
2119 Merrill C. Tenny
Die Welt des Neuen Testamentes
2120 Shlomo S. Gafni
Israel, du schöne . . .
2121 Willem J. J. Glashouwer
So entstand die Bibel
2122 Non Nominatum
Die stille Stunde
2123 Willem J. J. Glashouwer
So entstand die Welt
2124 John M. Drescher
An stillen Wassern
2125 John M. Drescher
Du bist die Quelle
2126 John M. Drescher
Ich hebe meine Augen auf . . .
2127 John M. Drescher
Warum gerade ich?
2128 Kennedy
Handbuch für Gemeindewachstum
2131 A. Bargil Pixner/ George Hintlian/van der Heyden
Bethlehem, du schöne . . .
2132 Raphael Posner/ van der Heyden
Masada
2133 Helmut Sigle
Gerufen, geführt, geborgen